Riggers
Value System Design

GABLER EDITION WISSENSCHAFT

Bernd Riggers

Value System Design

Unternehmenswertsteigerung durch strategische Unternehmensnetzwerke

Mit einem Geleitwort
von Prof. Dr. Günther Schuh

DeutscherUniversitätsVerlag

Die Deutsche Bibliothek - CIP-Einheitsaufnahme

Riggers, Bernd:
Value System Design : Unternehmenswertsteigerung durch strategische
Unternehmensnetzwerke / Bernd Riggers. Mit einem Geleitw. von Günther Schuh.
- Wiesbaden : Dt. Univ.-Verl. ; Wiesbaden : Gabler, 1998
(Gabler Edition Wissenschaft)
Zugl.: St. Gallen, Univ., Diss., 1998
ISBN 3-8244-6785-2

Rechte vorbehalten

Gabler Verlag, Deutscher Universitäts-Verlag, Wiesbaden
© Betriebswirtschaftlicher Verlag Dr. Th. Gabler GmbH, Wiesbaden, 1998

Der Deutsche Universitäts-Verlag und der Gabler Verlag sind Unternehmen der
Bertelsmann Fachinformation GmbH.

http://www.gabler-online.de

Höchste inhaltliche und technische Qualität unserer Produkte ist unser Ziel. Bei der Produktion und
Auslieferung unserer Bücher wollen wir die Umwelt schonen: Dieses Buch ist auf säurefreiem und
chlorfrei gebleichtem Papier gedruckt.

Die Wiedergabe von Gebrauchsnamen, Handelsnamen, Warenbezeichnungen usw. in diesem
Werk berechtigt auch ohne besondere Kennzeichnung nicht zu der Annahme, daß solche Namen
im Sinne der Warenzeichen- und Markenschutz-Gesetzgebung als frei zu betrachten wären
und daher von jedermann benutzt werden dürften.

Lektorat: Ute Wrasmann / Markus Weber
Druck und Buchbinder: Rosch-Buch, Scheßlitz
Printed in Germany

ISBN 3-8244-6785-2

Geleitwort

Forschung und Praxis beschäftigen sich derzeit gleichermaßen intensiv mit Unternehmensnetzwerken. Volatile Märkte bei weiter steigendem Preisdruck lassen produzierende Unternehmen nach mehr Agilität suchen, d.h. mehr Flexibilität ohne zusätzliche Vorleistungen oder Überkapazitäten in Kauf zu nehmen. Die Aufgabe kann vielfach durch die Teilnahme an Unternehmensnetzwerken gelöst werden. Im Vordergrund steht die Frage des strategischen Managements: Durch welche Art der Kooperation kann die Position des Einzelunternehmens gesteigert werden?

Herr Riggers beantwortet die Frage, in dem er neben der Erarbeitung eines grundlegenden Verständnisses von Unternehmensnetzwerken den Nutzen der Unternehmensnetzwerke, ausgedrückt durch die Steigerung des Unternehmenswerts, darstellt. Dabei betrachtet er primär produzierende Unternehmen.

Wie kann eine Unternehmung ihren Wert durch Unternehmensnetzwerke nachhaltig steigern? Welche prinzipiellen Möglichkeiten es gibt, zeigt der Vergleich verschiedener Typen von Unternehmensnetzwerken. Welche „generischen" Strategien sich für Unternehmensnetzwerke zur Erschließung attraktiver Nutzenpotentiale eignen und welche Erfolgschancen sie haben, kann im Vorfeld geklärt werden, ohne schon in die operative Ausgestaltung einer Kooperation einsteigen zu müssen.

Herr Riggers schafft eine hilfreiche Grundlage zur Strukturierung des Fragenkomplexes Kooperationsmanagements, in dem er sowohl die generischen Strategien in Unternehmensnetzwerken als auch die Formen des Netzwerkmanagements im Kontext des Bezugsrahmens erläutert. Die noch neue Form des „Value Systems" zeigt ihre besonderen Vorteile in immer perfekteren, IKT-gestützten Wertketten und wird dementsprechend ausführlich von Herrn Riggers behandelt.

Herrn Riggers ist es gelungen, ein sowohl für die Praxis zukunftsweisendes Konzept, als auch für die Kooperationsforschung eine geeignete Plattform für die konzeptionelle Weiterentwicklung und Verifikation der Erkenntnisse zu entwickeln.

Prof. Dr. Günther Schuh

Vorwort

Die vorliegende Arbeit "Value System Design - Unternehmenswertsteigerung durch strategische Unternehmensnetzwerke" entstand in meiner Zeit als Forschungsassistent am Institut für Technologiemanagement (ITEM) der Universität St. Gallen. Während dieser Zeit habe ich im Rahmen des Europäischen Forschungsprojekts TELE*flow* gemeinsam mit Vertretern aus Industrie und Dienstleistungsunternehmen an dem Aufbau und der Gestaltung von Unternehmensnetzwerken geforscht. Mit der Fertigstellung der vorliegenden Dissertation endet für mich dieser interessante und sehr schöne Lebensabschnitt in St. Gallen. Gleichzeitig eröffnen sich daraus auch vielfältige neue Möglichkeiten, denen ich mit grossen Erwartungen und Freude entgegensehe.

Mein erster Dank gebührt meinem Referenten Prof. Dr. Günther Schuh für die interessanten Diskussionen und das mir entgegengebrachte Vertrauen sowie für die grosszügige Freistellung zum Verfassen der vorliegenden Arbeit. Prof. Dr. Torsten Tomczak danke ich für die Übernahme des Koreferats und seinen motivierenden Einfluss auf mich, der zum Gelingen der Arbeit massgeblich beigetragen hat.

Ein ganz besonderer Dank gilt meinen Freunden und Mitstreitern am ITEM Bernd Löser, Marius Fuchs und Martina Merkle aus dem TELE*flow*-Team, Dr. Hubert Zimmermann, Markus Dierkes und Thomas Friedli für ihre kompetente fachliche Unterstützung und ihr grosses Engagement bei zahlreichen kritischen Diskussionen, die des öfteren erst spät am Abend beim Bier ihren Ausklang fanden.

Für die konstruktive und freundschaftliche Zusammenarbeit in unserem Forschungsprojekt danke ich den Kollegen aus dem TELE*flow*-Konsortium Jürg Rissle, Daniel Böhm, Ekkehardt Janas, Klaus Eckert und Olaf Tessarzyk. Ebenso danke ich all meinen Kolleginnen und Kollegen am Institut für Technologiemanagement, insbesondere Vera Jürgens, Kai Millarg, Sven Axel Groos und Oliver Köster für die angenehme Atmosphäre während meiner Institutszeit.

Mein grösster Dank gilt meiner Freundin Anja Raupach für ihr liebevolles und geduldiges zur Seite stehen und meinen Eltern für ihre Unterstützung auf meinem bisherigen Lebensweg. Ihnen ist diese Arbeit gewidmet.

Bernd Riggers

Inhaltsübersicht

Inhaltsverzeichnis

Abkürzungsverzeichnis

Abb.	Abbildung
AG	Aktiengesellschaft
Bsp.	Beispiel
bzw.	beziehungsweise
CAD	Computer Aided Design (CAD)
CAPM	Capital Asset Pricing Model
DAX	Deutscher Aktienindex
DCF	Discounted Cash Flow
d.h.	das heisst
Diss.	Dissertation
DLZ	Durchlaufzeit
EDIFACT	Electronic Data Interchange for Administration, Commerce and Transport
EDV	Elektronische Datenverarbeitung
et al.	et alteri (und andere)
etc.	et cetera
EU	Europäische Union
evtl.	eventuell
f.	folgende
ff.	fortfolgende
F&E	Forschung und Entwicklung
Forts.	Fortsetzung
GB2	Geschäftsbereich 2
GmbH	Gesellschaft mit beschränkter Haftung
HF	Hochfrequenz
H+S	Huber und Suhner
i.a.	im allgemeinen
i.d.R.	in der Regel
i.e.S.	im engeren Sinne
IKT	Informations- und Kommunikationstechnologie
ITEM-HSG	Institut für Technologiemanagement der Universität St. Gallen
IT	Informationstechnologie
Jg.	Jahrgang

KK	Kernkompetenzen
m.a.W.	mit anderen Worten
m.E.	meines Erachtens
Mgt.	Management
mio.	Millionen
Nr.	Nummer
NUP	Nutzenpotential
OEM	Original Equipment Manufacturer
o.V.	ohne Verfasser
p.A.	per Annum
rev.	revidierte
ROE	Return on Equitycapital (Eigenkaptialrentabilität)
ROI	Return on Investment (Gesamtkapitalrentabilität)
rsp.	respektive
S.	Seite (n)
SEPot	Strategisches Erfolgspotential
SEPos	Strategische Erfolgsposition
SGE	Strategische Geschäftseinheiten
SGF	Strategische Geschäftsfelder
SGMK	St. Galler Management-Konzept
sog.	sogenannte
SWOT	Strength, Weaknesses, Opportunities, Threats
Tab.	Tabelle
u.	und
u.a.	unter anderem
US	United States
v.a.	vor allem
vgl.	vergleiche
vollst.	vollständig
z.B.	zum Beispiel
z.T.	zum Teil
ZFO	Zeitschrift für Organisation
ZH	Zürich
zit.	zitiert
z.Z.	zur Zeit

Abbildungsverzeichnis

Tabellenverzeichnis

Gleichungsverzeichnis

1 Einleitung

Die vorliegende Arbeit befasst sich mit der Konzeption und dem Management kompetenzbasierter, strategischer Unternehmensnetzwerke und ihrer Wirkung auf den Wert der beteiligten Unternehmen.

1.1 Situation und Problemstellung

„Unsere Welt befindet sich in einem starken Fluss der Veränderung, und wir können uns von den vielfältigen Entwicklungen, die uns alle berühren, nicht frei machen."[1] Der Wandel umfasst alle Bereiche der gesellschaftlichen, ökologischen und technologischen Sphären der Umwelt. Er zwingt die Führungskräfte, die vielfältigen Prämissen und Erfahrungen, die unser Handeln in der Vergangenheit bestimmt haben, zu überdenken und in Frage zu stellen.

Konkret sieht sich das Management produzierender Unternehmen insbesondere mit folgenden Veränderungen konfrontiert:

- **Steigende Kundenanforderungen**

Die Märkte haben sich von Verkäufer- zu Käufermärkten gewandelt. Unternehmen können dem Kunden nicht mehr nur anbieten, was sie gerade produzieren, sondern sie müssen das produzieren, was der Kunde nachfragt. Die Ansprüche der Kunden hinsichtlich individueller Bedürfnisbefriedigung, Qualität und Kosten der Leistungen, Zeit bis zu deren Verfügbarkeit und Umfang ergänzender zusätzlicher Leistungen wachsen.[2] Die aus dieser Veränderung resultierenden Herausforderungen an das Management werden durch die zunehmende Verbreitung moderner Informations- und Kommunikationstechnologien (IKT) weiter verstärkt. Sie führt bei den Nachfragern zu einer erhöhten Markttransparenz und hat das Wegfallen traditioneller und permanenter Marktnischen für die Anbieter zur Folge.[3]

- **Globalisierung der Märkte**

Der internationale Wettbewerb hat sich verschärft. Neben multinationalen Unternehmen, die weltweit präsent sind, treten neue Anbieter auf den nationalen Märkten auf.

---

1   Bleicher (Integriertes Management), S.26.

2   Vgl. Belz (Marketing), S.74f.

3   Vgl. Scholz (Unternehmen), S.30.

Ausgelöst durch die gestiegene 'Mobilität' von Technologien, wird die internationale Konkurrenz stärker.[4] Der Preisdruck wird weiter verstärkt durch das Wegfallen von Handelshemmnissen und durch den Aufbau von erheblichen Produktionskapazitäten in den Ländern Ostasiens und Osteuropas.[5]

Die zunehmende Globalisierung und der starke Wettbewerbsdruck bewirken eine Verschiebung der Wertschöpfungsanteile für die Kunden innerhalb der betrieblichen Leistungserstellung. Kunden verlangen neben den eigentlichen Produkten zusätzliche Wertschöpfung (added value) von ihren Lieferanten.[6] Bisher lag der grösste Anteil der Wertschöpfung in der Produktion und den fertigungsnahen Bereichen. Dieser Anteil wird sich zukünftig verringern, während der Wertschöpfungsanteil in den Bereichen Services, Vertrieb und F&E relativ steigen wird (siehe Abb. 1-1).

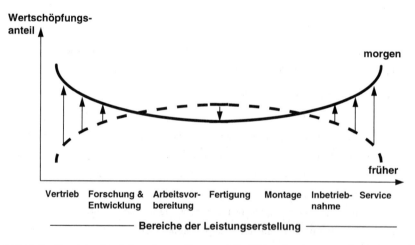

Abb. 1-1: Bereiche der Leistungserstellung und ihr Wertschöpfungsanteil im Wandel[7]

• **Zeitwettbewerb**

Neue Produkte rechtzeitig auf den Markt zu bringen, ist bereits heute und in Zukunft noch stärker entscheidend für den Wettbewerbserfolg. Wie aus der Abb. 1-2 ersicht-

---

4   Vgl. Snow, Miles, Coleman (Network), S.7.

5   Vgl. Schuh (Wettbewerb), S.3.

6   Auszug aus einem Interview mit Herrn Jürg Rissle, Leiter der Produktion des Geschäftsbereichs 2 'Hochfrequenztechnik' der Huber+Suhner AG (CH). Vgl. auch Belz (Marketing), S.78ff.

7   Quelle: Schuh (Wettbewerb), S.10.

lich, wird nicht nur die durchschnittliche Produktentwicklungszeit länger, sondern es findet auch eine Verkürzung der durchschnittlichen Produktlebenszeit statt. Die sich öffnende Zeitschere hat zur Folge, dass nur noch eine immer kürzere Produktlebenszeit zur Cash Flow-Generierung und Amortisation der Entwicklungskosten zur Verfügung steht. Die Verkürzung der Lebensdauer von Produkten hat zwei Gründe: Auf der einen Seite steht der dynamische Fortschritt, welcher Produkte in kurzer Zeit technologisch veralten lässt, auf der anderen Seite verlangen die Kunden in immer kürzeren Zeitabständen neue Produkte (siehe Abb. 1-2).

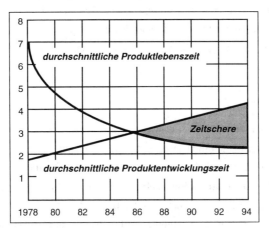

Abb. 1-2: Zeitschere zwischen der Produktlebens- und Produktentwicklungszeit am Beispiel der Elektronik-Industrie[8]

Stalk, Hout[9] fordern deswegen: „Nicht mehr nur wettbewerbsfähige Kosten und Qualität, sondern wettbewerbsfähige Kosten, Qualität und Reaktionsgeschwindigkeit sind gefragt. Geben Sie den Kunden, was sie verlangen und wann sie es verlangen."

- **Informations- und Kommunikationstechnologie**

Das Zusammenschmelzen der einstmals getrennten Technologien Telekommunikation und EDV hat und wird die Art, wie wir unser Leben gestalten, in einem hohen Masse beeinflussen. Wir befinden uns in der Transformation von der Industriegesellschaft zur

---

[8] Quelle: Osterloh (Ansätze), S.47.

[9] Stalk, Hout (Zeitwettbewerb), S.15.

Informationsgesellschaft.[10] Die neuen Informations- und Kommunikationssysteme verändern die Wirtschaftsprozesse. Entwicklungen in der Informations- und Kommunikationstechnologie (IKT) wie beispielsweise Computer Aided Design (CAD), Multimedia oder EDIFACT haben schon einen grossen Einfluss auf das Wirtschaftsleben gehabt, indem sie die Produktion, den Verkauf oder die internen Abläufe der Unternehmen unterstützten und effizienter werden liessen. Neben der Entstehung von neuen Produkten, Dienstleistungen oder Verfahren erlaubt die IKT jedoch noch mehr. Durch die informationstechnologische Vernetzung von Unternehmen ist eine transaktionskostengünstige, überbetriebliche Koordination der Wertschöpfungsaktivitäten möglich geworden. Die IKT unterstützt somit eine flexible, effiziente Verteilung und Koordination von Aufgaben in neuen überbetrieblichen Organisationsformen, wie z.b. Unternehmensnetzwerken.[11]

Implikationen

Die beschriebenen Veränderungen in der Umwelt und ihre Auswirkungen auf die Wertschöpfung zwingen produzierende Unternehmen zu strukturellen Anpassungsmassnahmen. **Diese Massnahmen müssen über die bekannten reaktiven Massnahmen und Konzepte hinausgehen.** Reaktive Massnahmen seitens des Managements beschränken sich häufig auf effizienzsteigernde Rationalisierungs- und Kostensenkungsvorhaben. Diese führen häufig nur zu einer kurzfristigen Ergebnisverbesserung und generieren keinen nachhaltigen Wettbewerbsvorteil.[12] Stattdessen werden gerade die zum Aufbau zukünftiger Erfolgspotentiale notwendigen Überschussressourcen[13] wegrationalisiert, was den Wert eines Unternehmens langfristig mindern kann. Ursache hierfür ist die Orientierung des Managements an kurzfristigen Zielen, wie z.B. die Steigerung des Gewinns (siehe Abb. 1-3).

---

10   Österle (Entwurfstechniken), S.1ff.

11   Vgl. Klein (Configuration), S.92.

12   Vgl. Gaitanides et al. (Prozessmanagement), S.9.

13   Überschussressourcen oder Organizational Slack sind der Anteil der Ressourcen eines Unternehmens, der nicht zur Bewältigung des aktuellen Tagesgeschäfts benötigt, sondern zum Aufbau neuer Erfolgspotentiale verwendet wird. Organizational Slack darf nicht mit dem unwirtschaftlichen Einsatz von Ressourcen (Waste) verwechselt werden. Während Waste unerwünscht ist und vermieden werden muss, ist der Organizational Slack für die langfristige Sicherung des Unternehmens notwendig. Zum Begriff des Organizational Slack vgl. Scharfenkamp (Slack), S.22ff.

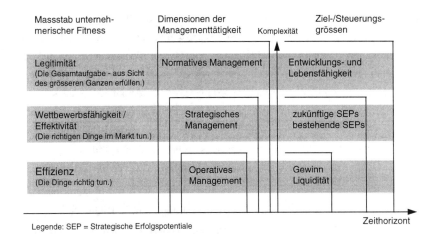

Massstab unterneh- merischer Fitness	Dimensionen der Managementtätigkeit Komplexität	Ziel-/Steuerungs- grössen
Legitimität (Die Gesamtaufgabe - aus Sicht des grösseren Ganzen erfüllen.)	Normatives Management	Entwicklungs- und Lebensfähigkeit
Wettbewerbsfähigkeit / Effektivität (Die richtigen Dinge im Markt tun.)	Strategisches Management	zukünftige SEPs bestehende SEPs
Effizienz (Die Dinge richtig tun.)	Operatives Management	Gewinn Liquidität

Legende: SEP = Strategische Erfolgspotentiale   Zeithorizont

Abb. 1-3: Dimensionen der Managementtätigkeit und deren Zielgrössen[14]

Die Verfügbarkeit moderner Informations- und Kommunikationstechnologien (IKT), in Verbindung mit innovativen Organisations- und Strategiekonzepten bietet Unternehmen neue Möglichkeiten, diesen Herausforderungen zu begegnen. **Kompetenzbasierte, strategische Unternehmensnetzwerke sind ein solches innovatives Strategie- und Organisationskonzept.** „The flexibility and focus that result from deintegration, made possible by the existence of a network that takes care of the other functions, can be extremely powerful competitive weapons, especially in environments that experience rapid change, due to increasingly rapid technological pace, globalisation of competition, or the apparition of new, flexible, focused, deintegrated competitors."[15]

Die konzeptionelle Betrachtung von kompetenzbasierten, strategischen Unternehmensnetzwerken und deren Management bildet den Schwerpunkt dieser Arbeit. Dieser Schwerpunkt wird um die Betrachtung des Wertaspekts ergänzt. Innovative Strategie- und Organisationskonzepte stellen keinen Selbstzweck dar, sondern dienen der Erreichung von Zielen, wie z.B. der nachhaltigen Steigerung des Nutzens für die Bezugsgruppen. „We are only interested in those institutional arrangements [cooperative

---

14   Quelle: In Anlehnung an Schwaninger (Unternehmungen), S.15.

15   Jarillo (Networks), S.38 in Anlehnung an Porter (Patterns), S.9ff.

associations] which offer the highest value to investors."[16] Die Herstellung des
Zusammenhangs innovativer Konzepte zum Wertaspekt trägt der Forderung Rechnung,
den Unternehmenswert in den Mittelpunkt strategischer Überlegungen zu rücken.[17]
Nach Pümpin[18] liegt das Hauptanliegen einer dynamischen strategischen Führung
darin, eine Unternehmensentwicklung zu ermöglichen, die darauf ausgerichtet ist, den
Nutzen für die Bezugsgruppen nachhaltig und markant zu steigern. Um den Nutzen für
die Bezugsgruppen eines Unternehmens zu erhöhen, müssen hohe Cash Flows erzielt
werden, die wiederum den Unternehmenswert erhöhen. Somit kommen dem Cash
Flow bzw. dem Unternehmenswert eine Schlüsselrolle zu, die im Rahmen dieser
Arbeit Berücksichtigung findet.

Einhergehend mit der zunehmenden Wertorientierung werden Fähigkeiten, wie der
Aufbau und das Management von Unternehmensnetzwerken und die Koordination
globaler Wertschöpfungsaktivitäten, zukünftig gegenüber unternehmensinternen Auf-
tragsabwicklungsprozessen und Fertigungsprozessen an Bedeutung gewinnen.[19] Der
Grund liegt darin, dass wertschöpfende Aktivitäten an Orte verlagert oder an Unternehmen vergeben werden können, von denen sie 'wertschöpfungsoptimal' ausgeführt
werden. Zusätzlich können Kernprodukte durch ergänzende Services zu kompletten
Leistungssystemen ausgebaut und Systemlösungen durch unternehmensübergreifende
Zusammenarbeit mit anderen Kompetenzträgern angeboten werden.

Bisher sind die technischen und organisatorischen Möglichkeiten, die sich den produzierenden Unternehmen bieten, nicht ausgeschöpft worden. Die Ursachen hierfür sind
vielfältig. Sie können beispielsweise in einem **konservativen Managementverhalten**
und in Know How-Lücken der verantwortlichen Manager liegen. Ein konservatives
Management ist in bekannten, tradierten Strukturen verhaftet und entwickelt nur lang-
sam eine grundlegende Bereitschaft für neue technische und organisatorische Möglichkeiten. Diese Strukturen sind charakterisierbar durch feste Unternehmensgrenzen,
Produkt/Markt/Branchen-Relationen, reaktive Massnahmen und eine zu einseitige
Orientierung an kurzfristigen Zielen. Vernachlässigt werden dabei unternehmensübergreifende Kooperationen, das Denken in Kompetenz/Nutzenpotential-Relationen,
die pro-aktiven Gestaltungsmöglichkeiten des Managements und die Orientierung an

---

16   Gerybadze (Management und Netzwerke), S.4.

17   Vgl. Pümpin (Strategische Erfolgspositionen), S.14.

18   Vgl. Pümpin (Strategische Erfolgspositionen), S.16.

19   Vgl. Bleicher (Management), S.12ff.

langfristigen Unternehmenszielen. Eine weitere Ursache können bestehende Know How-Lücken und eine **unzureichende Vorbereitung des Managements auf die neuen Herausforderungen** darstellen.[20] In diesem Fall kennt das Management die innovativen, technischen und organisatorischen Lösungen und die erforderlichen Voraussetzungen, die ein Unternehmen erfüllen muss, um diese neuen Lösungen für sich zu erschliessen, nicht, oder nur zum Teil. Insbesondere hinsichtlich neuer organisatorischer Entwicklungen, wie Unternehmensnetzwerken, fehlen managementunterstützende Orientierungsrahmen, Vorgehenskonzepte und das Verständnis für Zusammenhänge in Unternehmensnetzwerken. Mit der Umsetzung der Forderung nach strukturellen Massnahmen zur Begegnung der Veränderungen in der Unternehmensumwelt betreten die verantwortlichen Manager Neuland. Sie bewegen sich in vielen Bereichen von bekannten Strukturen und Verhaltensweisen und Denkmodellen weg. „**A crucial question is how these developments (gemeint sind: 'deconstructed firms', 'value adding partnerships' und 'virtual corporations', Anmerkung des Autors) in business practice should be regarded conceptually as well as managerially.**"[21]

Zur Auseinandersetzung mit dieser Fragestellung wurde 1996 das **EU-Forschungsprojekt TELE*flow*[22]** mit einer Projektdauer von drei Jahren gestartet. Im Rahmen des TELE*flow*-Projekts soll gemeinsam mit Dienstleistungs- und Industrieunternehmen aus Griechenland, Deutschland und der Schweiz ein ganzheitlicher Managementansatz zur Gestaltung von Unternehmensnetzwerken entwickelt und getestet werden. Die folgende Abbildung zeigt den Bezugsrahmen des TELE*flow*-Projekts, der sich aus den drei Teilen (1) 'Value System Framework', (2) 'Phasenmodell zum Aufbau von Unternehmensnetzwerken' und (3) 'Tools zur Unterstützung des Managements' zusammensetzt.

---

[20] Vgl. dazu auch o.V. (Anschlag), S.9.

[21] Anderson et al. (Relationships), S.1.

[22] Vgl. Zur ausführlichen Beschreibung des EU-Forschungsprojekts TELE*flow* und des beteiligten Firmen-Konsortiums vgl. o.V. (Technical Annex), S.1ff.

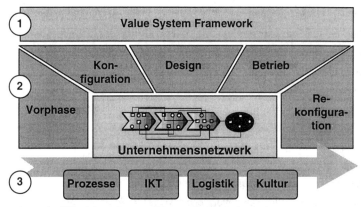

Legende: IKT = Informations- und Kommunikationstechnologien

Abb. 1-4: TELEflow-Framework[23]

Die vorliegende Arbeit entstand in der Anfangsphase des TELE*flow*-Projekts in enger Zusammenarbeit mit den am Projekt TELE*flow* beteiligten Unternehmen. Die im Rahmen dieser Arbeit gefundenen Ergebnisse und Erkenntnisse dienen vorrangig der Förderung des Verständnisses von Unternehmensnetzwerken und sind somit dem Value System Framework zuzuordnen (siehe Abb. 1-4).

1.2 Zielsetzung der Arbeit

Die vorliegende Arbeit befasst sich mit der **organisatorischen Gestaltung von Unternehmensnetzwerken**. Die organisatorischen Gestaltungsaspekte werden aus der **Sicht eines produzierenden Unternehmens** betrachtet. Durch die Beschränkung auf produzierende Unternehmen werden reine EDV-gestützte Unternehmensnetzwerke zwischen z.B. Versicherungen, Banken und Handel ohne physischen Materialtransport von der Betrachtung ausgegrenzt.

Der Aufbau von Unternehmensnetzwerken ist stets mit Zielen verbunden. Das Hauptziel des strategischen Managements ist die Generierung nachhaltiger Wettbewerbsvorteile zur Wertsteigerung der am Unternehmensnetzwerk beteiligten Unternehmen. In einer dynamischen Umwelt müssen Unternehmen über flexible Strukturen verfügen, um dieses Ziel zu erreichen. Unternehmensnetzwerke bieten einen Ansatz

---

[23]   Quelle: Modifizierte Darstellung in Anlehnung an o.V. (Technical Annex), S.12.

für Unternehmen, die erforderliche Flexibilität zu erreichen und ihren Möglichkeiten-
raum im Wettbewerb zu erweitern.[24] Zur Legitimierung der Organisationsform
'Unternehmensnetzwerk' wird deren Wirkung auf das Unternehmensziel Wertsteigerung dargestellt.

Die zentrale Forschungsfrage der Arbeit lautet: **„Wie können Unternehmen ihren
Wert durch Unternehmensnetzwerke nachhaltig steigern?"**

Als ein Ergebnis der Diskussionen in den Kapiteln 2 'Bezugsrahmen' und 3
'Unternehmensnetzwerke' konnten folgende weiterführende Forschungsfragen abgeleitet werden:

1. Wie können Unternehmen durch Unternehmensnetzwerke Wettbewerbsvorteile
   generieren und welche Risiken bestehen dabei?

2. Welche Typen von Unternehmensnetzwerken gibt es und wie muss ein Unternehmensnetzwerk zur Erfüllung der genannten Anforderungen konzipiert sein?

3. Welche generischen Strategien gibt es für Unternehmensnetzwerke zur Erschliessung attraktiver Nutzenpotentiale?

4. Wie ist der Zusammenhang zwischen Strategien im Unternehmensnetzwerk und der
   wertsteigernden Wirkung auf die Unternehmen im Netzwerk?

Die folgende Abbildung stellt die genannten Forschungsfragen nochmals im Zusammenhang dar (siehe Abb. 1-5).

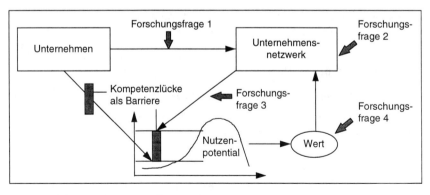

Abb. 1-5: Forschungslücken (Übersicht)[25]

---

[24]   Vgl. Bleicher (Management), S.14.

[25]   Quelle: Eigene Darstellung.

Das **Ziel dieser Arbeit** ist es, Unternehmensnetzwerke aus organisatorischer und Management-Sicht besser zu verstehen und insbesondere ihre Wirkungen auf den Unternehmenswert eines einzelnen Unternehmens transparenter zu machen.

Dazu sollen

- ein grundlegendes **Verständnis** von Unternehmensnetzwerken erarbeitet werden,

- der **Nutzen** von Unternehmensnetzwerken in einer dynamischen Umwelt beleuchtet werden, und

- neue kreative **Denkanstösse** für weitere Forschungsarbeiten gegeben werden.

Die vorliegende Arbeit richtet sich zum einen an die betriebswirtschaftlich interessierte Scientific Community und zum anderen an Manager, die aus strategischen Überlegungen ein Unternehmensnetzwerk aufbauen wollen. Die Arbeit soll ihnen neue Anregungen geben und sie dabei unterstützen, ihr Unternehmen auf neue Oganisationskonzepte vorzubereiten.

1.3 Wissenschaftliche Positionierung

Die vorliegende Arbeit ist eine wissenschaftliche Arbeit aus dem Forschungsgebiet der Betriebswirtschaftslehre. Die wissenschaftliche Positionierung dieser Arbeit folgt der Tradition der vorherrschenden St. Galler Forschungsausrichtung. Sie orientiert sich an (1) der systemorientierten Managementlehre nach Ulrich, (2) dem Konstruktivismus als Erkenntnisprogramm und (3) einer anwendungsorientierten, qualitativen Sozialforschung.

(1)   Systemorientierte Managementlehre

Nach Ulrich ist Systemorientiertes Management „der Versuch, Begriffe, Vorstellungen und Erkenntnisse der Systemtheorie[26] und insbesondere der Kybernetik[27] auf die Probleme der Gestaltung und Lenkung von Unternehmen[28] und anderen sozialen Syste-

---

[26]   Allgemeine Systemtheorie ist die Lehre von Aufbau und der Klassifikation von Systemen. Vgl. Ulrich (Systemorientiertes Management), S.2 und zum Systembegriff Ulrich (Systembegriff).

[27]   Kybernetik ist die Lehre von der Struktur und dem Verhalten sozialer Systeme. Vgl. Ulrich (Systemorientiertes Management), S.2.

[28]   Unternehmen, als produktive soziale Systeme dienen als Betrachtungsobjekt systemorientierter Managementlehre.

men anzuwenden."[29] Eine so verstandene systemorientierte Managementlehre erfordert die Orientierung an realen Problemen aus der unternehmerischen Praxis. Beim Systemansatz handelt es sich um eine dynamische und integrierende Denkweise zur Lösung komplexer Probleme sozialer Systeme.[30] Dabei erfolgt die Betrachtung von Unternehmen und deren Führung auf einer höheren Abstraktionsebene, als in den ökonomischen oder neoklassischen verhaltensorientierten Ansätzen.[31] **Management** oder Unternehmensführung ist nach Ulrich definiert als das **Gestalten, Lenken und Entwickeln** eines zweckgerichteten sozialen Systems.[32] Management im Sinne des ganzheitlichen Ansatzes nach Ulrich ist auf die Entwicklungs- und Überlebensfähigkeit des Gesamtsystems Unternehmen gerichtet. Managementtätigkeiten werden so zu sinngebenden und sinnvermittelnden Prozessen, die auf die Verbesserung sozialer Systeme ausgerichtet sind.[33]

(2)   Konstruktivismus als Erkenntnisprogramm

„Die empirische Grundlagenforschung will eine bestehende Wirklichkeit beobachten und mit Hilfe von allgemeinen Theorien erklären, die angewandte Forschung zielt auf den Entwurf einer neuen Wirklichkeit. [...] Nicht die Wahrheit wissenschaftlicher Aussagen ist das Regulativ des Prozesses angewandter Forschung, sondern der Nutzen der zu schaffenden Entwürfe für die Praxis."[34] Die systemorientierte Managementlehre, verstanden als **anwendungsorientierte Sozialwissenschaft**, zielt auf die Verbesserung sozialer Systeme ab, und damit auf die Veränderung sozialer Wirklichkeiten. Eine so verstandene angewandte Forschung baut auf den Überlegungen eines konstruktivistischen Ansatzes[35] auf und muss darauf abzielen, Gestaltungsansätze für eine erst zu schaffende Realität bereitzustellen[36] (siehe Abb. 1-6).

---

29   Ulrich (Systemorientiertes Management), S.1.

30   Vgl. Ulrich (Systemorientiertes Management), S.7.

31   Vgl. Ulrich (Managementlehre), S.183.

32   Vgl. Ulrich (Managementlehre), S.183.

33   Vgl. Ulrich (Managementlehre), S.186f.

34   Ulrich (Managementlehre), S.178.

35   Zum Konstruktivismus vgl. v. Glasersfeld, Watzlawick, in Gumin, Mohler (Konstruktivismus), S.1ff. und S.69ff.

36   Vgl. Ulrich (Sozialwissenschaft), S.7.

inhaltliche Lösung	Methoden

	inhaltliche Lösung	Methoden
aktuelle Probleme	inhaltliche Lösung für konkrete Probleme der Praxis	Lösungsverfahren für konkrete Probleme der Praxis
zukünftige Gestaltung	Gestaltungsmodelle für die Veränderung der sozialen Wirklichkeit	Regeln für die Entwicklung von Gestaltungsmodellen in der Praxis

Legende: ⬭ = Einordnung der Arbeit

Abb. 1-6: Positionierung der Arbeit innerhalb der anwendungsorientierten Forschung[37]

(3)   Qualitative Sozialforschung

Qualitative Sozialforschung beschreibt die Methodologie des Forschungsprozesses und kann gegen die quantitative Sozialforschung[38] abgegrenzt werden. Primäres Ziel qualitativer Sozialforschung ist das **'Verstehen' von Zusammenhängen**.[39] Das 'Erklären' im naturwissenschaftlichen Sinne tritt in den Hintergrund. Methodologien qualitativer Sozialforschung sind durch folgende zentrale Prinzipien gekennzeichnet:[40] Offenheit der Forschung bzgl. möglicher Lösungen, Forschung als interaktiver Kommunikationsprozess, Prozesscharakter von Forschung und Forschungsgegenstand, Flexibilität bzgl. der Auswahl und der Gestaltung der Methoden. Im folgenden wird auf die hier gewählte Forschungsmethodik konkret eingegangen.

1.4 Forschungsmethodik

Die vorliegende Untersuchung ist auf die Betrachtung produzierender Unternehmen, die mit dynamischen Veränderungen (Globalisierung, steigender Wettbewerb etc.) konfrontiert werden, eingegrenzt. Die Herausforderungen zwingen die Unternehmen zu strukturellen Anpassungsprozessen. Um durch diese Anpassungsmassnahmen lang-

---

[37]   Quelle: In Anlehnung an Ulrich (Sozialwissenschaft), S.11.

[38]   Zur Kritik an der Methodologie der quantitativen Sozialforschung, vgl. Lamnek (Sozialforschung, Bd.1), S.6ff.

[39]   Vgl. Lamnek (Sozialforschung, Bd.1), S.4.

[40]   Vgl. Lamnek (Sozialforschung, Bd.1), S.21ff.

fristige Wettbewerbsvorteile zu realisieren, bedarf es innovativer Konzepte und Vorgehensmodelle für deren Umsetzung. Die Erschliessung neuer Nutzenpotentiale durch die systematische Ausschöpfung des strategischen Potentials in Unternehmensnetzwerken ist ein möglicher Lösungsansatz.

Bei der Suche nach Antworten wird von realen Problemen in der Praxis ausgegangen, für die es derzeit keine befriedigende Problemlösungen gibt. Nach Ulrich handelt es sich dabei um ein konstitutives Merkmal anwendungsorientierter Wissenschaft.

Es liegt daher nahe, einen qualitativen Forschungsansatz zu wählen. Der Ansatz des **Action Research** (Aktionsforschung, Handlungsforschung) erscheint wegen der Komplexität des Untersuchungsgegenstandes als besonders gut geeignet und wird daher dieser Untersuchung zugrundegelegt.[41] Mit dem Action Research werden folgende drei Ziele verfolgt:[42]

(1)   Direktes Ansetzen an konkreten sozialen Problemen

(2)   Praxisverändernde Umsetzung der Ergebnisse im Forschungsprozess

(3)   Gleichberechtigter Diskurs zwischen Forscher und Betroffenen.

Action Research kann durch folgende Charakteristika beschrieben werden:[43] Action Research ist interdisziplinär, verbindet Wissenschaft und Praxis, ist problem- und handlungsorientiert, erfolgt in einem zyklischen Prozess und erfordert die Partizipation seitens der Betroffenen. Der Ablauf des Action Research richtet sich nach den realen Gegebenheiten, wobei zwei Schritte von zentraler Bedeutung sind. Aktionsforschung beginnt immer mit einer Definition des Praxisproblems und der Formulierung des Ziels der Praxisveränderung. In einem zweiten Schritt, dem eigentlichen Projektablauf, kommt es zu einem ständigen Pendeln zwischen Informationssammlung, Diskurs mit den Betroffenen und praktischen Handlungen[44] (siehe Abb. 1-7). „Das Ziel ist die

---

[41]   Action Research versteht sich in seinem Ursprung als epistemologischer Beitrag. Die Grundlagen legte Lewin, einer der Begründer moderner Sozialwissenschaften, in seinem grundlegenden Artikel über Action Research 1946. Er kritisiert darin das der naturwissenschaftlichen Forschung entlehnte Paradigma der Sozialwissenschaften, das auf der ontologischen Prämisse des Realismus und der epistemologischen Grundlage des Positivismus basiert, aus epistemologischer Sicht und fordert eine neue Forschungsstrategie. Vgl. Mayring (Sozialforschung), S.34, Probst, Raub (Action Research), S.6. Weitere Ausführungen zu den Ursprüngen des Action Research finden sich in Probst, Raub (Action Research), S.7ff.

[42]   Vgl. Mayring (Sozialforschung), S.34.

[43]   Probst, Raub (Action Research), S.9ff.

[44]   Vgl. Mayring (Sozialforschung), S.36.

Erarbeitung von Handlungsorientierungen, welche das Handeln im sozialen Feld anleiten."[45]

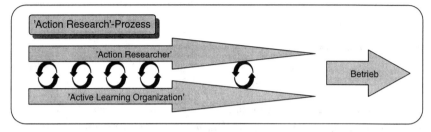

Abb. 1-7: Action Research Prozess[46]

Action Research wird als ein Konzept angewandter Managementforschung verstanden, welches Wissenschaft und Managementberatung zu einer produktiven Synthese führt. „Anwendungsorientierte Forschung generiert ihre Forschungsthemen aus der Praxis und gelangt in deren Rahmen zu praktischen Problemlösungen."[47] Der wissenschaftliche Aspekt bleibt jedoch durch die Prämisse des Action Research gewahrt, das der Forscher über die rein anwendungsorientierte Problemlösung hinaus neues Wissen generiert.[48] Die realitätsorientierte Forschung wird dabei als interaktiver Lernprozess verstanden.[49]

Action Research versteht sich als Forschungskonzept, welches die theoretischen und praktischen Anforderungen an eine angewandte Managementforschung ausdrücklich integriert.[50] Der Ansatz des Action Research weist Gemeinsamkeiten mit dem Management Consulting auf. Die Unterschiede beider Ansätze können anhand von vier Kriterien deutlich gemacht werden (siehe Tab. 1-1).

---

[45] Vgl. Moser (Aktionsforschung), S.12.

[46] Quelle: Eigene Darstellung in Anlehnung an Mayring (Sozialforschung), S.36.

[47] Vgl. Probst, Raub (Action Research), S.5.

[48] Vgl. Probst, Raub (Action Research), S.14.

[49] Vgl. Tomczak, (Forschungsmethoden), S.84.

[50] Vgl. Probst, Raub (Action Research), S.5.

Kriterien	Management Consulting	Action Research
Ziele	• Erwerben von Wissen, um es zu behalten und zu beschützen	• Erwerb öffentlichen Wissens, um es zu teilen
Wissenstransfer	• Wissen für Geld	• Wissen für Wissen
Rollen	• Fixierte Rolle des (externen) Beraters	• Fliessende, flexible Rolle. Behandeln aller Art von Situationen, die sich ergeben
Lösungen	• Vordefinierte Konzepte, die an die jeweilige Situation angepasst werden	• Keine vordefinierten Lösungen

Tab. 1-1: Management Consulting versus Action Research[51]

Einer der wesentlichen Vorteile, die Action Research dem Forscher bietet, ist die Möglichkeit, neben konzeptionellen Aufgaben auch die Umsetzung der entwickelten Strategien zu verfolgen und damit Erkenntnisse über eine Phase zu gewinnen, die normalerweise dem Forscher wie dem Berater vorenthalten bleibt.[52]

Erkenntnisquellen

Der konkrete Action Research-Forschungsprozess dieser Arbeit umfasst verschiedene Erkenntnisquellen: (1) Die Huber+Suhner AG, (2) die Huber+Suhner Pilot Site und (3) das TELE*flow*-Projekt (siehe Abb. 1-8).

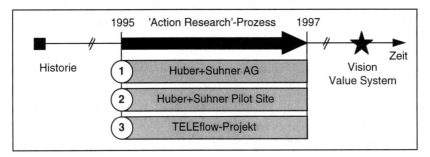

Abb. 1-8: Erkenntnisquellen innerhalb des Action Research Prozesses dieser Arbeit[53]

---

51   Quelle: Eigene Darstellung in Anlehnung an v. Krogh, Forschungsmethodik-Seminar, Mai 1996.

52   Vgl. Probst, Raub (Action Research), S.16.

53   Quelle: Eigene Darstellung.

(1)   Huber+Suhner AG

Die Huber+Suhner AG (H+S) ist ein Schweizer Industrieunternehmen mit Hauptsitz in Herisau. Die H+S AG ist ein weltweit aktiver, innovativer Nischenanbieter in den Geschäftsfeldern Kommunikationstechnik, Energieübertragung und Werkstofftechnik. H+S befindet sich in einem Prozess der Globalisierung, mit der Vision, ein globales Unternehmensnetzwerk aufzubauen und zu gestalten, welches sowohl stabile als auch dynamische Eigenschaften aufweist.[54] Die Herausforderungen, denen H+S bei dieser Aufgabe gegenübersteht, stellen einen inhaltlichen Rahmen für das Projekt TELE*flow* dar. H+S ist Mitglied im TELE*flow*-Konsortium und Endanwender der in TELE*flow* erarbeiteten Ergebnisse.

(2)   Die Huber+Suhner Pilot Site

Die Huber+Suhner Pilot Site ist ein Versuchsfeld, in dem ein Unternehmensnetzwerk aufgebaut wird. Das Unternehmensnetzwerk besteht aus rechtlich selbständigen, wirt-schaftlich abhängigen Unternehmen, die entlang der Wertschöpfungskette kooperieren. In diesem Versuchsfeld werden in einem Action Research-Prozess sämtliche Aspekte, die beim Aufbau und Betreiben eines Unternehmensnetzwerks auftreten, durchlebt, ge-meinsam Lösungen entwickelt und in die Praxis umgesetzt. An der Huber+Suhner Pilot Site sind folgende Unternehmen aktiv beteiligt: Huber+Suhner AG (CH), Huber+Suhner GmbH (D), Carl Leipold Metallwarenfabrik GmbH (D), Intracom S.A. (GR), Danzas Logistics (CH), ATM-Computer GmbH (D), die GPS Prof. Schuh Komplexitätsmanagement GmbH (D) und das Institut für Technologiemanagement (CH).

(3)   Das Projekt TELE*flow*

Das Projekt TELE*flow* ist ein EU-Forschungsprojekt. Das Projekt selbst weist Paral-lelen zu einem dynamischen Unternehmensnetzwerk auf. Die Partner im Konsortium sind aufgrund eines bestehenden Beziehungsnetzes gefunden worden. Alle verfügen über spezielle fachliche Fähigkeiten (Kernkompetenzen), die für die erfolgreiche Bear-beitung des Projekts benötigt werden. Die Partner stammen aus verschiedenen Fach-disziplinen, Ländern und Unternehmenskulturen. Sie alle verfolgen mit dem Projekt

---

[54]   Auf die konkrete Situation, die Ziele und Massnahmen bei H+S wird im Verlauf der Arbeit aus-führlich eingegangen. Vgl. Kapitel 7.

eigene Ziele, haben eigene Wertvorstellungen und Erwartungen. Das Projekt und somit auch die Zusammenarbeit ist zeitlich begrenzt. Als Grundlage für die Zusammenarbeit muss eine gemeinsame Kooperationsplattform entwickelt werden. Eine gemeinsame Sprache muss gefunden werden (sowohl inhaltlich (semantisch) als auch bezüglich der Landessprache), neue lohnende Aktivitätsfelder müssen identifiziert, eine Vision gebildet, Ziele harmonisiert, Vertrauen zwischen den Partnern gebildet, Informations- und Kommunikationskanäle implementiert und Aktivitäten koordiniert werden. Aufgrund der grossen Ähnlichkeiten zwischen dem Aufbau von globalen dynamischen Unternehmensnetzwerken mit internationalen, interdisziplinären und interorganisationalen Projekten ist das Projekt TELE*flow*, im Sinne einer Beobachtung des eigenen Verhaltens und der eigenen Erfahrungen, eine weitere sehr wertvolle Erkenntnisquelle.

Desk Research und ergänzende Expertengespräche

Grundlegende Ergänzung zum Action Research ist die Analyse thematisch relevanter Veröffentlichungen. Das sich daraus ableitende Vorverständnis dient vor allem dazu, die Phase der Exploration zu initiieren und ein entsprechendes Erhebungsinstrument vorzubereiten. Für dieses Forschungsprojekt stützt sich die Desk Research auf Veröffentlichungen zu folgenden Themengebieten:

- Gestaltungsrahmen zur Organisationsentwicklung

- Ansätze des strategischen Managements

- Ansätze zur Unternehmenswertsteigerung

- Unternehmensnetzwerke und Netzwerkorganisationen

Zu ausgewählten Problemstellungen innerhalb der Arbeit wurden Workshops mit den Industriepartnern des TELE*flow*-Projekts durchgeführt. Zusätzlich wurde die thematische Auseinandersetzung mit weiteren Experten aus Unternehmen und der Wissenschaft gesucht. Als Interviewpartner aus der Praxis dienten Experten, die für die gewählten Problemstellungen innovative und erfolgversprechende Lösungsansätze gefunden haben. Die Erhebung der Informationen erfolgte durch qualitative, offene und halbstrukturierte Interviews.

1.5 Aufbau der Arbeit

Die vorliegende Arbeit gliedert sich in acht Kapitel. Im **ersten Kapitel** wird die Situation beschrieben, mit der sich das Management produzierender Unternehmen in Westeuropa konfrontiert sieht. Daraus abgeleitet ergeben sich die Problemstellung und die Zielsetzung der Arbeit. Weiterhin erfolgt die wissenschaftstheoretische Positionierung der Arbeit und die Beschreibung der zugrundegelegten Forschungsmethodik.

Kapitel 2 beschreibt den Bezugsrahmen mit den inhaltlichen Grundlagen der Arbeit. Der Bezugsrahmen gliedert sich in vier Teilbereiche. (1) Gestaltung von Organisationen als Managementaufgabe, (2) Diskussion der bestehenden Ansätze zur Wertsteigerung und (3) zur Bewertung von Unternehmen, (4) Ansätze des strategischen Managements.

In **Kapitel 3** werden Unternehmensnetzwerke als eine Möglichkeit zur Erschliessung attraktiver Nutzenpotentiale identitfiziert. Um zu einem einheitlichen Netzwerkverständnis zu gelangen, werden der Netzwerkbegriff und anschliessend Aspekte der Entstehung und Organisiertheit diskutiert. Anschliessend werden Potentiale im Zusammenhang mit Unternehmensnetzwerken beschrieben und die Grundlagen zur Nutzung von Kompetenzen und Wissen in Netzwerken dargestellt.

In **Kapitel 4** werden existierende Netzwerk-Typen gegeneinander abgegrenzt und das Konzept des Value Systems als kompetenzbasiertes strategisches Unternehmensnetzwerk hergeleitet. Anschliessend wird das 4-K-Modell zum Management von Value Systems vorgestellt. Dabei wird auf das Management von Kernkompetenzen im Value System vertieft eingegangen.

In **Kapitel 5** wird das Konzept des Value Systems unter dynamischen Aspekten betrachtet. Dazu wird aufbauend auf der St. Galler Terminologie ein dynamisches Modell zum Aufbau strategischer Erfolgspotentiale und der Erschliessung von Nutzenpotentialen vorgestellt.

In **Kapitel 6** werden die zuvor aufgezeigten Vorteile des Value Systems durch die Diskussion der Wertwirkungen von generischen Netzwerkstrategien auf den Wert der am Value System beteiligten Unternehmen ergänzt und vertiefend beschrieben.

Kapitel 7 illustriert in einem Case die Ausführungen in dieser Arbeit. Der Case beschreibt die Ausgangssituation, Ziele und Aktivitäten zum Aufbau eines Value Systems innerhalb der Huber+Suhner Pilot Site.

In **Kapitel 8** werden die Ergebnisse der Arbeit zusammengefasst und bewertet. Ergänzend werden Anknüpfungspunkte für weiterführende Forschungsaktivitäten aufgezeigt. Die folgende Abbildung soll die Schwerpunkte im Aufbau der Arbeit nochmals veranschaulichen (siehe Abb. 1-9).

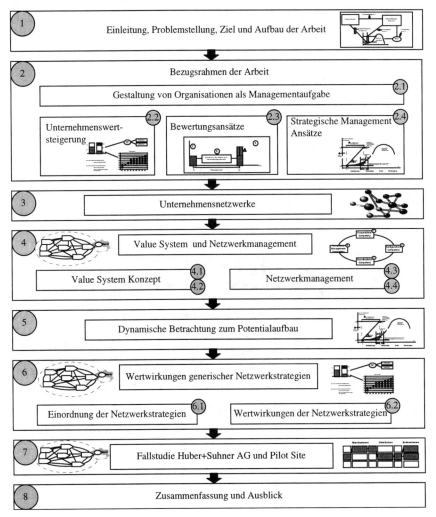

Abb. 1-9: Aufbau der Arbeit[55]

---

2 Bezugsrahmen

In diesem Kapitel werden die grundlegenden Begriffe aus dem Titel dieser Arbeit definiert und ein inhaltlicher Bezugsrahmen für die nachfolgende Beantwortung der Forschungsfrage aufgebaut. Der Bezugsrahmen umfasst die relevanten Themenfelder, harmonisiert das Vorverständnis zur behandelten Thematik und dokumentiert die Sicht des Autors. Für die Anwendung der erarbeiteten Ergebnisse dient der Bezugsrahmen als ein Instrument zur thematischen Orientierung.

Die zentrale Forschungsfrage, die dieser Arbeit zugrundeliegt, lautet:

> **„Wie können Unternehmen ihren Wert durch Unternehmensnetzwerke nachhaltig steigern?"**

Basierend auf der Forschungsfrage wird der Bezugsrahmen der Arbeit festgelegt. Der Bezugsrahmen gliedert sich in vier inhaltliche Themenbereiche (2.1 bis 2.4) und einem zusammenfassenden Teil (2.5), (siehe Abb. 2-1).

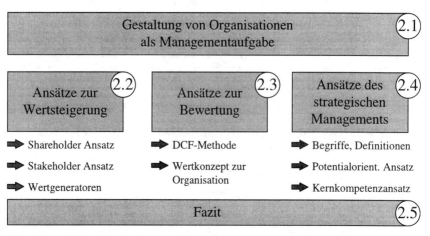

Abb. 2-1: Gliederung des Bezugsrahmens[1]

---

[1]   Quelle: Eigene Darstellung.

2.1 Gestaltung von Organisationen als Managementaufgabe

2.1.1 Organisationsbegriffe

In der betrieblichen Organisationslehre wird im wesentlichen zwischen drei Organisationsbegriffen unterschieden:[2] Dem institutionalen, dem instrumentalen und dem funktionalen Organisationsbegriff.

Nach dem **institutionalen Organisationsbegriff** wird der Begriff 'Organisation' als Oberbegriff oder Synonym für sämtliche Arten von Institutionen, wie Unternehmen, Behörden etc. verwendet. Die Organisation ist somit ein Gebilde, in dem im betrieblichen Kontext Personen und Einrichtungen zueinander in Beziehung stehen.[3] Nach dem institutionalen Organisationsbegriff *ist* das Unternehmen eine Organisation. Im Rahmen dieser Arbeit wird der institutionale Organisationsbegriff auf Institutionen eingegrenzt, die vorrangig ökonomische Ziele verfolgen, wie Unternehmen und Unternehmensnetzwerke. Nach dem institutionalen Organisationsbegriff kann das **Unternehmensnetzwerk als eigene Institution** interpretiert werden. In dieser Interpretation bildet das Unternehmensnetzwerk eine eigene neue organisatorische Einheit, die über die Attribute und Systeme einer lebensfähigen Organisation[4] verfügen kann.

Der **instrumentale Organisationsbegriff** versteht die Organisation als ein Mittel (Instrument) zur Erreichung von Zielen. Die Organisation wird als ein System aus zielgerichteten formellen und informellen Aufbau- und Ablaufregelungen, als Voraussetzung für die Erfüllung von Aufgaben innerhalb einer Institution verstanden.[5] Der instrumentale Organisationsbegriff meint nicht den Prozess des Organisierens an sich, sondern lediglich die Aufbau- und Ablaufstruktur als das Ergebnis eines Gestaltungsprozesses. Man kann also sagen, das Unternehmen *hat* eine Organisation. Der instrumentale Organisationsbegriff hat im Zusammenhang mit Unternehmensnetzwerken als ein organisatorisches Instrument zur Erschliessung von Nutzenpotentialen eine hohe Bedeutung im Rahmen dieser Arbeit.

---

2 Vgl. Gomez, Zimmermann (Unternehmensorganisation), S.16, Reglin (Fundierung), S.11ff. und Thommen (Betriebswirtschaftslehre), S.549f.

3 Vgl. Frese, E. (Grundlagen), S.60ff., vgl. auch Gomez, Zimmermann (Unternehmensorganisation), S.25.

4 Zur Theorie 'Lebensfähiger Systeme' (Viable Systems) vgl. Beer (System).

5 Vgl. Luczak (Arbeitsorganisation), in Eversheim, Schuh (Betriebshütte, Teil 2), S.12-39.

Der **funktionale Organisationsbegriff** beschreibt 'Organisation' als Tätigkeit, genauer, als die Gestaltung der Zusammenhänge und Abläufe in einer Institution.[6] Die 'organisatorische Gestaltung' oder das 'Organisieren' kann als ein Prozess aufgefasst werden, dessen Ergebnis sich im instrumentalen Organisationsbegriff widerspiegelt. Der Prozess der organisatorischen Gestaltung ist ein Bestandteil dieser Arbeit. Der Begriff des Organisierens, genauer, des organisatorischen Gestaltens, ist weit definiert und umfasst neben dem Aufbau von organisatorischen Strukturen auch den Aufbau von Fähigkeiten.

Die genannten Organisationsbegriffe sollen nicht auf Unternehmen beschränkt bleiben, sondern auf überbetriebliche Kooperationsformen, wie **Unternehmensnetzwerke**[7], ausgeweitet werden. Unternehmensnetzwerke bestehen aus einzelnen Unternehmen bzw. Unternehmensteilen (z.B. Geschäftsbereiche) und den Beziehungen zwischen ihnen. Unternehmensnetzwerke sind daher wie Unternehmen soziotechnische Systeme. Sie können eine Organisation sein, können eine Organisation haben und können organisatorisch gestaltet werden.

2.1.2 Gestaltung von Unternehmensnetzwerken als Managementaufgabe

Das organisatorische Gestalten von Unternehmen und Unternehmensnetzwerken ist eine Managementaufgabe. Nach Ulrich[8] umfasst das **Management** als Tätigkeit neben dem **Gestalten** auch das **Lenken** und **Entwickeln** von Organisationen (siehe Abb. 2-2).

---

[6]   Vgl. Luczak (Arbeitsorganisation), in Eversheim, Schuh (Betriebshütte, Teil 2), S.12-39.

[7]   Vgl. Kapitel 3.

[8]   Ulrich (Management), S.113.

Management		
Gestaltung	**Lenkung**	**Entwicklung**
eines institutionellen Rahmens, der es ermöglicht, eine handlungsfähige Ganzheit über ihre Zweckerfüllung überlebens- und entwicklungsfähig zu erhalten.	durch das Bestimmen von Zielen und das Festlegen, Auslösen und Kontrollieren von zielgerichteten Aktivitäten des Systems und seiner Elemente.	ist teils das Ergebnis von Gestaltungs- und Lenkungsprozessen im Zeitablauf, teils erfolgt sie in sozialen Systemen eigenständig evolutorisch durch intergeneratives Erlernen von Wissen, Können und Einstellungen.

Abb. 2-2: Gestaltung, Lenkung, Entwicklung als Managementaufgaben[9]

Der erfolgreiche Aufbau und das Betreiben von Unternehmensnetzwerken bedingt **organisatorische Voraussetzungen** (wie z.B. spezielle Fähigkeiten, Kulturen und Verhaltensweisen). Die erforderlichen Voraussetzungen müssen zum einen in jedem einzelnen Unternehmen (intraorganisatorisch) und zum anderen zwischen den Unternehmen auf Netzwerkebene (interorganisatorisch) geschaffen werden. Das Schaffen von intraorganisatorischen und interorganisatorischen Voraussetzungen ist ein Gestaltungs- bzw. Veränderungsprozess. Die Gestaltung von Organisationen, Unternehmen und Unternehmensnetzwerken ist eine komplexe Managementaufgabe. Sie dient der Verfolgung von unternehmerischen Zielen, wie beispielsweise der Steigerung des Unternehmenswertes. Die Gestaltung von Organisationen, die auf die Steigerung des Unternehmenswertes abzielt, wird als wertorientierte Organisationsgestaltung[10] bezeichnet. Der Begriff der wertorientierten Organisationsgestaltung ist weitergefasst, als in der Definition nach Ulrich. Sie umfasst sämtliche Aufgaben des Managements. Wertorientierte Organisationsgestaltung bedeutet als Oberbegriff die Entwicklung, Gestaltung und Lenkung von Organisationen mit dem Ziel, nachhaltige Impulse auf den Unternehmenswert zu erzeugen. Für die Bewältigung dieser Aufgabe benötigt das Management einen **ganzheitlichen und integrativen Bezugsrahmen**. Den Kern

---

9 Quelle: Ulrich (Management), S.113.

10 Zum Begriff der wertorientierten Organisationsgestaltung vgl. Zettel (Wersteigerung), S.3.

dieses ganzheitlichen und integrativen Bezugsrahmens bildet das St. Galler Management-Konzept.

Das **St. Galler Management-Konzept (SGMK)** nach Bleicher[11] basiert auf dem in St. Gallen entwickelten Systemansatz nach Ulrich und bietet einen integrativen Bezugsrahmen für die ganzheitliche Betrachtung von Gestaltungsaufgaben bzw. -problemen.

Das Konzept unterscheidet die drei **Management-Dimensionen**, normativ[12], strategisch[13] und operativ[14]. Die Management-Dimensionen werden in vertikaler Richtung durch die drei **Management-Aspekte** Strukturen, Aktivitäten und Verhalten durchzogen. Die Dimensionen beschreiben logisch voneinander abgrenzbare Problemfelder, die durch das Management zu bearbeiten sind.[15] „Während dem normativen und strategischen Management eher eine Gestaltungsfunktion zukommt, ist es Aufgabe des operativen Managements, lenkend in die Unternehmensentwicklung einzugreifen."[16] Die Managementdimensionen sind jedoch nicht für sich isoliert zu sehen, sondern es existieren wechselseitige Vor- und Rückkopplungen zwischen ihnen (siehe Abb. 2-3).

[11] Bleicher (Integriertes Management), S.55.

[12] „Das normative Management richtet sich auf die Nutzenstiftung für Bezugsgruppen. Es definiert die Ziele des Unternehmens im Umfeld der Gesellschaft und Wirtschaft und vermittelt den Mitgliedern des sozialen Systems Sinn und Identität im Inneren und Äusseren." Bleicher (Integriertes Management), S.70.

[13] „Im Mittelpunkt strategischer Überlegungen steht neben Programmen die grundsätzliche Auslegung von Strukturen und Systemen des Managements sowie das Problemlösungsverhalten ihrer Träger. Während das normative Management Aktivitäten begründet, ist es Aufgabe des strategischen Managements, richtend auf Aktivitäten einzuwirken." Bleicher (Integriertes Management), S.71.

[14] „Die Funktion des operativen Managements besteht darin, die normativen und strategischen Vorgaben praktisch in Operationen umzusetzen." Bleicher (Integriertes Management), S.71.

[15] Vgl. Bleicher (Integriertes Management), S.56.

[16] Bleicher (Integriertes Management), S.68.

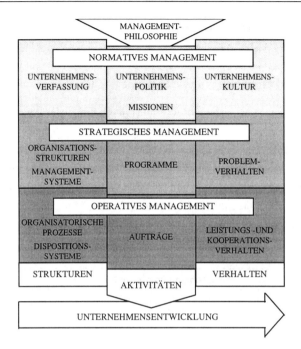

Abb. 2-3: St. Galler Management-Konzept (SGMK)[17]

Bisher ist das SGMK primär zur Gestaltung einzelner, isolierter Unternehmen angewendet worden. Für die Gestaltung eines Unternehmensnetzwerks kann die isolierte
Betrachtung einzelner Unternehmen nicht genügen. Vielmehr ist das Management mit
der Herausforderung konfrontiert, durch bewusste, gestalterische Massnahmen die
Wertsteigerung des Gesamtsystems 'Unternehmensnetzwerk' zu optimieren. Voraussetzung dafür ist ein Perspektivenwechsel des Netzwerkgestalters. Der Perspektivenwechsel erfolgt von einem Unternehmen als Teil des Unternehmensnetzwerks hin zu
einer **Metaperspektive**, aus der erst das Netzwerk in seiner gesamtheitlichen Gestalt
erfasst werden kann.[18] Sowohl einzelne Unternehmen, als auch Unternehmensnetzwerke können als die Summe von Verträgen (Mikrokontrakten) interpretiert werden.[19]
Ausgehend von diesem Organisationsverständnis lässt sich der Bezugsrahmen des

---

[17]   Quelle: Bleicher (Integriertes Management), S.72.

[18]   Vgl. Kapitel 3.2.

[19]   Vgl. Alchian, Demsetz (Economic Organization), S.777 in Osterloh (Organisationstheorie), S.6.

St. Galler Management-Konzepts von der Organisation Unternehmen auf das Unternehmensnetzwerk übertragen.

2.1.3 Begriffsbestimmung 'Value System Design'

Der Begriff Value System wurde in seiner ursprünglichen Bedeutung von Porter[20] geprägt und basiert auf dem Konzept der **Value Chain**. Die Value Chain ist ein Instrument zur Analyse der Quellen der Wettbewerbsvorteile eines Unternehmens. Die Value Chain bezieht sich stets auf die Aktivitäten innerhalb eines Unternehmens. „The value chain disaggregates a firm into its strategically relevant activities in order to understand the behavior of costs and potential sources of differentiation."[21] Jedes Unternehmen, wie z.B. Zulieferer, Produzent, Vertriebsgesellschaft, Dienstleister, verfügt über eine Value Chain (siehe Abb. 2-4).

Abb. 2-4: Generische Value Chain[22]

Das **Value System** bezieht sich dagegen auf mehrere Unternehmen und den Beziehungen zwischen ihnen. „A firms value chain is embedded in a larger stream of activities that I term the Value System."[23] Das Value System kann als die Summe wert-

---

20   Vgl. Porter (Competitive Advantage), S.33ff.

21   Porter (Competitive Advantage), S.33.

22   Quelle: Aus dem Englischen in Anlehnung an Porter (Competitive Advantage), S.37.

23   Porter (Competitive Advantage), S.34.

schöpfender Aktivitäten in unabhängigen Unternehmen, zwischen denen Beziehungen zur Erstellung und Vermarktung von Leistungen bestehen, verstanden werden.

Value System Design ist ein ganzheitlicher Ansatz zur Gestaltung unternehmensübergreifender strategischer Unternehmensnetzwerke. Der Ansatz des Value System Designs wird im Rahmen des TELE*flow*-Projekts erarbeitet. Es umfasst drei Hauptaspekte: Erstens ein **Framework** zur Abgrenzung des Betrachtungsgegenstands und zur Förderung des Verständnisses der Zusammenhänge, zweitens eine **Vorgehensmethodik** zur Gestaltung von Unternehmensnetzwerken und drittens **Tools**, die das Management bei der Gestaltung von Unternehmensnetzwerken unterstützen sollen.[24] Das Ziel des Value System Designs ist es, das Value System so zu gestalten, dass die Wettbewerbsfähigkeit der beteiligten Unternehmen insgesamt verbessert wird.

2.2 Ansätze zur Wertsteigerung

Wertorientierung wird im Rahmen dieser Arbeit als Managementprinzip im Sinne einer Denkhaltung des Managements bei der Unternehmensentwicklung verstanden. Hierfür ist es notwendig, die qualitativen **Zusammenhänge zwischen den Investitionsentscheidungen des Managements und der Steigerung des Unternehmenswertes** zu verstehen. Ausgehend von 'Wertsteigerung' als Unternehmensziel werden zwei Ansätze zur Wertsteigerung, der Shareholder Value Ansatz und der Stakeholder Value Ansatz, diskutiert.

2.2.1 Wertsteigerung als Unternehmensziel

Unternehmensziele stellen Oberziele innerhalb eines umfassenden Zielsystems eines Unternehmens dar. Die Festlegung von Unternehmenszielen ist eine normative, unternehmenspolitische Aufgabe[25] des Top-Managements und erfolgt in einem Zielfindungsprozess. Die Findung, Formulierung und Kommunikation von Unternehmenszielen ist für den unternehmerischen Erfolg zwingend erforderlich. „Ohne die Vorgabe von Zielen von einzelnen Entscheidungsträgern ist die Ausrichtung der Einzelaktivitäten auf das Gesamtziel des Unternehmens nicht möglich."[26] Im Rahmen der Zielfindung müssen (a) die **zeitliche Zielorientierung** und (b) die **Zielausrichtung**

24 Vgl. o.V. (Technical Annex), S.9ff.

25 Vgl. Bleicher (Normatives Management), S.256.

26 Frese (Management), S.227

auf die Anspruchsgruppen des Unternehmens festgelegt werden, für die Nutzen bzw. Wert generiert werden soll.[27]

(a) Hinsichtlich der zeitlichen Zielorientierung wird zwischen kurzfristiger Zielorientierung und langfristiger Zielbestimmung unterschieden. Die **kurzfristige Zielorientierung** ist gekennzeichnet durch überschaubare und operationalisierbare Zeiträume und das opportunistische Erreichen kurzfristiger Ergebnisziele.[28] Die **langfristige Zielbestimmung** dagegen bezieht sich „auf eine langfristige Nutzengenerierung als Verwirklichung einer Entwicklungsperspektive des Unternehmens in seiner Umwelt."[29] Neben der Pflege bestehender Erfolgspotentiale konzentriert es sich auf die Entwicklung neuer Erfolgspotentiale.[30]

(b) Grundsätzlich wird bezüglich der Zielausrichtung auf Anspruchsgruppen zwischen zwei Ansätzen zur Wertsteigerung, dem **Shareholder Value Ansatz** und dem **Stakeholder Value Ansatz**, unterschieden. Die beiden Wertsteigerungsansätze sollen im folgenden ausführlicher vorgestellt werden.

2.2.2 Shareholder Value Ansatz

Grundlage des Shareholder Value Ansatzes[31] (= Wertsteigerungsmanagement) sind Überlegungen, den Wert des Unternehmens stärker in die Zielsetzungen des Managements zu integrieren. Der **Shareholder Value Ansatz** postuliert als alleiniges Ziel unternehmerischer Aktivitäten die Steigerung des Eigentümervermögens. Demnach ist es Aufgabe des Managements den Wert des Unternehmens und damit den Wert des Eigentümervermögens (= Shareholder Value[32]) zu steigern. Unternehmen und Strate-

---

[27] Vgl. Bleicher (Normatives Management), S.256f.

[28] Vgl. Bleicher (Normatives Management), S.258.

[29] Bleicher (Normatives Management), S.258.

[30] Vgl. Bleicher (Normatives Management), S.258.

[31] Die folgenden Wertmanagementkonzepte bauen auf dem Shareholder Value Konzept nach Rappaport (Shareholder Value) auf bzw. werden begrifflich synonym verwendet: Total Value Management, vgl. Lewis (Total Value Management), wertorientiertes Management, vgl. Leber (Wertorientiertes Konzernmanagement), Wertsteigerungsmanagement, vgl. Höfner, Pohl (Wertsteigerungsmanagement), Wertmanagement, vgl. Gomez (Wertmanagement), Management-Wert-Konzept, vgl. Bühner (Management-Wert-Konzept).

[32] Vgl. Rappaport (Shareholder Value), S.53f. „The total economic value of an entity such as a company or business unit is the sum of its debts and equity. This value of the business is called 'corporate value' and the value of the equity portion is called 'shareholder value'. Rappaport (Shareholder Value), S.50f.

gien werden innerhalb des Shareholder Value Ansatzes als Investitionsobjekte betrachtet und anhand ihres ökonomischen Nutzens ähnlich wie in der dynamischen Investitionsrechnung beurteilt. Die ersten konzeptionellen Ansätze des Shareholder Value Konzepts gehen auf Fruhan[33] (1979) und Rappaport[34] (1986) zurück.[35] Der Shareholder Value Ansatz nach Rappaport bildet den Kern der verbreiteten Wertsteigerungsansätze und soll daher im folgenden vorgestellt werden.

Nach Rappaport sollten Geschäftsstrategien durch die ökonomischen Renditen beurteilt werden, die sie für ihre Anteilseigner schaffen. Diese ökonomischen Renditen spiegeln sich beispielsweise bei börsengehandelten Kapitalgesellschaften in Kurswertsteigerungen der Aktien und in Dividendenzahlungen wider. Das Management eines Unternehmens beurteilt alternative Geschäftsstrategien hinsichtlich ihres Beitrags zur Unternehmenswertsteigerung. Diejenigen Strategien, die dem Unternehmen den grössten nachhaltigen Wettbewerbsvorteil verschaffen, sind auch diejenigen, die den höchsten Shareholder Value generieren. Der ökonomische Wert einer Investition, beispielsweise in Aktien eines Unternehmens, Strategien, Unternehmenszusammenschlüsse, Akquisitionen oder in Anlagen, wird dadurch bestimmt, dass die zukünftig erwarteten Cash Flows geschätzt und mittels eines Kapitalkostensatzes diskontiert werden. Diese **Cash Flows** bilden die Grundlage für die Eigentümerrenditen aus steigenden Kurswerten der Aktien und Dividenden.[36]

Die Wirkungsweise von Führungsentscheidungen des Managements auf den Unternehmenswert ist im Shareholder Value Netzwerk dargestellt (Abb. 2-5).

---

[33] Vgl. Fruhan (Financial Strategy).

[34] Vgl. Rappaport (Shareholder Value).

[35] Vgl. Günther (Wertsteigerungsmanagement), S.13.

[36] Vgl. Rappaport (Shareholder Value), S.12 und die Ausführungen zur DCF-Methode im Rahmen dieser Arbeit.

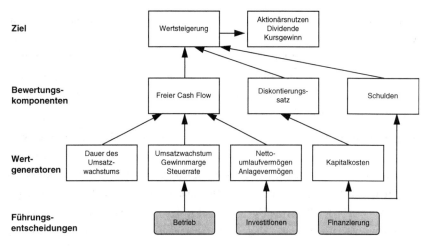

Abb. 2-5: Shareholder Value Netzwerk[37]

Das Shareholder Value Netzwerk zeigt die grundlegenden Wirkungszusammenhänge zwischen der Zielsetzung des Unternehmens, Werte zu schaffen und den Bewertungskomponenten bzw. **Wertgeneratoren**. Die Führungsentscheidungen des Managements hinsichtlich der Leistungserstellung (Betrieb), Investitionen und der Finanzierung wirken auf die Wertgeneratoren. Rappaport unterscheidet die sechs Wertgeneratoren (1) Dauer des Umsatzwachstums, (2) Umsatzwachstum, (3) Gewinnmarge, (4) Steuerrate, (5) Investitionen in das Umlaufvermögen und das Anlagevermögen und (6) Kapitalkosten.[38] Die Wertgeneratoren sind die wertbestimmenden Faktoren von Investitionen. Jede Investition bzw. Strategie beeinflusst wenigstens einen der Wertgeneratoren und beeinflusst somit den Shareholder Value. Das Shareholder Value Netzwerk ist sowohl ein Konzept zur Bewertung von Investitionen, als auch eine Leitlinie zur Strategiesuche, da neben den Bewertungskomponenten auch die Wertgeneratoren als Ansatzpunkte der Strategien Bestandteil des Konzepts sind.

---

[37] Quelle: Rappaport (Shareholder Value), S.79. Deutsche Fassung nach Gomez. Vgl. Gomez (Wertmanagement), S.76.

[38] Vgl. Rappaport (Shareholder Value), S.56ff. Zur Beschreibung der Wirkungen der Wertgeneratoren auf den Unternehmenswert vgl. Kapitel 2.4.4.

Kritik am Shareholder Value Ansatz

Die Kritik am Shareholder Value Ansatz richtet sich in erster Linie gegen die einseitige (monistische) Ausrichtung an den Interessen der Eigenkapitalgeber.[39] Rappaport weisst zwar darauf hin, dass die Schaffung einer überragenden Eigentümerrendite die Loyalität der zentralen Anspruchsgruppen voraussetzt[40], jedoch finden ihre Interessen im Shareholder Value Ansatz keine konkrete Berücksichtigung. Daher wird die Berücksichtigung der Interessen aller Anspruchsgruppen des Unternehmens, wie z.b. Fremdkapitalgeber, Mitarbeiter, Lieferanten, Kunden, Staat, Gesellschaft, gefordert. Die Forderung nach einer pluralistischen Zielorientierung wird mit der wachsenden sozialen, ökologischen und gesellschaftlichen Verantwortung des Managements begründet, der im Shareholder Value Ansatz nicht ausreichend Rechnung getragen wird.

Nach Rappaport liegt „[...] der grösste potentielle Vorteil einer wertorientierten Unternehmensführung auf der Basis von Cash Flows in der Verlagerung der Blickrichtung des Managements: weg von der kurzfristigen Perspektive ausgewiesener Gewinne, hin zu einer längerfristigen zukunftsbezogenen Sicht auf den Shareholder Value."[41] Diese Aussage muss bezüglich der Fristigkeit der Perspektive relativiert werden. Die Verwendung von Cash Flows führt zu einer zukunftsbezogenen Sicht gegenüber der Verwendung von vergangenheitsorientierten Grössen des Rechnungswesens. Dieses ist jedoch nicht gleichbedeutend mit einer Orientierung des Managements an langfristigen Zielen, insbesondere der nachhaltigen Unternehmenswertsteigerung. Stattdessen bewirkt die Orientierung des Managements am Shareholder Value eine Ausrichtung des Managements an eher kurzfristigen Zielen und Wertsteigerungen, hervorgerufen durch den Druck aus einer eher finanzwirtschaftlich orientierten Umwelt.[42] Die Ausrichtung an kurzfristigen Zielen vernachlässigt den Aufbau neuer Erfolgspotentiale bzw. das Erschliessen neuer Nutzenpotentiale. Investitionen in den Aufbau von Fähigkeiten und Organisationsstrukturen werden nicht getätigt, da diese Investitionen häufig erst nach langen Zeiträumen zu Wertsteigerungen führen.

---

39   Bleicher charakterisiert den Shareholder Value Ansatz als monistische Ausrichtung an ökonomischen Zielen, wogegen er den Stakeholder Value Ansatz als eine pluralistische, gesellschaftsorientierte Zielausrichtung beschreibt. Vgl. Bleicher (Normatives Management), S.256ff.

40   Vgl. Rappaport (Shareholder Value), S.12f.

41   Rappaport (Shareholder Value), S.50

42   Vgl. Bleicher (Normatives Management), S.258.

Die geäusserte Kritik, insbesondere an der monistischen Ausrichtung des Shareholder Value Ansatzes[43] auf die Eigenkapitalgeber führt zu einem zweiten Wertsteigerungsansatz, dem Stakeholder Value Ansatz.

2.2.3 Stakeholder Value Ansatz

Im Gegensatz zum Shareholder Value Ansatz betrachtet der Stakeholder Value Ansatz die mit einer Strategie verbundene Nutzengenerierung[44] und Wertsteigerung für alle **Anspruchsgruppen eines Unternehmens**. Dieses sind neben den Eigenkapitalgebern: Mitarbeiter, Kunden, Lieferanten, Fremdkapitalgeber, Aufsichtsrat, Top-Management, Staat und Öffentlichkeit. Die langfristige sinnvolle Überlebensfähigkeit eines Unternehmens hängt in hohem Masse von der bestehenden und zukünftigen unternehmerischen Lern-, Anpassungs-, Strukturentwicklungs- und Kommunikationsfähigkeit ab.[45] Diese Fähigkeiten werden von dem Verhalten aller unternehmerischen Anspruchsgruppen beeinflusst. Entscheidend für eine positive Beeinflussung der Fähigkeiten ist die Zufriedenheit der Anspruchsgruppen. Die Nutzengenerierung für alle Anspruchsgruppen wird daher als Voraussetzung für ein sinnvolles Überleben des Unternehmens gesehen.[46] Die folgende Tabelle zeigt strategisch relevante Anspruchsgruppen eines Unternehmens mit ihren Zielen, Nutzen und Wertgeneratoren (siehe Tab. 2-1).

---

[43]   Eine umfassende Kritik am Shareholder Value Konzept findet sich bei Janisch (Anspruchsgruppenmanagement), S.90ff.

[44]   Zu Zielen und Nutzen der einzelnen Anspruchsgruppen des Unternehmens, vgl. Janisch (Anspruchsgruppenmanagement), S.142ff.

[45]   Vgl. Janisch (Anspruchsgruppenmanagement), S.138ff.

[46]   Vgl. Janisch (Anspruchsgruppenmanagement), S.409.

Anspruchsgruppen	Oberziel/Nutzen	Teilnutzen	Wertgeneratoren
Kunden	Bedürfnis-befriedigung	• Marktleistung • Preis • Sicherheit • Periphere Leistungen	• Produktqualität • Preiswürdigkeit • Produktsicherheit • Versorgungsqualität • Image
Eigenkapitalgeber	Unternehmens-wertsteigerung	• Dividende • Kursgewinn • Macht	• Umsatzwachstum • Gewinnmarge • Investitionen • Kapitalkosten • Steuerrate
Top-Management	Berufliche Erfül-lung	• Sicherheit • Erfolg • Macht • Sozialer Status • Entlohnung • Selbstverwirklichung • Dividenden/Kursgewinn	• Kontrolle • Einkommen • Umsatzwachstum/ Gewinn • Sicherheit • Job-Design
Mitarbeiter	Lebensqualität	• Existenzsicherung • Lebensunterhalt • Selbstverwirklichung	• Einkommen • Arbeitsplatzsicherheit • Arbeitsbedingungen • Beteiligungen
Lieferanten	Existenzerhaltung/ und -entwicklung	• Eigene Wertsteigerung • Unabhängigkeit • Sicherheit	• Nachfragemacht • Stabile Beziehung • Preisgestaltung • Umsatz/Investitionen

Staat	Wohlfahrt	• Wirtschaftswachstum
		• Konjunkturelle Stabilität
		• Unabhängigkeit
			• Steuern/Gebühren
			• Prosperität der Privat-
			  wirtschaft
			• Einhaltung von Vor-
			  schriften und Normen

Tab. 2-1: Anspruchsgruppen und Nutzen[47]

In der operativen Umsetzung erweist sich der Stakeholder Ansatz aufgrund der unterschiedlichen, zum Teil konträren Ziele der Anspruchsgruppen bisher als nicht praktikabel.[48] Auch geeignete Massgrössen für das Management, die die Interessen und Wertsteigerung aller strategisch relevanten Anspruchsgruppen entsprechend ihrer Gewichtung gleichermassen berücksichtigen, fehlen bis heute.

---

[47]   Quelle: Janisch (Anspruchsgruppenmanagement), zitiert in Gomez (Wertmanagement), S.104.

[48]   Zu bestehenden Ansätzen für die Anwendung des Stakeholder Value Ansatzes in der Literatur und Unternehmenspraxis vgl. Janisch (Anspruchsgruppenmanagement).

Bleicher stellt den Zusammenhang zwischen der Zielausrichtung auf die Anspruchsgruppen 'Shareholder und Stakeholder', sowie die zeitliche Perspektive von Unternehmenszielen in einem Management-Profil dar (siehe Abb. 2-6).

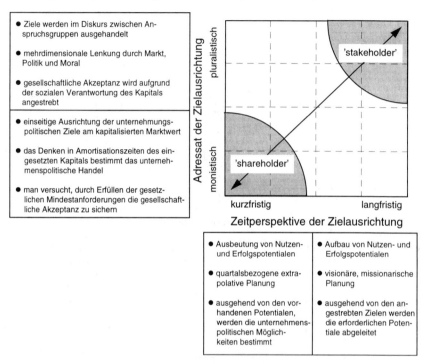

Abb. 2-6: *Ausrichtung auf Anspruchsgruppen und Zeitperspektive der Ziele*[49]

Ein Management, das auf eine nachhaltige Unternehmenswertsteigerung ausgerichtet
ist, verfügt über Visionen und baut aktiv neue Erfolgspotentiale zur Erschliessung von
Nutzenpotentialen auf. Der Aufbau erforderlicher Potentiale ist häufig ein langwieriger
Prozess. Dieser beinhaltet u.a. den Aufbau von Fähigkeiten durch organisatorische
Lernprozesse. Hierzu ist eine Orientierung des Managements an einer **langfristigen
Zielausrichtung** erforderlich. Unternehmensnetzwerke beispielsweise können ein
organisatorisches Erfolgspotential darstellen, das den Möglichkeitsraum eines einzel-

---

49   Quelle: Bleicher (Normatives Management), S.259.

nen Unternehmens erweitert.[50] Für den erfolgreichen Aufbau von Unternehmensnetzwerken ist eine monistische Ausrichtung auf die Interessen der Eigenkapitalgeber zu eng gefasst. Mit dem Aufbau von Unternehmensnetzwerken werden qualitativ neue Beziehungen zwischen Unternehmen, wie Lieferanten, Distributoren, Wettbewerbern, Kunden entwickelt, die durch die Menschen, genauer den Mitarbeitern, in den Unternehmen getragen und erst ermöglicht werden. Daher ist zur nachhaltigen Unternehmenswertsteigerung durch den Aufbau von Unternehmensnetzwerken eine **pluralistische Ausrichtung** auf Anspruchsgruppen notwendig. Diese umfasst neben den Eigenkapitalgebern weitere Stakeholder eines Unternehmens. Probleme ergeben sich jedoch in der praktische Umsetzung des Stakeholder Value Ansatzes. Die Anspruchsgruppen verfolgen eine Vielzahl unterschiedlicher Ziele. Zwischen den Zielen der Anspruchsgruppen können Zielkonflikte bestehen. Auch die Gewichtung der Ziele der Anspruchsgruppen ist bisher ungelöst und wegen des situativen Charakters pauschal kaum lösbar. Somit fehlt eine klare Zielgrösse für die Unternehmensleitung, die die Ziele aller Anspruchsgruppen gleichermassen befriedigend berücksichtigt.

Als Lösung bietet sich aus Praktikabilitätsgründen die **Steigerung des Unternehmenswertes als Zielgrösse** an. Gleichzeitig wird eine **Orientierung an den Interessen aller strategisch relevanten Anspruchsgruppen des Unternehmens** gefordert. Denn letztendlich ist eine dauerhafte Unternehmenswertsteigerung nur dann möglich, wenn alle strategisch relevanten Anspruchsgruppen dem Unternehmensziel positiv gegenüberstehen, ihren Beitrag zur Zielerreichung leisten und leistungsabhängig am Erfolg partizipieren. Voraussetzung für die Berücksichtigung der Interessen der Anspruchsgruppen ist ein entsprechend ausgeprägtes Bewusstsein des Managements für die Bedeutung und den Beitrag der Anspruchsgruppen zum nachhaltigen Unternehmenserfolg.

Als Grundlage für die Entscheidungsfindung des Managements zum Aufbau von Unternehmensnetzwerken benötigt das Management **Massstäbe** und Methoden zur Beurteilung der wertsteigernden Wirkungen ihrer Entscheidungen. Im Rahmen dieser Arbeit soll als wertsteigernde Wirkung die Erhöhung des Unternehmenswertes verstanden werden. Damit dient der Unternehmenswert, genauer die Veränderung des Unternehmenswertes, als Effizienzkriterium für organisatorische und strategische

---

[50] Vgl. Kapitel 4.2. Zur Definition der Begriffe Erfolgspotential und Nutzenpotential vgl. Kapitel 2.4.1

Massnahmen. Die erzielbaren Wertsteigerungen für die anderen Stakeholder des Unternehmens können im Rahmen dieser Arbeit nicht explizit betrachtet werden.

2.2.4 Wirkung der Wertgeneratoren auf den Unternehmenswert

Die Wertgeneratoren sind die wertbestimmenden Faktoren von Investitionen, die im Zusammenhang mit der jeweils gewählten Strategie erfolgen. Die strategiebedingte Änderung des Shareholder Value aufgrund von Investitionen in das Anlage- und Umlaufvermögen kann als Gleichung ausgedrückt werden:

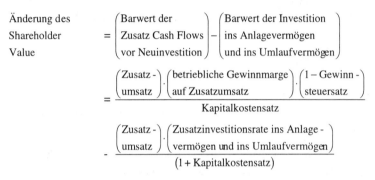

Gleichung 2-1

Aus dieser Gleichung können die Wertgeneratoren direkt abgeleitet werden. Rappaport[51] unterscheidet sechs Wertgeneratoren:

(1)   Umsatzwachstumsrate

Das Umsatzwachstum beschreibt die Zunahme des Umsatzes (Zusatzumsatz) innerhalb eines Zeitraums (z.B. einem Jahr) und kann anhand der Umsatzwachstumsrate quantifiziert werden. Die Umsatzwachstumsrate berechnet sich aus der Veränderung des Umsatzes innerhalb des Zeitraums bezogen auf den Umsatz zu Beginn des Betrachtungszeitraums. Die Umsatzwachstumsrate wird gewöhnlich als Prozentzahl angegeben.

Das Umsatzwachstum wirkt dann positiv auf den Shareholder Value, wenn die Gewinnmarge positiv ist. Die Gewinnmarge ist dann positiv, wenn die gesamten lang-

---

51   Vgl. Rappaport (Shareholder Value), S.56ff.

fristigen Kosten, inklusive der Kapitalkosten, geringer sind als die Verkaufserlöse. Ist die Gewinnmarge dagegen langfristig negativ, führt Umsatzwachstum zu einer Vernichtung des Shareholder Value.

(2) Dauer des Umsatzwachstums

Eine zunehmende Dauer bzw. Nachhaltigkeit des Umsatzwachstums beeinflusst den Shareholder Value positiv, wenn die Gewinnmarge langfristig positiv ist. Die Dauer des Umsatzwachstums ist von der Aufnahmefähigkeit des jeweiligen Marktes und von der Konkurrenzsituation auf dem Markt bzw. der Nachhaltigkeit der Wettbewerbsvorteile des Unternehmens abhängig.

Die Wertgeneratoren Umsatzwachstumsrate und Dauer des Umsatzwachstums werden häufig zu einem Wertgenerator **Umsatzwachstum** zusammengefasst.

(3) Gewinnmarge

Die betriebliche Gewinnmarge ist definiert als das Verhältnis von Betriebsgewinn[52] vor Steuern und Zinsen zum Umsatz. Die Gewinnmarge kann durch das Durchsetzen höherer Verkaufspreise am Markt bei weniger stark zunehmenden Kosten oder durch die Reduzierung der Kosten bei konstanten oder weniger stark abnehmenden Verkaufserlösen erhöht werden. Eine Zunahme der Gewinnmarge wirkt sich positiv auf den Shareholder Value aus.

(4) Gewinnsteuersatz oder Ertragssteuerrate

Der Gewinnsteuersatz steht für die tatsächlich zu bezahlenden Steuern auf den Betriebsgewinn eines Steuerjahres. Ein steigender Gewinnsteuersatz wirkt negativ auf den Unternehmenswert. Der Gewinnsteuersatz ist wiederum abhängig von der Höhe des Gewinns, der gewählten Rechtsform eines Unternehmens und der Steuergesetzgebung am jeweiligen Standort des Unternehmens.

(5) Zusatzinvestitionen in das Nettoumlauf- und Anlagevermögen

Zusatzinvestitionen in das Anlagevermögen sind der Teil der Investitionen eines Unternehmens innerhalb eines Jahres, der die Summe der Abschreibungen im selben

---

[52] Der Betriebsgewinn ist definiert als: Umsatz abzüglich Herstellkosten, Verwaltungs- und Vertriebskosten und nicht liquiditätswirksame Aufwendungen für Abschreibungen.

Zeitraum übersteigt; kurz, die Differenz aus Investitionen in das Anlagevermögen und den Abschreibungen innerhalb eines Zeitraums werden als Zusatzinvestitionen in das Anlagevermögen bezeichnet.

Die Zusatzinvestitionsrate ins Anlagevermögen beschreibt die absolute Veränderung der Investitionen in das Anlagevermögen bezogen auf die Steigerung des Umsatzes.

$$\frac{\text{Zusatzinvestitionsrate ins}}{\text{Sachanlagevermögen (in \%)}} = \frac{\left(\text{Sachanlageinvestitionen - Abschreibungen}\right)}{\text{Umsatzsteigerung}}$$

Gleichung 2-2

Die Zusatzinvestitionsrate kann negativ, gleich null oder positiv sein.

Umsatzwachstum geht in der Regel mit Zusatzinvestitionen in das Anlage- und Umlaufvermögen einher. Die Zusatzinvestitionsrate in das Nettoumlaufvermögen und in das Anlagevermögen drückt den prozentualen Anteil der Zusatzinvestitionen pro Umsatzsteigerung aus. Die Zunahme der Zusatzinvestitionsraten wirkt unternehmenswertsenkend. Durch die Veräusserung von Anlagen und Umlaufvermögen (Desinvestition) kann kurzfristig Shareholder Value generiert werden.

(6) Kapitalkosten

Die Kapitalkosten werden durch die Kosten des Fremdkapitals nach Steuern, den Kosten des Eigenkapitals und der Kapitalstruktur bestimmt.[53] Durch steigende Kapitalkosten wird der Shareholder Value reduziert.

Jede Investition bzw. Strategie beeinflusst wenigstens einen der Wertgeneratoren und somit auch den Shareholder Value. Der Zusammenhang zwischen den Wertgeneratoren und dem Unternehmenswert ist in der folgenden Abbildung nochmals zusammenfassend in einem Wirkungsdiagramm[54] dargestellt (siehe Abb. 2-7).

---

[53] Vgl. Kapitel 2.3.1.

[54] Den Wirkungsdiagrammen liegt folgende Logik zugrunde: Ein '+' bedeutet: „Je **mehr** vom einen, desto **mehr** vom anderen" oder „je **weniger** vom einen, desto **weniger** vom anderen." Ein '-' degegen bedeutet: „Je **mehr** vom einen, desto **weniger** vom anderen" oder „je **weniger** vom einen, desto **mehr** vom anderen." Aussagen darüber, ob eine Entwicklung als 'positiv' oder 'negativ' zu bewerten ist, sind mit den '+' und '-' nicht verbunden. Vgl. Probst, Gomez (Problemlösen), S.72f.

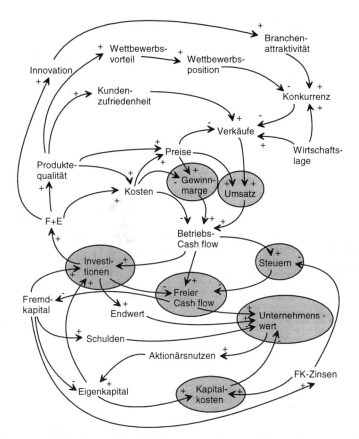

Abb. 2-7: Zusammenhänge zwischen Wertgeneratoren und Unternehmenswert[55]

Für die Bewertung der Wertwirkungen der generischen Netzwerkstrategien[56] wird die Betrachtung auf die vier Wertgeneratoren Umsatzwachstumsrate, Dauer des Umsatzwachstums, Gewinnmarge und Investitionen in das Anlage- und Umlaufvermögen begrenzt. Die Betrachtung ist damit auf die leistungswirtschaftlich induzierten Wirkungen auf den Unternehmenswert fokussiert. Die finanzwirtschaftlichen Wertgeneratoren Steuern und Kapitalkosten werden nicht in die Betrachtung einbezogen, um den Umfang der Arbeit zu begrenzen. Sie stellen jedoch ein lohnendes Feld für weitere Betrachtungen im Zusammenhang mit Unternehmensnetzwerken dar.

---

55 Quelle: In Anlehnung an Gomez (Wertmanagement), S.42 und S.44.

56 Zur Definition der generischen Netzwerkstrategien und ihren Wertwirkungen vgl. Kapitel 6.

2.3 Ansätze zur Bewertung von Unternehmen

Im folgenden wird auf die Besonderheiten von Investitionen in organisatorische Massnahmen eingegangen. Dazu wird (1) der Begriff des Unternehmenswertes definiert.
Anschliessend wird (2) der Aufbau von Unternehmensnetzwerken als Investition diskutiert und (3) Methoden zur Beurteilung der wertsteigernden Wirkung von Investitionen auf den Unternehmenswert vorgestellt (siehe Abb. 2-8).

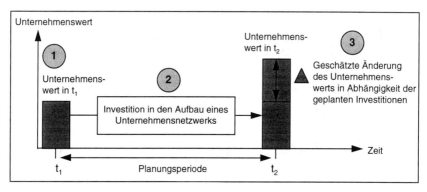

Abb. 2-8: Zusammenhang zwischen Investitionen und Unternehmenswert[57]

(1)   Der Unternehmenswert

Der Unternehmenswert stellt den ökonomischen Wert eines Unternehmens als Ganzes
dar. Es handelt sich dabei um einen ökonomischen Wert, als Abgrenzung zum ethi-
schen Wertbegriff. Analytisch betrachtet, setzt sich der Wert eines Unternehmens aus
materiellen[58], identifizierbaren immateriellen[59] und nicht identifizierbaren immateriellen[60] Wertanteilen zusammen.[61] Von besonderer Bedeutung für den Aufbau von

---

[57]   Quelle: Eigene Darstellung.

[58]   Zu den **materiellen Wertanteilen** zählen alle materiellen Vermögensgegenstände eines Unter-
       nehmens, z.B. das Anlage- und Umlaufvermögen.

[59]   Als Beispiele für **identifizierbare immaterielle Wertanteile** eines Unternehmens nennt v.
       Rütte: Schutzrechte (z.B. Patente, Warenzeichen, Software), Betriebsrechte (z.B. Förderrechte,
       Produktionsquoten, Franchisingrechte) Sonstige (Markennamen, Kundenlisten). Vgl. v. Rütte
       (Immaterielle Werte), S.40ff.

[60]   Beispiele für **nicht identifizierbare immaterielle Wertanteile** eines Unternehmens sind: Know
       How, Marktanteile, Organisations- und Aufbaukosten, Strategie, Unternehmensplanung, Markt-
       erschliessungskosten, Humankapital, Standorte, Allianzen. Vgl. v. Rütte (Immaterielle Werte),
       S.43.

Unternehmensnetzwerken sind die immateriellen Wertanteile am Unternehmenswert. „Even less tangible, but not less important, assets are a work force that has been recruited and trained and the know how that they bring, the culture and the systems of an organization which may have been developed over several decades and which knits an organization together [...]."[62] 'Less tangible', 'intangible' oder immaterielle Wertanteile des Unternehmenswertes, zu denen Image, Know How, Fähigkeiten, Führungsstrukturen, Kultur und Organisation eines Unternehmens gehören, werden als **Goodwill** definiert.[63] Der Goodwill oder Geschäftswert eines Unternehmens kann nicht direkt ermittelt werden, sondern lediglich indirekt als Differenz zwischen erzielbarem Marktwert und Substanzwert eines Unternehmens. Der Goodwill beschreibt somit den Mehrwert des Gesamtunternehmens, der i.d.R. die Summe der bilanzierten Einzelwerte (=Substanzwerte) übersteigt.[64] Der Teil des Goodwill und damit des Unternehmenswertes, der ursächlich durch Organisation bestimmt und beeinflusst wird, ist aufgrund von Zurechnungs- und Interdependenzproblemen praktisch nicht isoliert zu bestimmen.[65] Unabhängig von den Schwierigkeiten der Operationalisierbarkeit ist der Beitrag der Organisation zum Unternehmenswert Teil des Goodwills und wird als organisatorischer Goodwill definiert.[66] „Von Interesse und zweckmässig sind Aussagen zu relativen Veränderungen des Unternehmenswertes, des organisatorischen Goodwills oder einzelnen Bestimmungsgrössen aufgrund von Investitionen."[67]

(2)   Aufbau von Unternehmensnetzwerken als investive Tätigkeit

Unternehmensnetzwerke stellen eine überbetriebliche Organisationsform dar. Der Aufbau von Unternehmensnetzwerken ist ein organisatorischer Veränderungsprozess. Ausgangspunkt organisatorischer Gestaltung sind stets identifizierte Nutzenpotentiale. Einmal aufgebaute existierende Unternehmensnetzwerke können ein strategisches Erfolgspotential für die am Netzwerk beteiligten Unternehmen sein, das die Er-

---

61   Vgl. v. Rütte (Immaterielle Werte), S.23ff.

62   Corfield et al. (Intangible Assets), S.3.

63   Davis (Goodwill), S.77. Zum Begriff und der inhaltlichen Bedeutung von Goodwill vgl. auch v. Rütte (Immaterielle Werte), S.33ff. und die dort zitierte Literatur.

64   Vgl. Zettel (Organisation), S.76.

65   Vgl. Fessmann (Effizienz), S.70 und Kuhn (Unternehmungsführung), S.155.

66   Vgl. Zettel (Organisation), S.76.

67   Zettel (Organisation), S.92 und die dort zitierte Literatur.

schliessung und Ausschöpfung weiterer Nutzenpotentiale ermöglicht. Der Prozess des organisatorischen Gestaltens soll im Rahmen dieser Arbeit als investive Tätigkeit verstanden werden.[68] Investitionen in Organisation wirken auf den organisatorischen Goodwill und somit auf den Unternehmenswert. Die mit einer Investition in den Aufbau von Unternehmensnetzwerken anfallenden Kosten und der durch Unternehmensnetzwerke generierte Nutzen wird an späterer Stelle dieser Arbeit diskutiert (siehe Kapitel 5).

(3) Ansätze zur Bewertung von Unternehmen bzw. von investitionsbedingter Unternehmenswertänderung

Der Unternehmenswert kann auf vielfältige Art berechnet werden.[69] Einen objektiv 'richtigen' Unternehmenswert gibt es nicht, da die zur Bewertung des Unternehmenswertes zugrundegelegten Bewertungsansätze[70] stets den subjektiven Wertpräferenzen und der Intention des Bewerters unterliegen und subjektive Bewertungsansätze z.T. inhärent in den verwendeten Methoden enthalten sind. Für die Bewertung der Wirkung von Investitionen in organisatorische Gestaltungsmassnahmen auf den Unternehmenswert kommen ausschliesslich Bewertungsmethoden in Betracht, die die zukünftige wertmässige Entwicklung des Unternehmens aufgrund der geplanten Investitionen berücksichtigen. Diese Anforderung erfüllen lediglich die Fortführungs- oder Ertragswertverfahren.[71] Diskussionen bestehen jedoch hinsichtlich der Eignung von Massgrössen des Rechnungswesens oder von Zahlungsgrössen zur Ermittlung der zukünftigen Zahlungsströme. Im Vergleich zu den Massgrössen des Rechnungswesens[72] diskutiert Rappaport die Eignung[73] des Cash Flow[74] als Mass für den Unternehmenserfolg und als Entscheidungsgrundlage für geplante, zukünftige Investitionen.

---

68 Zur Idee, Organisieren als investive Tätigkeit aufzufassen vgl. Zettel (Organisation), S.73 und die dort zitierte Literatur.

69 Der Unternehmenswert kann als Substanzwert oder als Ertragswert ausgedrückt werden. Zu den Verfahren der Unternehmensbewertung vgl. Kralicek, P. (Kennzahlen).

70 Bewertungsansätze sind, z.B. Buchwerte, Wiederbeschaffungswerte, Liquidationswerte, Fortführungswerte, Marktwerte, Mittelwerte oder Prognosewerte. Vgl. Zettel (Organisation), S.34.

71 Zur Eignung von Bewertungsverfahren zur Beurteilung der zukünftigen Unternehmenswertentwicklung. Vgl. Zettel (Organisation), S.33ff.

72 Als Massgrössen des Rechnungswesens für den Unternehmenserfolg untersucht Rappaport den Gewinn, bzw. Gewinn pro Aktie, den ROI (Gesamtkapitalrentabilität = Jahresgewinn / Buchwert des Gesamtkapitals) und den ROE (Rentabilität des Eigenkapitals = Jahresgewinn / Buchwert des Eigenkapitals).

„Methoden des Rechnungswesens, die für die ex-post Betrachtung und für die externe Rechnungslegung entwickelt wurden, der Unternehmensplanung zugrundezulegen, ist dysfunktional [...]. Tatsächlich besteht die Aufgabe des Top-Managements darin, den Zusammenhang zwischen heute erforderlichen Investitionen einerseits und Grösse sowie Zeitpunkt unsicherer zukünftiger Cash Flows andererseits zu beurteilen und sich dabei nicht durch willkürlich festgelegte Bewertungsregeln leiten zu lassen, die den Cash Flow unbeeinflußt lassen."[75] Die Unzulänglichkeiten der Buchwerte Gewinn pro Aktie und Return on Investment (ROI) als zuverlässige Indikatoren des Shareholder Value, darf nicht als Versagen des betrieblichen Rechnungswesens gedeutet werden, sondern verweist vielmehr auf dessen Verwendung durch Manager für unpassende und ungeeignete Zwecke.[76] Die Diskussion führt zum 'diskontierten betrieblichen freien Cash Flow' als geeignetes Mass zur Bewertung eines Unternehmens bzw. dessen Wertsteigerung.

---

[73]   Als Kritikpunkte für die Eignung des Gewinns bzw. des Gewinns pro Aktie diskutiert Rappaport folgende Punkte: Verwendung alternativer Bewertungsverfahren des Rechnungswesens, Ausschliessen des Risikos, Ausschliessen von Investitionserfordernissen, Vernachlässigung der Dividendenpolitik und die Vernachlässigung des Zeitwertes des Geldes (Zeitpräferenz). Vgl. Rappaport (Shareholder Value), S.19ff. Zur Kritik an ROI und ROE vgl. Rappaport (Shareholder Value), S.41ff. und Bühner (Wertmanagement-Konzept), S.13ff.

[74]   Zum Begriff Cash Flow existiert weder eine einheitliche Terminologie noch eine einheitliche Definition hinsichtlich der Abgrenzung der relevanten Bestandteile und des Berechnungsschemas. Bei der Berechnung des Cash Flows im Rahmen der Wertsteigerungsanalyse ist zweckmässigerweise auf die Ziele der Berechnung einzugehen, d.h. Terminologie und inhaltliche Abgrenzung müssen sich jeweils an den postulierten Zielen unternehmerischen Handelns orientieren. Vgl. Hachmeister (Discounted Cash Flow), S.60 und die dort zitierte Literatur. Dementsprechend existieren für unterschiedliche Anwendungen zahlreiche Modifikationen der Kennzahl Cash Flow. Vgl. Perridon, Steiner (Finanzwirtschaft), S.348.

[75]   Rappaport (Shareholder Value), S.46.

[76]   Vgl. Rappaport (Shareholder Value), S.45.

2.3.1 Methode des Discounted Free Cash Flow

Nach der Discounted Free Cash Flow-Methode (DCF-Methode) setzt sich der Unternehmenswert aus drei Komponenten (siehe Abb. 2-9) zusammen, die zur Bestimmung des Unternehmenswertes berechnet werden müssen:[77]

(1) Barwert der freien betrieblichen Cash Flows innerhalb der Planungsperiode

(2) Barwert des Residualwerts (Restwert) des Unternehmens

(3) Barwert des nicht betriebsnotwendigen Vermögens.

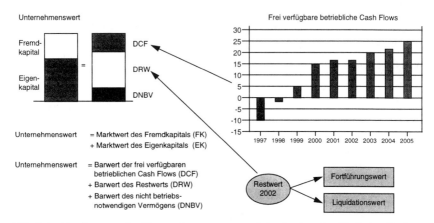

Abb. 2-9: Bestimmung des Unternehmenswertes auf der Basis zukünftig freier Cash Flows[78]

Nach der Berechnung des Unternehmenswertes folgt innerhalb der DCF-Methode

(4) die Berechnung der Unternehmenswertsteigerung, und

(5) die Durchführung einer Sensitivitätsanalyse.

---

77   Vgl. Rappaport (Shareholder Value), S.54.

78   Quelle: Gomez (Wertmanagement), S.92.

(1)   Die Berechnung des Barwerts der freien betrieblichen Cash Flows

Der freie betriebliche Cash Flow wird wie folgt berechnet, wobei alle Werte, die in die Berechnungen einfließen, sich stets auf eine einheitliche Rechenperiode (Planungsperiode) beziehen müssen:[79]

Umsatz (Verkaufserlöse)

\-   Waren- und Betriebsaufwand (ohne Steuern und Zinsen)

=   Betriebserfolg vor Zinsen und Steuern

Gleichung 2-3

Betriebserfolg vor Zinsen und Steuern

*   (1 - Ertragssteuersatz)

\+   Abschreibungen (unbarer Aufwand - unbarer Ertrag)[80]

\-   Zunahme/ + Abnahme des Netto-Umlaufvermögens

\-   Investitionen/ + Desinvestitionen ins Anlagevermögen

=   **Freier betrieblicher Cash Flow**

Gleichung 2-4

Der freie betriebliche Cash Flow ist ein Mass für die erwirtschaftete, effektive Wertsteigerung des Unternehmens in der betrachteten Periode, da die Investitionen und Steuern in dieser Grösse bereits berücksichtigt und herausgerechnet worden sind.

Für die Berechnung des Unternehmenswertes werden die für den Planungszeitraum geschätzten Cash Flows auf den Bewertungszeitpunkt abdiskontiert. Der Barwert, der aus einer Investition generierten künftigen Cash Flows wird nach folgender Formel berechnet:

$$\text{Barwert} = \sum_{t=0}^{T} (\text{Cash Flow})_t \cdot \frac{1}{(1+k)^t}$$

mit:

k   = Kapitalkosten

---

[79]   Vgl. Rappaport (Shareholder Value), S.26 und Gomez, Weber (Akquisitionsstrategie), S.31.

[80]   Die Abschreibungen stehen für die Differenz aus allem nicht liquiditätswirksamen (unbaren) Aufwand (z.b. kalkulatorische Abschreibungen einer Maschine) und allem nicht liquiditätswirksamen (unbaren) Ertrag (z.b. Buchgewinne).

T = Planungszeitraum (in Jahren)

$\dfrac{1}{(1+k)^t}$ = Barwertfaktor

Gleichung 2-5

Aus der Gleichung 3 folgt, dass neben den Cash Flows noch die Kapitalkosten (a) und der Planungszeitraum (b) ermittelt, bzw. festgelegt werden muss.

a) Ermittlung der Kapitalkosten

Der Diskontierungssatz[81] wird auf Basis der Kapitalkosten[82] ermittelt.[83] Als relevanter Zinssatz für die Abzinsung künftiger Cash Flows ist der gewichtete Mittelwert der Eigen- und Fremdkapitalkosten geeignet.[84] Die Kapitalkosten stellen für die Kapitalgeber die Mindestverzinsung dar, die das Unternehmen und zukünftige Investitionen in

---

[81] Die Kapitalkosten bzw. der Diskontierungssatz wird von vier Einflussgrössen bestimmt: Durch die Fremdkapitalkosten nach Steuern, die Eigenkapitalkosten, die das Marktrisiko und das unternehmensspezifische Risiko berücksichtigen, die Kapitalstruktur und das Risiko der mit dem Kapital finanzierten Investition. Höhere Risiken schlagen sich in höheren Kapitalkosten nieder. Vgl. Rappaport (Shareholder Value), S.58ff. und Bühner (Management-Wert-Konzept), S.148ff., insbesondere zur Wirkung der Kapitalstruktur auf die Kapitalkosten.

[82] Die Fremdkapitalkosten entsprechen in ihrer Höhe der Verzinsung langfristiger Neuemissionen (z.B. Industrieobligationen). Die Laufzeit der Emissionen sollte möglichst dem Planungszeitraum für den Cash Flow entsprechen. Vgl. Bühner (Management-Wert-Konzept), S.41. Die Kosten für das Eigenkapital können auf Grundlage des Capital Asset Pricing Models (CAPM) geschätzt werden. Zum CAPM vgl. Perridon, Steiner (Finanzwirtschaft), S.451ff. Die Eigenkapitalkosten setzen sich aus der Rendite risikofreier Anlagen (z.B. der Rendite für Bundesanleihen) und einer Risikoprämie zusammen. Die Risikoprämie ergibt sich aus der durchschnittlichen Risikoprämie (= Marktrendite abzüglich der Rendite risikofreier Anlagen) gewichtet mit dem ß-Faktor (Renditeschwankungskoeffizient). Die Marktrendite entspricht der Rendite des Aktienmarktes. Der ß-Faktor ist das Mass für das unternehmensspezifische Risiko und ist definiert als Kovarianz (Aktienrendite, Marktrendite), dividiert durch die Varianz (Marktrendite). Die Kovarianz (Aktienrendite, Marktrendite) wird durch eine lineare Regression zwischen den vergangenen Renditen dieser Aktie und den vergangenen Renditen eines Marktindexes (z.B. DAX) errechnet. Ein Faktor von ß=1 bedeutet, dass sich Aktien- und Marktrendite gleich verhalten, während die Schwankungen der Aktienrendite bei ß>1 grösser und bei ß<1 geringer als die Marktrendite ist. Vgl. Bühner (Management-Wert-Konzept), S.41ff. Auch nicht börsennotierte Unternehmen können ihre Eigenkapitalkosten nach dem CAPM schätzen, indem sie sich zur Bestimmung ihres ß-Faktors mit ihrem Unternehmen und ihrem Geschäft an vergleichbaren börsennotierten Unternehmen orientieren.

[83] Vgl. Bühner (Management-Wert-Konzept), S.39.

[84] Die Gewichtung von Eigen- und Fremdkapital sollte der langfristig geplanten Finanzierungsstruktur des Unternehmens entsprechen, wobei der Marktwert des Kapitals und nicht sein Buchwert zugrundegelegt wird. Vgl. Bühner (Management-Wert-Konzept), S.40f.

das Unternehmen ihnen bieten muss.[85] Investitionen mit einer höheren Verzinsung steigern den Shareholder Value, während Investitionen mit einer geringeren Verzinsung Shareholder Value vernichten.[86]

b) Festlegung des Planungszeitraums

Der Planungszeitraum, der Cash Flow-Berechnungen zugrundegelegt ist, entspricht der Zeitperiode, für die eine Investition bzw. Strategie geplant wird. Der Planungszeitraum für eine Strategie hängt von der Dynamik der Branche, in der sich ein Unternehmen betätigt, ab und kann daher stark variieren. Für die Berechnungen der Cash Flows wird der jeweils in der Branche übliche Planungszeitraum zugrundegelegt.[87]

(2) Berechnung des Barwerts des Residualwerts des Unternehmens

Der Residualwert oder Restwert beschreibt den Wert des Unternehmens am Ende der Planungsperiode. Der Residualwert am Ende des Planungszeitraums entspricht somit dem Barwert der Cash Flows, die das Unternehmen nach dem Planungszeitraum erwirtschaftet. Zur Berechnung des Barwerts des Residualwerts muss der Residualwert auf den Betrachtungszeitpunkt abdiskontiert werden.

Die Bestimmung des Residualwertes ist problematisch, da eine zuverlässige Schätzung der künftigen Cash Flows und die Prognose der Kapitalkosten über einen längeren Zeitraum kaum möglich ist. Der Residualwert kann einen überwiegenden Teil des Unternehmenswertes ausmachen, wenn Cash Flows erst in den Jahren nach dem Ende des Planungszeitraums zufliessen.[88]

Im Falle einer Erntestrategie des Managements ist der **Liquidationswert** des Unternehmens vermutlich der geeignetste Schätzwert für den Residualwert. Für den Fall einer Strategie, die auf Wachstum und Erhöhung des Marktanteils abzielt, ist der **Fort-**

---

[85] Unter Berücksichtigung von **Steuern** muss das Unternehmen zur Befriedigung der Erwartungen der Kapitalgeber vor Steuern eine höhere Rendite erzielen, als nach Steuern. Auf eine umfassendere Betrachtung der steuerlichen Behandlung von Eigen- und Fremdkapital soll hier bewusst verzichtet werden. Für eine umfassendere Betrachtung vgl. Bühner (Management-Wert-Konzept) und Perridon, Steiner (Finanzwirtschaft), S.310ff.

[86] Vgl. Bühner (Management-Wert-Konzept), S.41.

[87] Als Beispiele nennt Gomez die Computer- und Software-Branche mit Planungsperioden von ca. zwei Jahren und andererseits die Papier- und Zementindustrie mit Planungshorizonten von eher zehn Jahren. Vgl. Gomez (Shareholder Value), S.72. Ein in vielen Branchen üblicher Planungszeitraum beträgt fünf Jahre.

[88] Vgl. Bühner (Management-Wert-Konzept), S.49.

führungswert das passende Mass für die Bestimmung des Residualwertes. Der Residualwert des Unternehmens kann mit der Methode der **ewigen Rente**[89] bestimmt werden.[90] Die Formel zur Berechnung des Residualwerts auf Basis einer unendlichen identischen jährlichen Zahlung (ewige Rente) lautet:

$$\text{Residualwert am Ende der Planungsperiode} = \frac{\text{jährlicher Cash Flow}}{\text{Kapitalkosten}}$$

Gleichung 2-6

Zur Bestimmung des Barwerts des Residualwerts muss der berechnete Residualwert am Ende der Planungsperiode auf den Betrachtungszeitpunkt abdiskontiert werden.

(3)   Berechnung des Barwerts des nicht betriebsnotwendigen Vermögens.

Zum nicht betriebsnotwendigen Vermögen zählen jene Vermögensgegenstände, die nicht im Rahmen des Unternehmenszwecks genutzt werden, wie z.b. Immobilien, Beteiligungen mit stillen Reserven oder betriebsfremde Kapitalanlagen. Der Wert des nicht betriebsnotwendigen Vermögens entspricht dem Marktwert, der bei einer Veräusserung zu erzielen wäre.[91]

(4)   Ermittlung der Unternehmenswertsteigerung

Nachdem die drei Komponenten des Unternehmenswertes berechnet worden sind, kann der Unternehmenswert und der Shareholder Value bestimmt werden. Der Unternehmenswert errechnet sich aus der Summe der Barwerte des frei verfügbaren betrieblichen Cash Flows, des Residualwerts und des nicht-betriebsnotwendigen Vermögens. Der Shareholder Value kann nun bestimmt werden, in dem von dem geschätzten Unternehmenswert der Marktwert des Fremdkapitals subtrahiert wird.

Die geschätzte Zunahme des Unternehmenswertes durch eine Investition ergibt sich aus dem geschätzten Unternehmenswert bei Durchführung einer Investition abzüglich

---

[89]   Zur Argumentation für die Verwendung der ewigen Rente zur Schätzung des Residualwertes, vgl. Rappaport (Shareholder Value), S.64ff. und Bühner (Management-Wert-Konzept), S.50.

[90]   Vgl. Rappaport (Shareholder Value), S.64.

[91]   Vgl. Bühner (Management-Wert-Konzept), S.37.

des geschätzten Unternehmenswertes vor der Durchführung der Investition (Vorstrategie-Unternehmenswert).[92]

Der Vorstrategie-Unternehmenswert wird anhand einer geeigneten Residualwertmethode, basierend auf den Daten der letzten Geschäftsperiode berechnet:

$$\text{Vorstrategie-Unternehmenswert} = \frac{\text{Cash Flow vor Strategie}}{\text{Kapitalkostensatz}}$$

$$+ \text{ Marktwert nicht betriebsnotwendigen Vermögens}$$

$$+ \text{ Marktwert des Fremdkapitals}$$

Gleichung 2-7

(5) Sensitivitätsanalyse als Bestandteil der DCF-Methode

Die Bestimmung der Wirkung von Investitionsentscheidungen auf den Shareholder Value beruht auf Prognosewerten. Prognosen sind bezüglich der später tatsächlich eintretenden Werte mit Unsicherheiten behaftet. Die Sensitivitätsanalyse beantwortet die Frage, inwieweit der ursprünglich berechnete Shareholder Value sich verändern kann, wenn eine oder mehrere Inputgrössen (Wertgeneratoren) von ihrem ursprünglichen Wertansatz abweichen.[93] So führen beispielsweise steigende Kapitalkosten, Investitionen in das Umlaufvermögen, Ertragssteuern und Investitionen in das Anlagevermögen zu einer Reduzierung des Unternehmenswertes.[94] Dabei können schon kleine Änderungen der Inputgrössen zu erheblichen Veränderungen des Shareholder Values führen. Die Sensitivitätsanalyse kann die mit Prognosewerten behaftete Unsicherheit nicht ausschliessen. Sie kann die Wirkungszusammenhänge zwischen Wertgeneratoren und Shareholder Value verdeutlichen und somit die Unsicherheiten reduzieren.

Kritische Anmerkungen zur DCF-Methode

Die Stärken der DCF-Methode liegen darin, dass die Unzulänglichkeiten der traditionellen Erfolgsmassstäbe des Rechnungswesens, wie die Vergangenheitsorientierung,

---

92 Vgl. Rappaport (Shareholder Value), S.72.

93 Zur Methodik der Sensitivitätsanalyse vgl. Perridon, Steiner (Finanzwirtschaft), S.87ff.

94 Vgl. Rappaport (Shareholder Value), S.117, S.119, S.121.

überwunden werden.[95] Die DCF-Methode ist zukunftsbezogen[96], da sie die Beurteilung der Wertsteigerung einzelner Investitionen, Geschäftseinheiten und Strategien auf der Basis zukünftiger langfristiger Cash Flows anstatt auf Basis buchhalterischer Gewinne der Vergangenheit erlaubt. Jedoch wird die Unsicherheit, die mit der Prognose zukünftiger Cash Flows verbunden ist und die mit wachsendem Planungszeitraum über die Jahre zunimmt, in der DCF-Methode nicht berücksichtigt. Um diesen Kritikpunkt zu überwinden, wird in der sogenannten verfeinerten DCF-Methode die Unsicherheit der künftigen Cash Flows durch die Gewichtung mit Wahrscheinlichkeiten berücksichtigt. Es handelt sich hierbei um eine mit Wahrscheinlichkeiten gewichtete Barwert-Methode.[97]

Ein zweiter Kritikpunkt ist die Betrachtung einer am Beginn des Planungszeitraums festgelegten, starren, inflexiblen Strategie (Investition), die es nicht erlaubt, Verhaltensänderungen des Managements innerhalb des Planungszeitraums in die Bewertung einfliessen zu lassen (=Wert der Flexibilität). Dieser Kritikpunkt hat in einer dynamischen Umwelt hohe Bedeutung und zielt auf die Möglichkeiten eines (pro-)aktiven Managements ab, das über Optionen verfügt, eine eingeschlagene Strategie beeinflussen zu können.[98]

Zu weiterer Kritik führt der grosse Anteil des Residualwerts am Unternehmenswert. Der Anteil des Residualwerts kann je nach Länge des betrachteten Planungszeitraums zwischen 45% und 60% des Unternehmenswertes ausmachen.[99] Die Bestimmung des Cash Flows nach der Planungsperiode ist kaum prognostizierbar und daher mit grossen Unsicherheiten verbunden. Strategien und die mit ihnen verbundenen strategischen Investitionen dienen dazu, neue Erfolgspotentiale aufzubauen, neue Erfolgspositionen

---

[95] Die Vorteile im einzelnen sind: Die Berücksichtigung des Zeitwerts des Geldes und des Risikos durch den Kapitalisierungszinssatz sowie die Investitionserfordernisse in das Anlage- und Umlaufvermögen.

[96] Zum Cash Flow als prospektiver Erfolgsmassstab, vgl. Perridon Steiner (Finanzwirtschaft), S.349.

[97] Vgl. Helbling (Unternehmensbewertung), S.98ff.

[98] Das Entscheidungsbaumverfahren ist ein Instrument für die sequentielle Behandlung von Investitionsentscheidungen. Vgl. Perridon, Steiner (Finanzwirtschaft), S.113ff. Ein weiterer Ansatz, den Anforderungen eines aktiven Managements bei komplexen Problemen unter Unsicherheit (dynamisches Umfeld) Rechnung zu tragen, bietet die um Optionswerte erweiterte DCF-Methode. Zur Darstellung dieser Methode vgl. Zehnder (Technologieplanung), S.62ff. und die dort zitierte Literatur.

[99] Vgl. Copeland, Koller, Murrin (Valuation), S.218ff.

im Wettbewerb zu besetzen und neue Nutzenpotentiale zu erschliessen. Diese sind häufig mit hohen Ausgaben verbunden, die erst nach vielen Jahren Nutzen generieren und zu Rückflüssen führen. Diese Rückflüsse spiegeln sich in einem hohen, mit grossen Unsicherheiten verbundenen Residualwert des Unternehmens wider. Angesichts des mit Unsicherheiten behafteten Residualwerts, insbesondere bei Investitionen in organisatorische Gestaltungsmassnahmen, ist die Zweckmässigkeit einer Quantifizierung in monetäre Grössen in Frage zu stellen.[100]

Zusammenfassend stehen den Vorteilen des Cash Flows zur Bestimmung des Unternehmenswertes auch Nachteile gegenüber, insbesondere durch den hohen Anteil des Restwerts am Unternehmenswert bei strategischen Investitionen in z.b. Organisationsstrukturen und 'organizational capabilities'. Für das Management sind qualitative Aussagen über Änderungen von Bewertungskriterien aufgrund von Investitionen in die Organisation des Unternehmens bzw. des Netzwerks aussagekräftiger, als mit hohen Unsicherheiten behaftete quantitative Kennzahlen. Zur Bestimmung der unternehmenswertsteigernden Wirkung von Investitionen in organisatorische Gestaltungsmassnahmen sind somit ergänzende, qualitative Bewertungskriterien heranzuziehen.

2.3.2 Ein Wertkonzept zur Organisation

Das Wertsteigerungskonzept nach Zettel[101] ist ein Konzept, das den Zusammenhang zwischen Investitionen in Organisation und deren unternehmenswertsteigernde Wirkung beschreibt, erklärt und bewertet. Das Konzept ist für die Anwendung innerhalb eines Unternehmens entwickelt worden und dient dazu, den Wert der Organisation eines Unternehmens im Vergleich zu anderen organisatorischen Konfigurationen zu ermitteln. Die erforderlichen Investitionen, um von einer organisatorischen Konfiguration zu einer anderen zu gelangen, werden als Investition in die Organisation betrachtet. Diese Investitionen werden den positiven Effekten aus der Reorganisation gegenübergestellt. Das Konzept verzichtet bei langfristigen Investitionen auf exakte monetäre Schätzungen. Es verlässt somit die quantitative Ebene der Zahlungsflüsse und wendet sich qualitativen Aussagen im Sinne von Richtungsangaben bezüglich der Wertänderung zu. Statt der Ermittlung quantitativer Kenngrössen werden die **Impulse**

---

[100] Vgl. Zettel (Organisation), S.48ff.

[101] Vgl. Zettel (Organisation).

auf die Wertgeneratoren, ausgelöst durch Investitionen, betrachtet.[102] Das Konzept gliedert sich in drei Abstraktionsebenen, die jeweils nach Beschreibungs- und Gestaltungsbereich, Erklärungsbereich und Bewertungsbereich der Organisation unterteilt sind (siehe Tab. 2-2).

	Betrachtungsebene	**Beschreibungs- und Gestaltungsbereich**	**Erklärungs-bereich**	**Bewertungsbereich**
1	Unternehmensebene Strategische Ebene	• Organizational Intent	• Organisation als Wertpotential	• Organisatorischer Goodwill
2	Eigenschaften der Makroorganisation	• Grundkonfiguration Organisationsprofil Valcor-Matrix	• Globale Vor-steuer-grössen	• Organisations-kapitalverände-rungsbilanz
3	Eigenschaften der Mikroorganisation	• Feinstrukturen: Aufbau- und Ablaufregelungen	• Differenzierte organisa-torische Wert-generatoren	• Finanzwirtschaft-liche Wertgene-ratoren

Tab. 2-2: Analyserahmen des Wertzusammenhangs[103]

(1)   Unternehmensebene / Strategische Ebene

Auf der obersten Abstraktionsebene werden die Konzepte des Wertpotentials, des Organizational Intents und des Goodwills verwendet. Ziel dieser Ebene ist es, Organi-sation als Wertpotential[104] zu erkennen, eine Vision für die Erschliessung dieses Potentials vorzugeben und den organisatorischen Beitrag als Teil des Goodwills (organisatorischer Goodwill) des Unternehmens zu betrachten.[105]

Zur Berücksichtigung des unternehmensübergreifenden Organisationspotentials wird die **Betrachtungsebene** von der Unternehmensebene auf das **Unternehmensnetzwerk** ausgeweitet. Dabei bestehen hinsichtlich der Werteffekte durch organisatorische

---

[102] Vgl. Zettel (Organisation), S.50f.

[103] Quelle: Zettel (Wertsteigerung), S.5.

[104] Zettel verwendet den Begriff 'Wertpotential' anstatt des Begriffs 'Nutzenpotential'. Im Rahmen dieser Arbeit werden beide Begriffe synonym verwendet, da die von Zettel argumentierte Unter-scheidung m.E. nicht zutreffend ist. Wie Wertpotentiale, entstehen auch Nutzenpotentiale durch Ungleichgewichtssituationen. In beiden Fällen kann durch pro-aktives Management seitens eines Unternehmens Einfluss auf die Entstehung und Entwicklung auch von Nutzenpotentialen genom-men werden. Vgl. Zettel (Organisation), S.31f.

[105] Vgl. Zettel (Wertsteigerung), S.4.

Massnahmen folgende Zusammenhänge zwischen dem Unternehmensnetzwerk und den am Netzwerk beteiligten Unternehmen: Zum einen müssen Unternehmen interne organisatorische Voraussetzungen schaffen, um in der Lage zu sein, erfolgreich in einem Netzwerk zu kooperieren. Zweitens ergeben sich aus der unternehmensübergreifenden Organisationsgestaltung des Netzwerks direkte Werteffekte für die einzelnen am Netzwerk beteiligten Unternehmen. Und drittens ermöglichen einmal existierende Unternehmensnetzwerke weitere organisatorische unternehmensinterne Veränderungen, die Werteffekte auslösen können. Mit Möglichkeiten, die Wertwirkungen der organisatorischen Veränderungen zu betrachten, befasst sich die Betrachtungsebene der Makroorganisation.

(2)   Eigenschaften der Makroorganisation

Zur Beschreibung der Eigenschaften der Makroorganisation wird von einer bestehenden Unternehmensorganisation (Grundkonfiguration) ausgegangen, die durch Positionierung in Organisationsprofilen graphisch beschrieben wird. Im Wertsteigerungskonzept wird versucht, die wertrelevanten Zusammenhänge bei einer Veränderung einer oder mehrerer organisatorischer Profildimensionen zu erklären, und den Übergang zu neuen Profilkonstellationen zu bewerten.[106] Bewertet wird nicht das Organisationspotential als Ganzes, sondern bestimmte Eigenschaften der globalen Organisation, wie sie durch das Organisationsprofil beschrieben werden. Die Veränderungen dieser Eigenschaften wirken auf sogenannte **globale Vorsteuergrössen Flexibilität, Autonomie und Synergie**. Somit können organisatorische Veränderungen über die globalen Vorsteuergrössen hinsichtlich ihrer wertsteigernden Effekte (Werteffekte) bewertet werden. Zur Ermittlung der Werteffekte durch investitionsbedingte Änderungen der Vorsteuergrössen werden Wirkungsnetzwerke[107] verwendet. Als Darstellungsmethode für die qualitative Wertänderung verwendet Zettel Organisationskapitalveränderungsbilanzen. Die Organisationskapitalveränderungsbilanz dient nicht der exakten quantitativen Bewertung des Organisationswertes, sondern der Identifikation von Veränderungsmöglichkeiten, die zu Wertsteigerungen führen. Sind die Wersteigerungsmöglichkeiten identifiziert, werden die organisatorischen Verände-

---

[106] Vgl. Zettel (Wertsteigerung), S.8.

[107] Wirkungsnetzwerke basieren auf der Methode des vernetzten Denkens nach Gomez, Probst (Problemlösen).

rungen in einem Soll-Organisationsprofil dargestellt. Die Instrumente und Vorgehensweise wird in der folgenden Abbildung illustriert (siehe Abb. 2-10).

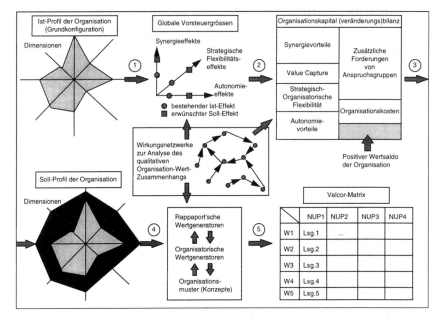

*Abb. 2-10: Instrumente und Vorgehensweise zur qualitativen Bewertung organisato-
rischer Gestaltungsmassnahmen[108]*

(3)   Eigenschaften der Mikroorganisation

Das Soll-Organisationsprofil gibt dimensionale Vorgaben, stellt jedoch noch keine
konkreten Gestaltungsideen bereit. Auf der Ebene der Mikroorganisation werden zu
den Dimensionen im Soll-Organisationsprofil inhaltliche Überlegungen zu konkreten
organisatorischen Gestaltungsmöglichkeiten, wie z.B. 'Prozessverantwortlichkeit
schaffen', angestellt. Dazu werden den Rappaport'schen Wertgeneratoren jeweils
organisatorische Wertgeneratoren zugeordnet, die diese direkt beeinflussen. Z.B. wird
der Rappaport'sche Wertgenerator 'Investitionen ins Anlage- und Umlaufvermögen'
u.a. durch die organisatorischen Wertgeneratoren 'Umfang von Sicherheitslagern' und
'Kooperationsgrad und -intensität' beeinflusst. Diesen organisatorischen Wertgenera-

---

108 Quelle: Eigene Darstellung in Anlehnung an Zettel (Organisation).

toren werden anschliessend konkrete Organisationsmuster (organisatorische Grund-konfigurationen), wie z.B. 'Netzwerk-Organisationen', 'Franchising', 'Kanban-Systeme' zugeordnet und diese hinsichtlich der Stärke ihrer Impulswirkung auf die Wertgeneratoren bewertet. Zur qualitativen Beurteilung der Zusammenhänge dienen wiederum Wirkungsnetzwerke. In einer Valcor-Matrix[109] kann der Zusammenhang zwischen den identifizierten organisatorischen Nutzenpotentialen (wie z.b. Dezentra-lisierung von Aufgaben), den konkreten inhaltlichen organisatorischen Gestaltungs-lösungen mit wertsteigernder Wirkung (wie z.b. Auslagerung von Diensten, Ausgründung kleiner Einheiten) und den Rappaport'schen Wertgeneratoren dargestellt werden.[110] Auf der Basis der Analysen können nun alternative organisatorische Konfi-gurationen als Entscheidungsgrundlage erstellt werden. Die Bewertung der Alterna-tiven erfolgt mit qualitativen Bewertungsverfahren wie z.B. der Nutzwertanalyse.

Abschliessend bleibt festzuhalten, dass eine isolierte quantitative Bestimmung des Organisationswertes eines Unternehmens beim gegenwärtigen Forschungsstand nicht möglich ist.[111] Das Wertkonzept liefert jedoch einen wichtigen Beitrag zur Erklärung und qualitativen Bewertung der Zusammenhänge zwischen Investitionen in die Orga-nisation eines Unternehmens und ihren Wirkungen auf deren Wert. Das Wertkonzept bietet eine formalisierte Vorgehensweise zur qualitativen Bewertung organisatorischer Massnahmen und überlässt letztendlich dem Analytiker die Wahl der Tiefe seiner Be-trachtung. Der Versuch einer Quantifizierung der Wertwirkungen auf der Mikroebene ist m.E. nicht sinnvoll. Den Schwierigkeiten der Operationalisierung, verbunden mit einem hohen Aufwand, stehen mit grossen Ungenauigkeiten behaftete Schätzwerte gegenüber. Neben der Schätzung der Höhe der wertsteigernden Wirkungen organisa-torischer Massnahmen tritt die Schwierigkeit der Bestimmung der Zeitpunkte und -dauer organisatorischer Wertwirkungen.

---

109 Die Valcor-Matrix (=Value is Core) ist eine Darstellungsform des Zusammenhangs zwischen Nutzenpotentialen und Wertgeneratoren. Sie wird aus den Dimensionen 'Wertgeneratoren' und 'Nutzenpotentiale' gebildet und stellt den Zusammenhang zwischen den Dimensionen dar, indem Strategien zur Erschliessung der Nutzenpotentiale formuliert werden. Diese Strategien wirken auf die Wertgeneratoren und somit auf die Veränderung des Shareholder Values. Die Strategien fungieren somit als Brücke zwischen Nutzenpotentialen und Wertgeneratoren. Die Valcor-Matrix dient als Strukturierungsinstrument der zur Erschliessung von Nutzenpotentialen geeigneten Unternehmensstrategien. Vgl. Gomez, Weber (Akquisitionsstrategie), S.53f. und Gomez (Wertmanagement), S.78f.

110 Vgl. Zettel (Wertsteigerung), S.5ff.

111 Vgl. Zettel (Wertsteigerung), S.10.

2.3.3 Fazit

Wertorientierung wird als Denkhaltung des Managements bei der Unternehmensentwicklung verstanden. Die nachhaltige Steigerung des Unternehmenswertes erfordert
eine **Orientierung des Managements an langfristigen Zielen und eine
pluralistische Ausrichtung auf die Interessen aller strategisch relevanten Anspruchsgruppen**. Als Massgrösse für die Wertsteigerung dient die Steigerung des
Unternehmenswertes.

Der Aufbau von Unternehmensnetzwerken dient der Erreichung von Zielen, wie z.B.
der Steigerung des Unternehmenswertes. Ausgangspunkt für den Aufbau eines Unternehmensnetzwerks sind identifizierte attraktive Nutzenpotentiale, wie Markt-, Koope-
rations- oder Organisationspotentiale. Die wertorientierte organisatorische Gestaltung
von Unternehmensnetzwerken kann als Investition in organisatorische Massnahmen
verstanden werden. Organisation stellt einen nicht identifizierbaren immateriellen Wert
dar, der Bestandteil des Goodwills (organisatorischer Goodwill) eines Unternehmens
ist. Die isolierte Bestimmung des organisatorischen Goodwills ist nach dem heutigen
Stand der Forschung nicht möglich.

Zur Bewertung der Steigerung des Unternehmenswertes sind verschiedene Ansätze
diskutiert worden. Für die Bewertung organisatorischer Gestaltungsmassnahmen sind
m.E. die qualitativen Betrachtungen innerhalb des Wertkonzepts nach Zettel, die das
Verständnis über die Zusammenhänge in den Vordergrund stellen, aufwendigen, mit
hohen Unsicherheiten behafteten quantitativen Verfahren, wie der DCF-Methode vorzuziehen. Hierzu ist das vorgestellte Wertkonzept von der Betrachtungsebene eines
Unternehmens auf Unternehmensnetzwerke auszuweiten bzw. um diese zu ergänzen.
Obwohl alle Verfahren mit Unsicherheiten verbunden sind, ist eine fallweise oder
ergänzende Anwendung der diskutierten Bewertungsmethoden sinnvoll. Die Beschreibung der Wirkungen der Wertgeneratoren auf den Unternehmenswert schliesslich stellt
einen wichtigen Baustein zur Beschreibung des Nutzens generischer Netzwerkstrategien dar.[112]

---

[112] Vgl. Kapitel 6.2.

2.4 Ansätze des strategischen Managements

Die geforderte Orientierung an langfristigen Zielen ist ein Aspekt des strategischen Managements. Als Basis für die weiteren Ausführungen werden die begrifflichen Grundlagen, die Aufgaben des strategischen Managements und aktuelle Strategieansätze diskutiert.

2.4.1 Begriffsbestimmungen und Systematisierung

Im folgenden sollen die grundlegenden Begriffe zur anschliessenden Beschreibung 'potentialorientierter Managementansätze'[113] und des 'Kernkompetenzansatzes' definiert und gegeneinander abgegrenzt werden.

(1) Der Begriff **Ressource**[114] bezeichnet die Inputfaktoren für die Produktion und Dienstleistungserstellung eines Unternehmens. Ressourcen umfassen neben Personal (Humanressourcen), materielle Objekte, wie z.b. Anlagen, Material, Finanzmittel und Informationen, auch immaterielle Vermögensgegenstände wie Patente, Lizenzen und Markenrechte. Ressourcen werden als Quelle für Stärken und Schwächen von Unternehmen gesehen und sind damit die Ursache für ihre Unterschiedlichkeit. Alle Ressourcen eines Unternehmens können von dem Unternehmen zur Leistungserstellung eingesetzt und gesteuert werden. Damit die Ressourcen eines Unternehmens produktiv eingesetzt werden können, muss das Unternehmen über Fähigkeiten verfügen.

(2) **Fähigkeiten**[115] basieren auf Wissen und der zielgerichteten Anwendung dieses Wissens. Fähigkeiten sind somit Prozesse, welche die Ressourcen des Unternehmens zielorientiert bündeln und einsetzen, um Produkte oder Dienstleistungen herzustellen und zu vermarkten. Sie können durch Lernprozesse und intensiven Informationsaustausch zwischen den Mitarbeitern des Unternehmens entstehen und sind in hohem Masse unternehmensspezifisch. Der Aufbau von Fähigkeiten ist i.d.R. ein langwieriger

---

[113] Die grundlegenden Ausführungen dieses Abschnitts bauen auf der von Pümpin massgeblich geprägten St. Galler Terminologie auf, worin zwischen strategischen Erfolgspotentialen (SEPot), strategischen Erfolgspositionen (SEPos) und Nutzenpotentialen (NUP) unterschieden wird. Vgl. Pümpin (Strategische Erfolgspositionen), S.19ff.

[114] Der Begriff 'Ressource' kommt aus dem Englischen und bedeutet übersetzt Mittel, Hilfsquelle, Hilfsmittel und natürliche Reichtümer (Bodenschätze).

[115] Fähigkeiten sind Gegenstand, Instrument und Ergebnis kollektiver bzw. organisationaler Lernprozesse. Prozesse, die dem Aufbau neuer Fähigkeiten dienen, stellen selbst Fähigkeiten dar. Diese können als Meta-Fähigkeiten, also als Fähigkeiten zur Entwicklung von Fähigkeiten betrachtet werden. Vgl. Binder, Kantowsky (Technologiepotentiale), S.63.

Prozess. Im Gegensatz zu Fähigkeiten kann ein Unternehmen Ressourcen auf den Faktormärkten kaufen oder verkaufen.

Ressourcen und Fähigkeiten sind direkt auf die Erstellung von Marktleistungen bezogen. Der Grad ihrer Leistungsfähigkeit spiegelt sich in der Effizienz der Leistungserstellungsprozesse wider.[116] Sie bilden den Kern bzw. die Grundlage bestehender und zur Entwicklung neuer strategischer Erfolgspotentiale, strategischer Erfolgspositionen und von Kompetenzen bzw. Kernkompetenzen. Der St. Galler Terminologie des potentialorientierten Managements folgend, werden zunächst die Begriffe (1) 'Nutzenpotential', (2) 'strategisches Erfolgspotential' und (3) 'strategische Erfolgsposition' definiert. Im Anschluss daran werden die Begriffe Kompetenz und Kernkompetenz definiert und gegeneinander abgegrenzt.

(1) **Nutzenpotentiale** sind nach Pümpin[117] attraktive Bedürfnis-Konstellationen, die in der Umwelt, im Markt oder in dem Unternehmen selbst latent oder effektiv vorhanden sind und die zum Nutzen aller Bezugsgruppen durch Aktivitäten des Unternehmens erschlossen werden können. Nutzenpotentiale entstehen im Umweltsystem. Das Umweltsystem wird hier als das alle Subsysteme und Bezugsgruppen umfassende Obersystem verstanden. Gleichzeitig dient die Erschliessung von Nutzenpotentialen der Nutzenstiftung für Bezugsgruppen. Nutzenpotentiale haben somit normativen Charakter.[118]

Nutzenpotentiale können als Chance charakterisiert werden, die dann von einem Unternehmen genutzt werden kann, wenn die Bedürfnisse der Bezugsgruppen mit den Fähigkeiten des Unternehmens übereinstimmen.[119] Pümpin[120] unterscheidet zwischen unternehmensinternen und -externen Nutzenpotentialen und sieht in ihnen Quellen der Wertschöpfung. Die folgende Abbildung zeigt eine Auswahl interner und externer Nutzenpotentiale (siehe Tab. 2-3).

---

[116] Vgl. Binder, Kantowsky (Technologiepotentiale), S.62.

[117] Vgl. Pümpin (Dynamik-Prinzip), S.47, Pümpin (Strategische Erfolgspositionen), S.19.

[118] Vgl. Binder, Kantowsky (Technologiepotentiale), S.60.

[119] Vgl. Blankenagel (Unternehmensentwicklung), S.143.

[120] Vgl. Pümpin (Strategische Erfolgspositionen), S.20ff.

Nutzenpotentiale	
externe Nutzenpotentiale	**interne Nutzenpotentiale**
• Beschaffungspotential • externes Humanpotential • Finanzpotential • Imagepotential • Informatikpotential • Kooperationspotential • Marktpotential • Ökologiepotential • Regulierungspotential • Technologiepotential • Übernahme- und Restrukturierungspotential	• Bilanzpotential • Immobilienpotential • internes Humanpotential • Know-how Potential • Kostensenkungspotential • organisatorisches Potential • Standortpotential • Synergiepotential

Tab. 2-3: Auswahl interner und externer Nutzenpotentiale[121]

(2) Strategische Erfolgspotentiale sind nach Gälweiler[122] „das gesamte Gefüge aller jeweils produkt- und marktspezifischen erfolgsrelevanten Voraussetzungen, die spätestens dann bestehen müssen, wenn es um die Erfolgsrealisierung geht." Der Begriff des strategischen Erfolgspotentials wird im Sinne einer Konstellation spezifischer Voraussetzungen bzw. Fähigkeiten innerhalb eines Unternehmens verwendet. Erfolgspotentiale sind ausschliesslich auf das System Unternehmen bezogen und stellen somit die unternehmensinternen Bedingungen für Erfolg per se dar.[123]

(3) Strategische Erfolgspositionen werden nach Pümpin[124] definiert als „in einem Unternehmen durch den Aufbau von wichtigen und dominierenden Fähigkeiten bewusst geschaffene Voraussetzung, die es diesem Unternehmen erlaubt, im Vergleich zur Konkurrenz langfristig überdurchschnittliche Ergebnisse zu erzielen." Zusätzlich zu dem Gedanken der Bündelung von Fähigkeiten tritt der Aspekt der Mobilisierung des Potentials und der daraus resultierenden Positionierung relativ zum Wettbewerb im Markt hinzu.[125]

---

121 Quelle: Pümpin (Strategische Erfolgspositionen), S.20.

122 Gälweiler (Unternehmensführung), S.26.

123 Vgl. Binder, Kantowsky (Technologiepotentiale), S.59.

124 Pümpin (Strategische Erfolgspositionen), S.34.

125 Bleicher (Integriertes Management), S.208.

Sowohl strategische Erfolgspotentiale als auch strategische Erfolgspositionen entstehen über die Bündelung und Ausrichtung von Ressourcen und Fähigkeiten auf die Ziel- und Zwecksetzung des Unternehmens. Sie wirken ausrichtend auf die operativen Aktivitäten des Unternehmens, um so eine relative Überlegenheit auf bestimmten Aktionsfeldern zu erreichen. Wesentliches Merkmal beider Konstrukte ist der Gedanke der Konzentration der Unternehmensfähigkeiten, wobei bezüglich strategischen Erfolgspositionen gegenüber den strategischen Erfolgspotentialen die Mobilisierung des Potentials und die Positionierung im Wettbewerb hinzukommt.

Die definierten Potentialbegriffe können hinsichtlich ihres Systembezugs den Systemhierarchien[126] 'Unternehmen', 'Markt' und 'Umwelt', gegeneinander abgegrenzt werden (siehe Abb. 2-11).

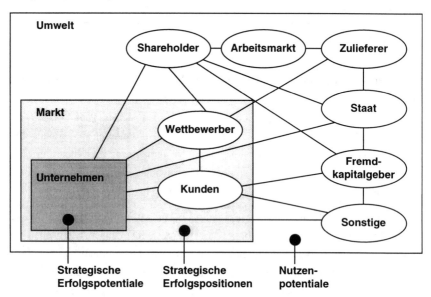

Abb. 2-11: Systembezug der betrachteten Potentiale[127]

---

[126] Systemhierarchien werden durch die Betrachtung von Teilbereichen (Subsystemen) innerhalb des Gesamtsystems gebildet. Durch die schrittweise Erweiterung des betrachteten Subsystems um weitere Systemelemente aus dem Umsystem, entstehen innerhalb des Gesamtsystems neue stets umfassendere Subsysteme, die untereinander eine Systemhierarchie bilden. Die Systemelemente eines hierarchisch niedrigeren Subsystems werden jeweils in das Subsystem der nächst höheren Systemhierarchie mit eingeschlossen. Die Systemelemente stehen dabei untereinander in einem komplexen Beziehungsgefüge.

Als weiteres Abgrenzungskriterium der Potentiale dienen, entsprechend des St. Galler Management Konzepts, die Managementdimensionen[128] 'normativ', 'strategisch' und 'operativ'. Binder, Kantowsky[129] haben die Potentiale zur Abgrenzung in eine Matrix mit den Achsen '**Managementdimensionen**' und '**Systembezug**' positioniert (siehe Abb. 2-12).

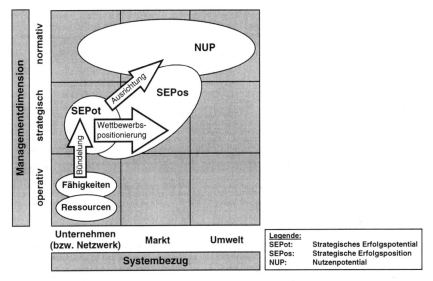

Abb. 2-12: Brückenfunktion strategischer Erfolgspositionen und strategischer Erfolgs-

potentiale[130]

Nach der Definition der grundlegenden Begriffe der potentialorientierten Managementansätze werden nun die Begriffe des Kernkompetenzansatzes nach Prahalad, Hamel[131] (1) 'Kompetenzen' und (2) 'Kernkompetenzen' definiert und die Bezie-

---

127 Quelle: Binder, Kantowsky (Technologiepotentiale), S.60.

128 Zur Dreiteilung der Managementdimensionen, die auch als Dimensionen der Unternehmensführung bezeichnet werden und durch das St. Galler Management-Konzept geprägt worden sind, vgl. Bleicher (Integriertes Management).

129 Vgl. Binder, Kantowsky (Technologiepotentiale), S.67.

130 Quelle: Binder, Kantowsky (Technologiepotentiale), S.67.

131 Der Begriff der Kernkompetenz geht auf Prahalad, Hamel zurück, die den Resource Based View-Ansatz in ihrem Konzept der Konzentration auf Kernkompetenzen weiterentwickelt haben. Vgl. Prahalad, Hamel (Kernkompetenzen).

hungen zwischen den genannten Begriffen des potentialorientierten Managements hergestellt.

(1) Eine **Kompetenz** ist ein Bündel von zusammengehörigen Fähigkeiten und Ressourcen. Ein Unternehmen kann über unterschiedliche Kompetenzen verfügen. Die Neukombination von bestehenden oder neuerworbenen Fähigkeiten mit bestehenden oder neuerworbenen Ressourcen ermöglicht es dem Unternehmen, neue Kompetenzen aufzubauen.

(2) Eine Kompetenz wird zur **Kernkompetenz**, wenn sie die Überlebensfähigkeit des Unternehmens im Wettbewerb langfristig sicherstellen kann.[132] Die Kernkompetenzen werden stets relativ zum Wettbewerb definiert. Sie sind auf den Wettbewerb ausgerichtet und erlauben es dem Unternehmen, nachhaltige Wettbewerbsvorteile gegenüber der Konkurrenz aufzubauen. Kernkompetenzen sind nicht gleichzusetzen mit einzelnen Fähigkeiten, sondern „sind integrierte und durch organisatorische Lernprozesse koordinierte Gesamtheiten von Know How, Technologien, Fähigkeiten und Fertigkeiten, die für den Kunden erkennbar und wichtig sind, gegenüber den Konkurrenten einmalig sind, nur schwer imitierbar sind und potentiell den Zugang zu einer Vielzahl von Märkten eröffnen."[133]

Einige Autoren[134] ergänzen die Definition von Kernkompetenzen um die Ausrichtung auf attraktive Markt- oder Nutzenpotentiale. Diesem erweiterten Verständnis soll im Rahmen dieser Arbeit gefolgt werden. Die bestehenden Kompetenzen, die im Wettbewerb um bestehende Märkte den Erfolg eines Unternehmens sicherstellen, werden als 'Kernkompetenzen' des Unternehmens bezeichnet (siehe Abb. 2-13). Sie entsprechen damit weitestgehend der strategischen Erfolgsposition eines Unternehmens. Da Kernkompetenzen von bestehenden Produkt-Markt-Kombinationen losgelöst sind, stellen sie gleichzeitig zusammen mit allen weiteren Kompetenzen auch das strategische Erfolgspotential eines Unternehmens dar. Dieses strategische Erfolgspotential bildet die Basis des Unternehmens für die Erschliessung neuer attraktiver Marktpotentiale.

---

[132] Rasche (Wettbewerbsvorteile), S.149.

[133] Hinterhuber, Stahl (Unternehmensnetzwerke), S.96.

[134] Vgl. Rühli (Ressourcenmanagement), S.95 und Hinterhuber (Unternehmensnetzwerke), S.96, Hamel, Prahalad (Märkte), S.46.

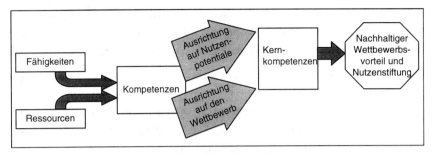

Abb. 2-13: Kompetenzen, Kernkompetenzen und Wettbewerbsvorteile[135]

Ausgehend von den beiden Darstellungen der Begrifflichkeiten in Abb. 2-12 und Abb. 2-13 wird die Parallelität von Kompetenzen, Kernkompetenzen und strategischen Erfolgspotentialen und Erfolgspositionen deutlich. Auch sie nehmen eine **Brücken-funktion** zwischen denen von Ressourcen und Fähigkeiten getragenen Prozessen der Leistungserstellung einerseits und der potentiellen Nutzenstiftung des Unternehmens für seine Bezugsgruppen andererseits ein.

2.4.2 Industrial Organization Ansatz und Resource Based View

Der Begriff des strategischen Managements hat die Unternehmensführung in den letzten Jahrzehnten stark geprägt. In den 50er Jahren wurde der dem Militär entnommene Ausdruck Strategie erstmals in der Betriebswirtschaftslehre verwendet. Militärisch bedeutsame Merkmale wie Langfristigkeit, Proaktivität und Berücksichtigung anderer Akteure im Umfeld sollten auch für Unternehmen gelten. Die Unternehmensstrategie hat die Aufgabe, das Überleben des Unternehmens und den nachhaltigen Erfolg im Wettbewerb sicherzustellen.[136]

Die Generierung nachhaltiger Unternehmenswertsteigerung resultiert aus nachhaltigen Wettbewerbsvorteilen gegenüber der Konkurrenz. Nachhaltig (sustainable) bedeutet: dauerhaft, beständig oder langfristig anhaltend. Nachhaltige Unternehmenswertsteigerung kann erzielt werden, wenn es dem Unternehmen gelingt, einen dauerhaften Mehrwert am Markt zu generieren. Zur Erklärung nachhaltiger Wettbewerbsvorteile werden im wesentlichen zwei Ansätze kontrovers diskutiert. Ein theoretischer Erklä-

---

135 Quelle: Eigene Darstellung in Anlehnung an Rühli (Ressourcenmanagement), S.94f.

136 Vgl. Gälweiler (Unternehmensführung), S.23f.

rungsversuch ist der neoklassische (1) **'Industrial Organization Ansatz'**. Nach dem Industrial Organization Ansatz entstehen nachhaltige Wettbewerbsvorteile durch die einzigartige Positionierung des Unternehmens gegenüber der Konkurrenz im Markt (**Outside-In-Perspektive**).

Der andere kontrovers diskutierte Erklärungsansatz ist der auf Edith Penrose (1956) zurückgehende (2) **'Resource Based View of the Firm'** (RBV). Weitere Vertreter dieses Ansatzes sind Barney[137], Wernerfelt, Reed & DeFillippi. Hier sehen die Vertreter des Resource Based View (**Inside-out-Perspektive**) die Ursachen für nachhaltige Wettbewerbsvorteile in der einzigartigen Kombination der in dem Unternehmen vorhandenen Ressourcen und Fähigkeiten begründet. Im folgenden werden die beiden Ansätze kurz vorgestellt.

(1)   Industrial Organization Ansatz

Der Industrial Organization Ansatz wurde von Bain[138] und später von Porter[139] (**Competitive Strategy Ansatz**) als wichtige Forschungsströmung etabliert. Ausgehend von einer Analyse der Struktur der Industrie oder Branche des Unternehmens wird ein attraktiver Markt ausgewählt. Es werden Strategien abgeleitet, die es dem Unternehmen ermöglichen sollen, in den Markt einzutreten oder ihn gegenüber anderen Konkurrenten zu verteidigen. Die Unternehmensstrategie wird nur von der Struktur der Industrie determiniert. Die Struktur der Industrie und Branche bestimmt alleine, ob das Unternehmen Wettbewerbsvorteile erlangen kann. Die spezifischen Ressourcen des Unternehmens werden in diesem Ansatz nicht beachtet. Es wird davon ausgegangen, dass das Unternehmen sich die wettbewerbsrelevanten Ressourcen effizient zu einem Marktpreis beschaffen kann. Die Ressourcen werden deswegen als nahezu austauschbar angesehen und sind nicht geeignet, Erfolgspotentiale aufzubauen.[140]

Dieser Ansatz bietet keine Gewähr für die nachhaltige Wettbewerbsstärke des Unternehmens. Friedrich, Hinterhuber[141] formulieren dies so: „Auch die beobachtbaren

---

[137] Vgl. Barney (Resources), Wernerfelt (View) und Reed, DeFillipi (Competitive Advantage).

[138] Vgl. Bain (Barriers).

[139] Vgl. Porter (Competitive Advantage).

[140] Vgl. Porter (Competitive Advantage), S.4ff.

[141] Friedrich, Hinterhuber (Kernkompetenzen), S.37.

Anstrengungen, sich mit dem Wettbewerb zu arrangieren, d.h. sich an der gegebenen Branchenstruktur auszurichten, zu versuchen, die Determinanten des Wettbewerbs zum eigenen Vorteil zu verändern, können den Fortbestand des Unternehmens langfristig nicht garantieren." Der Grund liegt in der einseitigen Betrachtung des Unternehmens als eine Black Box. Die Umwelt wird als einzige Determinante des Erfolges gesehen und die Inwelt, d.h. die Ressourcen und Fähigkeiten des Unternehmens, vernachlässigt. „The traditional competitive strategy paradigm [...], with its focus on product-market positioning, focuses on only the last few hundred yards of what may be a skill-building marathon."[142] Der Resource Based View-Ansatz versucht, diese Unzulänglichkeiten auszugleichen.

(2)   Resource Based View-Ansatz

Der Resource Based View-Ansatz stellt die Ressourcen und Fähigkeiten des Unternehmens in den Mittelpunkt der Betrachtung. Der Wettbewerbserfolg eines Unternehmens wird von der Qualität der Ressourcen und Fähigkeiten des Unternehmens bestimmt. Das Unternehmen soll versuchen, diejenigen Ressourcenpotentiale aufzubauen, welche eine günstige Positionierung im Wettbewerb erlauben. Die strategische Denkweise ist also gerade umgekehrt zu der des Industrial Organization Ansatzes.[143] Durch die Fokussierung auf die Ressourcen und Fähigkeiten versucht dieser Ansatz, die Unzulänglichkeiten der 'Market Based View' des Industrial Organization Ansatzes auszugleichen.

Im Resource Based View Ansatz werden unvollkommene Faktormärkte und eine heterogene Ressourcenausstattung der Unternehmen angenommen. Ressourcen sind somit ungleich unter den Unternehmen verteilt (heterogene Ressourcenausstattung) und kurzfristig nicht zukaufbar (unvollkommene Faktormärkte), transferierbar oder imitierbar. Besitzt ein Unternehmen Ressourcen von überdurchschnittlicher Qualität (z.B. qualitativ hochstehende Rohstoffe oder sehr qualifizierte Arbeitskräfte) so kann es eine ökonomische Rente abschöpfen und überdurchschnittliche Erträge erwirtschaften.[144] Dieses gilt für jedes einzelne Unternehmen, aber auch auf einer höheren Aggregationsebene für ganze Unternehmensnetzwerke gegenüber Wettbewerbern ausserhalb des Unternehmensnetzwerks. Die Nachhaltigkeit der Wettbewerbsvorteile beruht insbe-

---

142 Hamel (Competition), S.83.

143 Vgl. Rühli (Ressourcenmanagement), S.94.

144 Vgl. Knyphausen (Firms), S.776f.

sondere darauf, dass die unternehmenseigenen Ressourcen und Fähigkeiten immobil, intransparent, nicht substituierbar sowie nicht imitierbar sind. Faktoren, wie implizites Wissen[145] und immaterielle Werte, wie z.b. Fähigkeiten, Kultur und organisatorische Strukturen sowie die einzigartige Kombination von Ressourcen und Fähigkeiten haben wesentlichen Einfluss auf die Nachhaltigkeit von Wettbewerbsvorteilen. Kritisch anzumerken ist es, dass die einseitige inside-out-Perspektive zu einem Verlust der Marktperspektive führen kann. Somit besteht das Risiko, Produkte anzubieten, die nicht mit den Bedürfnissen des Marktes konform sind.

Während in den USA Strategieansätze zu den beiden beschriebenen Schulen[146] weiterentwickelt wurden, wurden im deutschsprachigen Raum die potentialorientierten Managementansätze konzipiert und weiterentwickelt. Im folgenden sollen die grundlegenden Ansätze des potentialorientierten Managements und daran anschliessend der Kernkompetenzansatz nach Prahalad, Hamel[147] vorgestellt werden.

2.4.3 Potentialorientierte Managementansätze

Die Anfänge der potentialorientierten[148] Managementansätze gehen auf das 'Konzept der Erfolgspotentiale' von Gälweiler[149] zurück. In diesem Konzept wird die Unternehmensführung in strategische und operative Führung unterteilt. Nach Gälweiler[150] „ist die Aufgabe der strategischen Führung die Suche, der Aufbau und die Erhaltung hinreichend hoher und sicherer Erfolgspotentiale unter Berücksichtigung der damit verbundenen langfristigen Liquiditätswirkungen." Aufgabe der operativen Führung ist dagegen, die „bestmögliche Realisierung des in der jeweiligen Nahperiode bestehenden Erfolgspotentials, ohne dabei - in einer falsch verstandenen kurzsichtigen Gewinnmaximierung - die zeitlich dahinter kommenden Erfolgspotentiale zu schädigen." Wesentlich ist dabei die zeitliche und sachlogische Rangfolge der im

---

[145] Zum Begriff des 'impliziten Wissens' vgl. Kapitel 3.6.1.

[146] Gemeint sind die Schulen des Industrial Organization Ansatzes und des Resource Based View of the Firm.

[147] Vgl. Prahalad, Hamel (Kernkompetenzen).

[148] Zum Potentialbegriff: Im heutigen Sprachgebrauch bedeutet der Begriff Potential (latein. 'potentia', Vermögen, Macht bzw. Kraft und 'posse', können) Leistungsfähigkeit bzw. die Gesamtheit aller für einen bestimmten Zweck zur Verfügung stehenden Mittel. Vgl. Binder, Kantowsky (Technologiepotentiale), S.43 und die dort zitierte Literatur.

[149] Vgl. Gälweiler (Unternehmensführung).

[150] Gälweiler (Unternehmensführung), S.28.

Rahmen der strategischen und operativen Führung getroffenen Entscheidungen.[151] Erfolgspotentiale dienen zum einen als Steuerungsgrössen für die strategische Führung und zum anderen als zukunftsorientierte Vorsteuergrössen für Liquidität und Erfolg[152] (siehe Abb. 2-14).

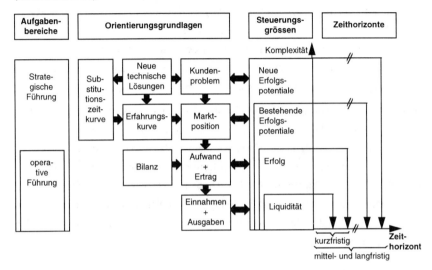

Abb. 2-14: *Aufgabenbereiche der Unternehmensführung mit ihren Steuerungs-grössen*[153]

Aufbauend auf Gälweilers[154] 'Konzept der Erfolgspotentiale', entwickelte Pümpin[155] das **'Konzept der strategischen Erfolgspositionen'.** Die wesentlichen Weiterentwicklungen gegenüber dem Konzept der Erfolgspotentiale ist die Loslösung von Produkt-/Marktkombinationen bei der Strategieentwicklung hin zu einem fähigkeitsbasierten Strategieansatz.

---

151 Vgl. Gälweiler (Divisionalisierung), S.60.

152 Vgl. Gälweiler (Unternehmensführung), S.26ff.

153 Quelle: Gälweiler (Unternehmensführung), S.34.

154 Zur Kritik und Würdigung des 'Konzepts der Erfolgspotentiale' nach Gälweiler vgl. Eschenbach, Kunesch (Strategische Konzepte), S.86ff. und Wolfrum (Erfolgspotentiale), S.73.

155 Vgl. Pümpin (Strategische Erfolgspositionen).

Nach Pümpin[156] kann eine zukunftsgerichtete, erfolgreiche Unternehmensentwicklung in einer dynamischen Umwelt praktisch nur dann realisiert werden, wenn dem Unternehmen attraktive[157] Nutzenpotentiale zur Verfügung stehen und diese von ihm erschlossen werden. Daher formuliert er als zentrale Forderung, dass eine erfolgreiche Strategie auf attraktive Nutzenpotentiale ausgerichtet sein muss. Neben dem Marktpotential, dass in jedem Unternehmen bedeutend ist, gibt es weitere Nutzenpotentiale, die in Kombination mit dem Marktpotential für den Unternehmenserfolg relevant sind. Daher fordert Pümpin in einem zweiten Leitsatz, dass im Rahmen einer Strategieentwicklung alle möglichen Nutzenpotentiale geprüft werden müssen.

Pümpin[158] weist darauf hin, dass die Identifikation eines attraktiven Nutzenpotentials alleine nur in den seltensten Fällen zum Erfolg führt. In dem Unternehmen müssen auch die für eine erfolgreiche Erschliessung des Nutzenpotentials erforderlichen Fähigkeiten aufgebaut werden, die es dem Unternehmen längerfristig erlauben, überdurchschnittliche Ergebnisse zu erzielen. Diese Fähigkeiten definiert Pümpin[159] als **strategische Erfolgspositionen**. Diese Fähigkeiten stellen also Voraussetzungen dar, die Unternehmen in die Lage versetzen, strategisch relevante Positionen im Wettbewerb zu besetzen.[160]

---

[156] Vgl. Pümpin (Strategische Erfolgspositionen), S.23.

[157] Die Attraktivität eines Nutzenpotentials für ein Unternehmen ist zum einen von der Lebenszyklusphase, in der sich das Nutzenpotential befindet, und zum anderen von der Lebenszyklusphase, in der sich das Unternehmen befindet, abhängig. Vgl. Glesti (Wertmanagement). Weiterhin ist die Grösse des Nutzenpotentials in Relation zum Aufwand für den Aufbau der erforderlichen strategischen Erfolgspositionen relevant.

[158] Vgl. Pümpin (Strategische Erfolgspositionen), S.28.

[159] Vgl. Pümpin (Strategische Erfolgspositionen), S.20ff.

[160] Strategische Erfolgspositionen können physisch als auch immateriell von Unternehmen besetzt werden. Als Beispiele für Fähigkeiten von Unternehmen, strategische Positionen zu besetzen, nennt Pümpin die Fähigkeit der 'Metro', die besten Standorte zu eruieren und diese sodann rasch zu erschliessen. Vorausgegangen ist die Identifikation des Nutzenpotentials 'Bedeutung der Standorte' im Cash&Carry-Geschäft durch die Geschäftsleitung. Als ein zweites Beispiel für eine strategische Erfolgsposition im immateriellen Bereich nennt Pümpin das Beispiel der Firma Hilti in Schaan. Hier wurde die hohe Bedeutung eines Direktvertriebs im Gegensatz zum Vertrieb über den Fachhandel im Bereich Befestigungstechnik erkannt. Der Aufbau eines Direktvertriebs erlaubte es wiederum, dem Kunden Systemlösungen zu offerieren. Letztendlich beruht der Erfolg von Hilti weitestgehend darauf, dass eine starke strategische Erfolgsposition im Bereich Direktvertrieb und Kundenservice aufgebaut werden konnte. Vgl. Pümpin (Strategische Erfolgspositionen), S.28f.

Mit dem **Dynamik-Prinzip** entwickelte Pümpin[161] eine vertiefende Erweiterung des Konzepts der strategischen Erfolgspositionen. Dynamisierung liegt dann vor, wenn es einem Unternehmen gelingt, den Nutzen für die Anspruchsgruppen in kurzer Zeit um ein Vielfaches zu steigern.[162] Hierzu sollen attraktive Nutzenpotentiale von einer unternehmerischen Führungspersönlichkeit konsequent multiplikativ erschlossen und ausgeschöpft werden. Das Konzept beruht somit auf den drei Eckpfeilern: der Konzentration auf attraktive Nutzenpotentiale, der multiplikativen Erschliessung dieser Nutzenpotentiale und der Induzierung der Multiplikation durch eine unternehmerische Persönlichkeit, einem Promotor.[163]

Von **Multiplikation** spricht Pümpin[164] dann, wenn „eine bestimmte, auf die **Erschliessung eines attraktiven Nutzenpotentials ausgerichtete Aktivität** wiederholt und systematisch ausgeführt wird." Die Multiplikation bewirkt eine Konzentration der Kräfte, Erfahrungskurveneffekte, Zeitgewinn und wirkt konzeptualisierend. Sie führt so zu einer nachhaltigen Dynamik der Unternehmensentwicklung.[165]

Pümpin unterscheidet im wesentlichen zwei Formen der Multiplikation, die **Prozessmultiplikation** und die **Systemmultiplikation**. Während in der Prozessmultiplikation beispielsweise Produktionsprozesse, Verkaufsprozesse, F&E-Prozesse oder Restrukturierungsprozesse multipliziert werden, werden in der Systemmultiplikation ganze Systeme, wie z.B. Produktionsstätten, Absatzorganisationen und Verteilzentren multipliziert.[166] Die Multiplikation nach Pümpin bezieht sich auf das Erschliessen und das Ausbeuten jeweils **innerhalb** eines bestehenden, identifizierten attraktiven Nutzenpotentials. Die Multiplikation von Kompetenzen zur Erschliessung neuer Nutzenpotentiale auf der Basis bestehender Kompetenzen kann als eine Erweiterung des Dynamik-Prinzips angesehen werden.

Als wesentliche Kritikpunkte an dem Konzept der strategischen Erfolgspositionen nennt Bleicher[167], die Ausrichtung der strategischen Erfolgspositionen auf bestehende

---

161 Vgl. Pümpin (Unternehmungs-Dynamik).

162 Vgl. Pümpin (Unternehmungs-Dynamik), S.11.

163 Vgl. Pümpin (Dynamik-Prinzip), S.36ff.

164 Pümpin (Dynamik-Prinzip), S.102.

165 Für eine umfassende Beschreibung der Wirkungen der Multiplikation vgl. Pümpin (Dynamik-Prinzip), S.107ff.

166 Vgl. Pümpin (Dynamik-Prinzip), S.115ff.

167 Vgl. Bleicher (Integriertes Management), S.344.

Märkte und Nutzenpotentiale. Die Möglichkeit, dass Unternehmen neue Nutzenpotentiale generieren und somit völlig neue Märkte schaffen können, bleibt damit explizit unberücksichtigt. Damit werden die Möglichkeiten eines pro-aktiven
Managementverhaltens in Pümpins Konzept vernachlässigt.[168]

2.4.4 Kernkompetenzansatz

2.4.4.1 Konzentration auf Kernkompetenzen

Nach dem Kernkompetenzansatz von Prahalad, Hamel[169] ist der Besitz von Kernkompetenzen die Voraussetzung für das Erlangen von Wettbewerbsvorteilen eines Unternehmens. Die Kernkompetenzen sind in hohem Masse an der Wertschöpfung des
Unternehmens beteiligt. Damit Wettbewerbsvorteile durch Konzentration auf Kernkompetenzen entstehen können, müssen gemäss Prahalad, Hamel[170] folgende drei
Bedingungen erfüllt sein:

1. Kernkompetenzen müssen dem Unternehmen **Zugang zu verschiedenen Märkten
   eröffnen und in viele Endprodukte einfliessen.** Kernkompetenzen sollten in
   mehrere Märkte gewinnbringend multipliziert werden können. Beispielsweise hat
   Sonys Kernkompetenz in der Miniaturisierung dem Unternehmen die Herstellung
   einer Vielzahl von Mini-Produkten wie z.B. Walkman, tragbarer CD-Spieler oder
   Mini-TV-Gerät ermöglicht.

2. Kernkompetenzen müssen den Kunden einen von ihnen **wahrgenommenen und
   überdurchschnittlichen Nutzen stiften.** Hamel[171] führt dazu aus, dass z.B.
   Hondas Kernkompetenz im Motorenbau den Kunden einen hohen und wahrnehm-
   baren Nutzen stiftet, indem sie gegenüber Konkurrenzmotoren einen geringeren
   Benzinverbrauch aufweisen oder niedrigere Unterhaltskosten bedingen.

3. Kernkompetenzen dürfen durch Konkurrenten **nicht imitierbar sein**, um nachhaltige Wettbewerbsvorteile zu gewährleisten. Kernkompetenzen bestehen aus
   komplexen Verknüpfungen von einzigartigen Ressourcen mit unternehmensspezifischen Fähigkeiten, die ausserhalb des Unternehmens kaum transparent werden.

---

[168] Vgl. Eschenbach, Kunesch (Strategische Konzepte), S.283.

[169] Vgl. Prahalad, Hamel (Kernkompetenzen).

[170] Vgl. Prahalad, Hamel (Kernkompetenzen), S.70f.

[171] Vgl. Hamel (Core Competence), S.13.

Ein Unternehmen muss die bestehenden Kernkompetenzen pflegen und weiterentwickeln. Zusätzlich kann sie neue Kernkompetenzen aufbauen und obsolet gewordene
Kernkompetenzen 'entlernen'. Erst durch ein konsequentes Kernkompetenzmanagement kann ein bleibender Vorsprung gegenüber der Konkurrenz geschaffen werden.
Prahalad, Hamel[172] vertreten die Ansicht, dass erfolgreiche Unternehmen fähig sein
müssen, schneller und kosteneffizienter als die Konkurrenten jene Kernkompetenzen
aufzubauen, die langfristig den Erfolg des Unternehmens sicherstellen können. Die
Fähigkeit, Kernkompetenzen zu managen, - insbesondere neu benötigte Kernkompetenzen schnell, sicher und kosteneffizient aufbauen zu können - stellt selber eine Kompetenz im Sinne einer **Metakompetenz**[173] dar. Metakompetenzen, wie beispielsweise
die 'Kompetenzmanagementkompetenz' entstehen durch komplexe Lern- und Kom-
munikationsprozesse.[174]

2.4.4.2 Kernkompetenzmanagement

Das Kernkompetenzmanagement kann in die Aufgabenfelder (1) Erkennen, (2)
Multiplizieren, (3) Aufbauen, (4) Schützen und (5) Entlernen von Kernkompetenzen
gegliedert werden:[175]

(1) Erkennen von Kernkompetenzen

Damit ein wirkungsvolles Kernkompetenzmanagement möglich ist, müssen als erstes
die bestehenden Kernkompetenzen identifiziert werden können. Bestehende Kernkompetenzen haben massgeblichen Einfluss auf die aktuellen und zukünftigen Leistungen
eines Unternehmens. Kernkompetenzen sind jedoch nicht leicht zu identifizieren. Sie
basieren häufig auf implizitem Wissen und sind tief in der Organisation und Kultur
eines Unternehmens verankert. Quantitative Messinstrumente sind zur Identifikation
von Kernkompetenzen daher nicht geeignet. Boos, Jarmai[176] haben fünf Wege zur
Identifikation von Kernkompetenzen vorgeschlagen:

---

172 Vgl. Prahalad, Hamel (Kernkompetenzen), S.69.

173 Vgl. Rühli (Ressourcenmanagement), S.97.

174 Vgl. Scholz (Organisation), S.304f und vgl. auch Kapitel 3.6.

175 Vgl. Hamel (Core Competence), S.25ff.

176 Vgl. Boos, Jarmai (Kernkompetenzen), S.21ff.

- **Erfolgreiche Produkte**: Anhand erfolgreicher Produkte eines Unternehmens kann durch eine Analyse ihrer Entstehung, Produktion und Vermarktung auf die ihnen zugrundeliegenden Kernkompetenzen des Unternehmens geschlossen werden. Beispielsweise geben die erfolgreichen Produkte von 3M (Post-it-Kleber, Klebestreifen etc.) wertvolle Hinweise auf 3M's Kernkompetenz 'Beschichten und Verbinden von verschiedenartigen Materialien'.

- **Kunden- und Lieferantenwahrnehmung**: Die Einschätzung der Fähigkeiten des Unternehmens durch Geschäftspartner, wie z.b. Kunden und Zulieferunternehmen kann wichtige Hinweise zur Identifikation von Kernkompetenzen liefern.

- **Fähigkeiten der Schlüsselpersonen und -bereiche**: Wissen, z.B. über bestimmte Produktionsverfahren, kann bei wenigen Experten in dem Unternehmen gebündelt sein. In Gesprächen mit diesen Experten können sich wichtige Hinweise auf die Kernkompetenzen eines Unternehmens ergeben.

- **Benchmarking mit Spitzenunternehmen**: Benchmarking[177] unterstützt den Prozess des Auffindens und Auswählens von Kernkompetenzen durch einen themenspezifischen Vergleich des eigenen Unternehmens mit anderen Unternehmen. Durch das Benchmarking werden Entwicklungsrichtungen für die Weiterentwicklung und den Aufbau neuer Kernkompetenzen aufgezeigt.

- **Zukunftstrends**: Zukunftsforscher können Ideen davon vermitteln, welche Kernkompetenzen auf den Märkten der Zukunft gebraucht werden und so Entwicklungsrichtungen für neue Kompetenzen aufzeigen.

(2) Multiplikation von Kernkompetenzen

Das Management darf sich nicht auf bestehende Produkte oder Märkte beschränken. Es müssen auch neue Anwendungsbereiche für bestehende Kernkompetenzen gefunden werden. Die Multiplikation von Kompetenzen erfolgt losgelöst von bestehenden Produkt- und Marktbeziehungen und ist nicht auf bestehende Nutzenpotentiale begrenzt. Angestrebt wird die Verwendung von Kernkompetenzen überall dort, wo sie zu einem Mehrwert führen. Beispielsweise kann ein Unternehmen mit Kernkompetenzen in der Herstellung von LCD-Bildschirmen und in Mikroelektronik seine Kernkompe-

---

[177] Zur Praxis des Benchmarkings vgl. Bodmer (Produktivitätssteigerungen).

tenzen in neue attraktive Produkte, wie Videoprojektoren, multiplizieren, um so neue Märkte zu erschliessen (siehe Abb. 2-15)

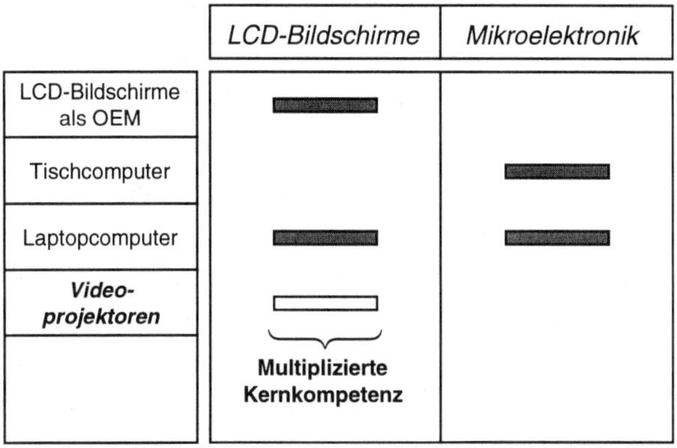

Abb. 2-15: Multiplikation von Kernkompetenzen[178]

Die kreative Suche nach neuen Anwendungsmöglichkeiten von bestehenden Kernkompetenzen und das 'Erfinden neuer Märkte' ist ein zentraler Bestandteil des Kernkompetenzmanagements. Hamel[179] z.B. beschreibt eine Massnahme von Sharp zur Multiplikation von Kernkompetenzen. Entdeckt ein Sharp-Manager eine neue Marktchance, so kann er sogenannte Urgent Project Teams bilden. Dazu kann er sehr kompetente Mitarbeiter aus dem gesamten Unternehmen auswählen und in das Urgent Project Team eingliedern. Dies fördert die Diffusion des Wissens durch das ganze Unternehmen und erleichtert Sharp die Multiplikation von Kernkompetenzen.

(3) Aufbau neuer Kernkompetenzen

Neben der Möglichkeit der Multiplikation von Kernkompetenzen in neue Bereiche ist auch der Aufbau von neuen Kernkompetenzen ein zentrales Anliegen des Kernkompetenzmanagements. Dazu versucht das Unternehmen, sich neue Fähigkeiten und Ressourcen anzueignen. Dies erfordert einen kontinuierlichen Lern- und Kommunikationsprozess zwischen den Mitarbeitern über die Geschäftsbereichsgrenzen hinweg. Das Ziel ist es, sich die wettbewerbsrelevanten Fähigkeiten und Ressourcen schneller als

---

[178] Vgl. Hamel (Core Competence), S.30f.

[179] Vgl. Hamel (Core Competence), S.31.

potentielle Konkurrenten anzuzeigen.[180] Es gibt grundsätzlich zwei Wege, wie ein Unternehmen sich Kernkompetenzen aneignen kann: Kernkompetenzerwerb durch organisationales Lernen[181] und Kernkompetenzerwerb durch Kooperation[182].

- **Kernkompetenzerwerb durch organisationales Lernen**: Kernkompetenzen können durch organisationales Lernen in dem eigenen Unternehmen direkt entwickelt werden. Die Grundlage dazu bildet ein gemeinsames Problemverständnis und eine gemeinsame Sprache der Beteiligten. Sind diese Voraussetzungen gegeben, so können durch unternehmensinterne Lernprozesse neue Fähigkeiten entstehen. Es ist jedoch festzuhalten, dass ein Unternehmen als ein abstraktes gedankliches Konstrukt nicht lernen kann. Es sind immer die Mitarbeiter, die lernen und individuelles Wissen generieren können. Das individuelle Wissen wird durch unternehmensübergreifende Know How-Transferprozesse zu kollektivem Wissen und somit zu neuem Wissen und zu neuen Fähigkeiten der Organisation.[183]

- **Kernkompetenzerwerb durch Kooperation**: Kernkompetenzen können extern durch Kooperationen mit anderen Unternehmen erworben werden.[184] Diese Methode des Kompetenzerwerbs ist oft kostengünstiger als der Aufbau durch interne Lernprozesse. Kompetenzerwerb durch Kooperation ist möglich durch:[185] Gezielte Akquisitionen, Lizenzverträge, Joint Ventures und Interorganisationssysteme (Strategische Allianzen, Unternehmensnetzwerke, Virtuelle Organisationen etc.).

Die Unternehmen versuchen, durch Kooperationen Fähigkeiten und Ressourcen anderer Unternehmen für sich zu nutzen. Besonders interessant ist der Kernkompetenzerwerb durch Kooperation, wenn der selbständige, interne Aufbau von Kernkompetenzen aus folgenden Gründen nicht möglich ist:

- Die Kosten des selbständigen internen Aufbaus sind zu hoch,

- die zum Aufbau der benötigten Kernkompetenzen benötigte Zeit ist nicht vorhanden.[186]

---

180   Vgl. Hamel (Core Competence), S.28.

181   Vgl. Kapitel 3.6.1.

182   Vgl. Kapitel 6.1.3.

183   Vgl. Rasche (Kernkompetenzen), S.173ff.

184   Vgl. Prahalad, Hamel (Kernkompetenzen), S.67.

185   Vgl. Hamel (Core Competence), S.28ff.

186   Vgl. Hamel (Competition), S.99.

Neben dem blossen Zugriff auf Kernkompetenzen der Partner im Rahmen einer Kooperation besteht zudem noch die Möglichkeit, die Kernkompetenzen der Partner direkt zu internalisieren, d.h. von ihnen zu lernen und sich die Kernkompetenzen selber anzueignen. Dieses Lernen von Kooperationspartnern und die Internalisierung derer Kernkompetenzen stellt eine wichtige Strategie des Erwerbens von Kernkompetenzen dar, v.a. in Märkten, in denen ein starker Zeitwettbewerb herrscht.[187]

(4)   Schützen von Kernkompetenzen

Bestehende Kernkompetenzen müssen vor Erosion geschützt werden. Erosion von Kernkompetenzen bezeichnet den Effekt, wenn Kernkompetenzen des eigenen Unternehmens durch Wettbewerber imitiert werden und somit die Wettbewerbsvorteile schwinden. Der Schutz vor Imitation von Kernkompetenzen durch Konkurrenten stellt eine wichtige Aufgabe des Kernkompetenzmanagements dar. Kernkompetenzen können gemäss Ghemawat[188] vor Imitation geschützt werden durch:

- **Komplexität der Kernkompetenz:** Kernkompetenzen können aus sehr komplexen Fähigkeiten/Ressourcen-Kombinationen bestehen. Je komplexer die Kernkompetenz ist, desto schwieriger kann diese von Wettbewerbern erfasst und verstanden werden.

- **Geheimhaltung und Verborgenheit:** Kernkompetenzen, die auf implizitem Wissen beruhen und in der Kultur und Organisation des Unternehmens begründet liegen, können von Wettbewerbern kaum erkannt und imitiert werden. Das Risiko, dass Kernkompetenzen für andere Unternehmen explizit werden, nimmt jedoch zu, wenn tiefere Einblicke in das Unternehmen gewährt werden, z.B. im Rahmen von Kooperationen.

- **Grösse des Unternehmens:** Die Grösse eines Unternehmens kann v.a. bei kleineren Konkurrenten zu der berechtigten oder unberechtigten Einschätzung führen, dass sie die erforderlichen finanziellen Mittel zur Imitation nicht aufbringen können.

- **Switching Costs:** Switching Costs entstehen da, wo der Kunde nur unter hohen Kosten zur Konkurrenz wechseln kann. Diese Konstellation hält Unternehmen

---

[187] Vgl. Kapitel 5.

[188] Vgl. Ghemawat (Advantage), zit. in Rühli (Ressourcenmanagement), S.99.

davon ab, Kernkompetenzen zu imitieren, da die potentiellen Kunden zu fest an die bestehenden Anbieter gebunden sind.

- **Der Erste sein**: Ein Unternehmen, das als erstes im Markt erfolgreich ist, kann auf einen grossen Kundenstamm und -loyalität zurückgreifen. Es hat wichtige Distributionskanäle und Schlüsselmärkte besetzt. Diese bestehenden Barrieren für weitere Konkurrenten führen zu einem weitgehenden Schutz vor Imitation der Kernkompetenzen.

Neben der Imitation von Kernkompetenzen durch Konkurrenten identifizierte Hamel[189] weitere Gefahren für Kernkompetenzen:

- **Fehlende Kenntnis über bestehende Kernkompetenzen**: Die eigenen Kernkompetenzen sind dem Unternehmen gar nicht bekannt und können somit auch nicht geschützt werden. Das richtige Erkennen und Identifizieren von Kernkompetenzen ist die Grundlage für deren Schutz.

- **Fehlende finanzielle Mittel zur Festigung der Kernkompetenzen**: Es werden nicht genügend finanzielle Mittel zur Festigung der Kernkompetenzen zur Verfügung gestellt. Die Ursache liegt häufig darin, dass Unternehmen ihre Kernkompetenzen nicht kennen oder deren Relevanz für das Geschäft verkannt wird.

- **Zersplitterung der Kernkompetenzen**: Die Kernkompetenzen können durch zu starke Dezentralisation und Divisionalisierung des Unternehmens zersplittert werden. Kernkompetenzen dürfen nicht einer Division oder einem Bereich angeschlossen sein und nur diesem Bereich dienen. Kernkompetenzen sind etwas Grundlegendes und stellen eine Basis für das ganze Unternehmen dar, nicht nur für einen Unternehmensbereich.

- **Verlust der Kernkompetenzen durch Kooperation**: Kernkompetenzen können durch Kooperation mit Partnern (z.B. strategische Allianz oder Unternehmensnetzwerke) verlorengehen. Die Herausforderung besteht darin, Kernkompetenzen in eine Partnerschaft einzubringen, sie den Partnern aber nicht preiszugeben.[190]

- **Verlust der Kernkompetenzen durch Restrukturierungsmassnahmen**: Es besteht die Gefahr, dass im Zuge von Restrukturierungsmassnahmen Kernkompetenzen bewusst oder unbewusst für das Unternehmen verloren gehen, z.B. wenn ein

---

[189] Vgl. Hamel (Core Competence), S.32.

[190] Vgl. Kapitel 6.2.2.

unrentabler Unternehmensbereich abgestossen wird oder durch unüberlegtes Outsourcing.

Es zeigt sich, dass auch dem Schützen von Kernkompetenzen eine hohe Bedeutung beigemessen werden muss, damit ein Unternehmen seine Wettbewerbsposition verteidigen kann. Werden sie nicht geschützt, ist die Gefahr gross, dass die Konkurrenten in kurzer Zeit die Kernkompetenz nachahmen können.

(5)   Entlernen von Kernkompetenzen

Das Entlernen von Kernkompetenzen ist das bewusste Aufgeben bestehender Kompetenzen. Es ist notwendig, um Freiräume für Innovationen zu schaffen. Die freien Ressourcen ermöglichen dem Unternehmen einen effizienten Aufbau neuer Kompetenzen, ohne durch den 'Ballast' obsolet gewordener Routinen und Fähigkeiten eingeengt bzw. behindert zu werden. „[...] learning often cannot begin until unlearning has taken place."[191] Beispielsweise kann das Festhalten an Wissen und Handlungsroutinen in Organisationen, die den aktuellen Anforderungen nicht mehr entsprechen, zu einem Nachteil im Wettbewerb führen. Entscheidend ist dabei der Zeitpunkt, an dem die Entscheidung getroffen wird, eine bestehende Kernkompetenz zu Gunsten neuer, innovativer Fähigkeiten aufzugeben und zu entlernen. Beispiele für das bewusste, häufiger aber unbewusste, Entlernen von Kompetenzen finden sich im Bereich traditioneller Handwerkstechniken.

Die wesentlichen Aktivitäten des Kompetenzmanagements sind kurz vorgestellt worden. Die Hauptkritik am Kernkompetenzmanagement bezieht sich auf die noch fehlenden Instrumente zur Anwendung und Umsetzung des Ansatzes in der Praxis.[192]

Die Generierung nachhaltiger Wettbewerbsvorteile ist eine Aufgabe des strategischen Managements. Mit den Konzepten der 'Strategischen Erfolgspositionen' und der 'Konzentration auf Kernkompetenzen' wurden zwei aktuelle Konzepte des strategischen Managements vorgestellt und diskutiert. Als Fazit kann festgehalten werden, dass Unternehmen in einer turbulenten Umwelt durch die **Konzentration auf wenige strategische Erfolgspotentiale bzw. auf ihre Kernkompetenzen** nachhaltige Wettbewerbsvorteile erzielen können. Gleichzeitig kann durch die Konzentration auf die Kernkompetenzen die vom Management zu beherrschende Komplexität in einem

---

[191]   Hamel (Competition), S.97 nach Nystrom, Starbuck (Unlearn).

[192]   Vgl. Eschenbach, Kunesch (Strategische Konzepte), S.132.

Unternehmen reduziert werden. Zusätzlich zur unternehmensinternen Konzentration auf Kernkompetenzen tritt **die Ausrichtung der Unternehmensaktivitäten auf attraktive Nutzenpotentiale**. Diese Nutzenpotentiale stellen die Quelle der zukünftigen Wertschöpfung für ein Unternehmen dar. Bestehende Nutzenpotentiale können von Unternehmen durch den Einsatz von Ressourcen für sich erschlossen werden. Neue Bedürfnisse können aber auch durch ein **pro-aktives Management** geweckt werden. Die sich den Unternehmen dadurch bietenden neuen Nutzenpotentiale können anschliessend ausgebeutet werden.

2.5 Fazit

Die zunehmende Dynamik der Umweltveränderungen und die hohe Komplexität stellen eine bedeutende Herausforderung für das Management produzierender Unternehmen dar. Als bedeutendste Anforderung an das Management ergibt sich aus der Umweltsituation die Schaffung organisatorischer Flexibilität. Diese kann zur Sicherung und Erzielung von Wettbewerbsvorteilen dienen. Viele bestehende Konzepte und Methoden sind für die veränderten Umweltbedingungen nicht mehr geeignet. Es besteht ein Bedarf an praxisnahen, umsetzbaren innovativen Organisations- und Strategiekonzepten, die den aktuellen Anforderungen gerecht werden.

Als wesentliche Bausteine für ein solches innovatives Konzept sind Wertsteigerungskonzepte und Ansätze des strategischen Managements identifiziert worden. Aus der Diskussion dieser Grundlagen konnten folgende **Anforderungen** an ein Konzept formuliert werden: Die nachhaltige Steigerung des Unternehmenswertes erfordert eine Orientierung an **langfristigen Zielen** und die **Berücksichtigung aller strategisch relevanten Anspruchsgruppen** eines Unternehmens. Weiterhin bedingt sie die Ausrichtung der unternehmerischen Aktivitäten an **attraktiven Nutzenpotentialen** als zukünftige Quellen der Wertschöpfung. Gleichzeitig ist es aufgrund der turbulenten Umwelt für ein Unternehmen erforderlich, sich auf wenige **Kernkompetenzen** zu konzentrieren und durch **pro-aktives Verhalten Potentiale aufzubauen** und zu nutzen. Durch die Konzentration auf wenige Kernkompetenzen kann die zu beherrschende Komplexität in einem Unternehmen reduziert werden.

In der folgenden Abbildung sind die aus der Umweltsituation und den Grundlagen abgeleiteten Anforderungen zusammengefasst (siehe Abb. 2-16).

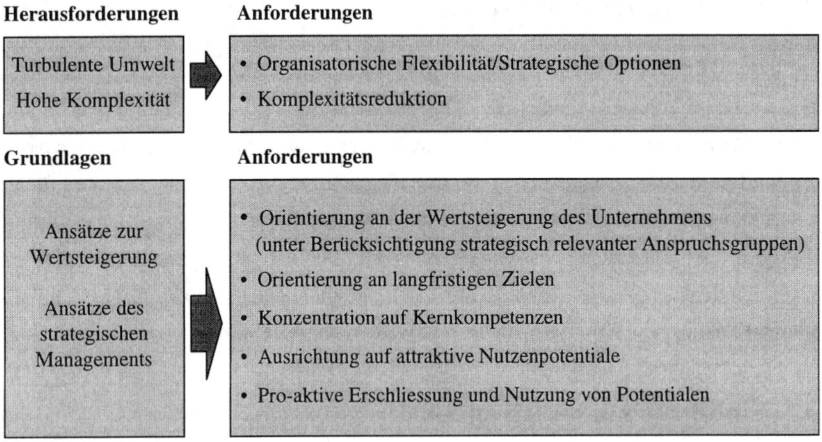

Herausforderungen	Anforderungen
Turbulente Umwelt **Hohe Komplexität** ➡	• Organisatorische Flexibilität/Strategische Optionen • Komplexitätsreduktion

Grundlagen	Anforderungen
Ansätze zur Wertsteigerung Ansätze des strategischen Managements ➡	• Orientierung an der Wertsteigerung des Unternehmens (unter Berücksichtigung strategisch relevanter Anspruchsgruppen) • Orientierung an langfristigen Zielen • Konzentration auf Kernkompetenzen • Ausrichtung auf attraktive Nutzenpotentiale • Pro-aktive Erschliessung und Nutzung von Potentialen

Abb. 2-16: Anforderungen als Fazit aus der Diskussion der Grundlagen[193]

Die geforderte organisatorische Flexibilität kann sich für Unternehmen durch die pro-aktive Gestaltung unternehmensübergreifender Kooperationsformen ergeben. Besonders geeignet sind Unternehmensnetzwerke, da sie als ideale Organisationsform in dynamischen Umfeldern betrachtet werden.[194] Durch die Möglichkeiten von Unternehmen, die Kernkompetenzen anderer Unternehmen innerhalb eines Netzwerks zu nutzen, können sich neue strategische Optionen ergeben, die für ein einzelnes Unternehmen bisher nicht relevant gewesen sind.

---

[193] Quelle: Eigene Darstellung.

[194] Zur Definition des Begriffs Unternehmensnetzwerk und ihren Eigenschaften vgl. Kapitel 3.

3 Unternehmensnetzwerke

In diesem Kapitel werden die Motive und Ziele von Unternehmen, Unternehmensnetzwerke aufzubauen, dargestellt. Anschliessend soll ein einheitliches Verständnis über Unternehmensnetzwerke für die weiteren Betrachtungen im Rahmen dieser Arbeit geschaffen werden. Dazu werden die begrifflichen Grundlagen, die Ursachen für die Entstehung von Unternehmensnetzwerken, ihre Evolution und ihre Organisiertheit diskutiert. Abschliessend werden die relevanten Potentiale im Zusammenhang mit Unternehmensnetzwerken identifiziert und Möglichkeiten zur Konfiguration und Internalisierung von Kompetenzen in Netzwerken dargestellt.

3.1 Einführung in die Thematik

3.1.1 Motive und Ziele

Wie bereits zu Beginn dieser Arbeit dargestellt, werden Unternehmen mit verschiedenen Entwicklungen ihrer Umwelt konfrontiert. Die Entwicklungen in der Umwelt beeinflussen die bestehenden Stellungen der Unternehmen im Wettbewerb. Es ist die Aufgabe des Managements, durch die Formulierung von Zielen und möglichst proaktiven Handlungen die neuen Herausforderungen zu bewältigen. Die folgende Tabelle gibt einen exemplarischen Überblick über Herausforderungen (im Sinne von Entwicklungen in der Unternehmensumwelt), mit denen sich Unternehmen konfrontiert sehen können. Den Herausforderungen sind mögliche Zielsetzungen von Unternehmen zugeordnet (siehe Tab. 3-1).

Nr.	Herausforderung	Zielsetzung
1	• Kürzere Lebenszyklen, Zeitwettbewerb	• Kurze Entwicklungszeiten, schnelle Vermarktung und Kapazitätsaufbau
2	• Rasche Veränderung von Produkt- und Produktionstechnologien, Technologiewettbewerb	• Zugang zu Produkt- und Produktionstechnologien, Sicherheit bei der Konzentration auf Kernkompetenzen
3	• Veränderte Kostenstrukturen, Notwendigkeit hoher Investitionen	• Kostenteilung, Skalenvorteile, Kostendegressionspotential, Risikoteilung
4	• Globalisierung der Märkte, Protektionismus	• Eintritt in neue Märkte, Überwindung protektionistischer Massnahmen
5	• Markt- und Technologiekonvergenz	• Systemkompetenz
6	• Mangelnde Ressourcen (Mitarbeiter, Know How, Finanzen)	• Ressourcenzugang, Ressourcenteilung

Tab. 3-1: Herausforderungen und Ziele von Unternehmen (Beispiele)[1]

Eine bedeutende Herausforderung und Ursache für die steigende Zahl von Kooperationen und Unternehmensnetzwerken ist die **Globalisierung des Wettbewerbs, von Märkten und unternehmerischen Aktivitäten.** Durch die Globalisierung werden Unternehmen gezwungen, neue Fähigkeiten immer schneller aufzubauen. „The intensification and sectoral spread of **global competition** is one central driving force, calling for accelerated, quicker permutations of ever more complex skill sets."[2]

Viele Unternehmen können die Herausforderungen, die sich ihnen stellen, aufgrund der hohen Komplexität und Dynamik der Entwicklung nicht mehr allein bewältigen. Diese Entwicklung spiegelt sich in der steigenden Zahl von Kooperationen und der zunehmenden Entstehung von Unternehmensnetzwerken wider.[3] Nach Wildemann[4] haben in den letzten drei Jahren ca. 30% der Unternehmen Kooperationserfahrungen gesammelt. Von den verbleibenden zwei Drittel haben ca. 40% vor, in näherer Zukunft Kooperationen einzugehen.

Die Ausgangslage, aus der heraus Unternehmen diese Herausforderungen bewältigen müssen, kann dabei sehr unterschiedlich sein. Z.B. grosse, bereits global tätige Unter-

---

1   Quelle: Michel (Kooperation), S.21 in Anlehnung an Ohmae (Alliances).

2   Doz, Hamel (Alliances), S.2.

3   Vgl. Müller-Stewens, Hillig (Motive), Hagedorn (Alliances), Müller (Kooperation).

4   Vgl. Wildemann (Entwicklungsstrategien), in: Wildemann (Unternehmensnetzwerke), S.418.

nehmen versuchen, ihre Marktstellung in traditionellen Märkten zu festigen. Kleine und mittelgrosse Unternehmen verfolgen das Ziel, ihre innovativen Ideen weltweit zu vermarkten. Eine dritte Gruppe von Unternehmen ist in 'sterbenden Industrien' tätig und versucht, aus ihren schrumpfenden Märkten in neue attraktivere Märkte vorzustossen, in denen sie aber vergleichsweise kleine und unerfahrene Marktteilnehmer darstellen.[5]

Neben der Globalisierung ist auch die Verschmelzung von Technologien (Technologiefusion)[6] unterschiedlicher Branchen eine weitere Herausforderung für Unternehmen und zugleich Ursache für die steigende Anzahl von Kooperationen. Häufig ergeben sich neue Marktchancen aus Hybrid-Technologien, in denen verschiedene technische Disziplinen einfliessen, wie z.b. Bionik (Biologie und Elektronik) und Mechatronik (Mechanik und Elektronik).[7] Durch die Kombination von Produktinnovationen mit Prozessfähigkeiten und die Integration verschiedener Technologien in komplexe Systeme (Systemanbieter), können diese Marktchancen erschlossen werden.

Nur wenige Unternehmen verfügen über alle Kompetenzen, die für den globalen Wettbewerb und die Verfolgung ihrer Ziele erforderlich sind. Die meisten Unternehmen müssen jedoch ihre Kompetenzen im Hinblick auf die Erschliessung der sich ihnen bietenden Nutzenpotentiale ergänzen. „In order to win the race to extend industry horizons and extract the benefits, most companies increasingly find they are in need of an array of complementary assets."[8]

3.1.2 Unternehmen im Spannungsfeld zwischen Alleingang, Markt, Akquisition und Kooperation

Unternehmen richten ihre Aktivitäten auf die Erschliessung und Ausbeutung attraktiver Nutzenpotentiale aus. Die bedeutendsten Nutzenpotentiale für Unternehmen stellen die Marktpotentiale dar. Beispiele für innovative Märkte mit einem hohen Marktpotential sind z.B. die Märkte für Home-Automation, Zivilflugzeuge, Notebooks, Displays, digitales interaktives Fernsehen, Spracherkennung, Fotovoltaik etc.

---

5   Vgl. Doz, Hamel (Alliances), S.2.

6   Vgl. Kodama (Technologiefusion).

7   Vgl. Doz, Hamel (Alliances), S.2f.

8   Doz, Hamel (Alliances), S.3.

Zum Erschliessen solcher Marktpotentiale müssen Unternehmen Kompetenzen (strategische Erfolgspotentiale) aufbauen und strategische Erfolgspositionen besetzen.[9] Bei der Frage „Wie sollen die erforderlichen Kompetenzen aufgebaut werden?", bewegen sich die Unternehmen in einem Spannungsfeld aus vier Alternativen (siehe Abb. 3-1). Diese werden in der Folge vorgestellt.

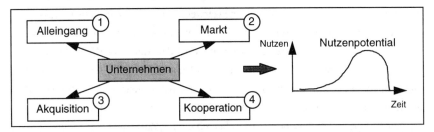

Abb. 3-1: Unternehmen im Spannungsfeld zwischen Markt, Alleingang, Akquisition und Kooperation bei der Erschliessung attraktiver Nutzenpotentiale[10]

(1) Alleingang

Grundsätzlich kann ein Unternehmen ein Marktpotential im Alleingang erschliessen. Alle benötigten Kompetenzen werden im Unternehmen bereitgehalten bzw. aufgebaut. Die Geschwindigkeit, mit der Kompetenzen aufgebaut werden können, hängt von der Art der erforderlichen Kompetenz ab. „The pace at which a company can move towards convergence thus depends on the type of new capabilities it requires."[11] Hinsichtlich der beschriebenen Entwicklungen und Dynamik der Umweltveränderungen stellen diese Unternehmen Ausnahmen dar. Der Aufbau erforderlicher Kompetenzen im Alleingang kann an zeitlichen und finanziellen Restriktionen sowie an den Eigenschaften der Kompetenzen wegen des z.T. hohen Anteils an 'Tacit Knowledge'[12] scheitern. So schreiben Doz, Hamel[13]: „Developing a complex partly tacit competence is a problem of example as much as of cash: in the absence of a mentor with whom to

---

9   Vgl. Kapitel 2.4.1.

10   Quelle: Eigene Darstellung.

11   Doz, Hamel (Alliances), S.5.

12   Zum Begriff 'Tacit Knowledge' vgl. Polanyi (Tacit).

13   Doz, Hamel (Alliances), S.5.

co-practice the competence as in an apprenticeship, it may be impossible to develop the competence autonomously."

(2)   Markt

Die zweite Möglichkeit für ein Unternehmen, neue Kompetenzen zu erwerben, stellt der Markt dar. Dieser Weg des Kompetenzerwerbs ist jedoch mit einigen praktischen Schwierigkeiten versehen. Im Vergleich zu dem Markt für z.b. Technologien, der durch Patente und Lizenzen relativ effizient ist, ist der Markt für Kompetenzen deutlich weniger effizient. Kompetenzen sind 'tacit' und somit kaum fassbar, abgrenzbar und transferierbar.[14] Weiterhin ist der Wert von Kompetenzen abhängig von ihrer unternehmens- und kontext-spezifischen Einbettung. Nach Doz, Hamel[15] ist der Transfer von Kompetenzen über den Markt ohne eine enge Zusammenarbeit zwischen den Marktpartnern nicht möglich. „Access and internalize technologies and know hows that are embedded, largely tacit, uncodified, and thus difficult to access via contractual approaches that do not involve a close collaboration between the partners."

(3)   Akquisition

Der Erwerb von 'Kompetenzen' kann indirekt über die **Akquisition von Unternehmen** führen, die z.B. über benötigte technologische Kompetenzen verfügen. Die Akquisition von Unternehmen stellt eine Alternative zum Aufbau von Kompetenzen in dem Unternehmen dar. Wesentliche Voraussetzung für eine Akquisition ist die Identifikation eines geeigneten Unternehmens als Akquisitionskandidat. Dieses sollte über die gesuchten Kompetenzen bzw. Technologien verfügen. Unternehmensakquisitionen sind mit hohem Ressourceneinsatz, insbesondere von Kapital und Managementkapazität, verbunden. Zusätzlich bergen sie ein hohes Risiko bezüglich der tatsächlichen Realisierung der erwarteten positiven Effekte. Auch ist die Bindungsintensität zwischen den Unternehmen im Vergleich zu Kooperationsbeziehungen höher. Ein kurzfristiger Verkauf des akquirierten Unternehmens ist i.d.R. nicht ohne erhebliche finanzielle Verluste möglich.

---

[14]   Vgl. Doz, Hamel (Alliances), S.5.

[15]   Doz, Hamel (Alliances), S.6.

(4) Kooperationen

Als vierte Alternative können Unternehmen kooperieren, um so den Zugang zu Ressourcen und Kompetenzen zu ermöglichen, bzw. um gemeinsam neue Kompetenzen aufzubauen. „Alliances may allow one company to intercept the skills of another and give the opportunity to close skill gaps much faster than internal development would allow."[16]

Kooperationen bieten Unternehmen vielfältige Möglichkeiten, den Herausforderungen zu begegnen. Um diese Möglichkeiten nutzen zu können, müssen kooperationswillige Unternehmen Voraussetzungen erfüllen, die sie erst in die Lage versetzen, erfolgreich kooperieren zu können. Gleichzeitig sind Kooperationen auch mit zahlreichen Risiken[17], wie z.B. dem Verlust von Kompetenzen, verbunden. Auf beide Aspekte wird in dieser Arbeit später detaillierter eingegangen.

Als Zwischenfazit lässt sich feststellen, dass Unternehmen verschiedene Möglichkeiten haben, attraktive Nutzenpotentiale zu erschliessen und bestehende Kompetenzlücken zu schliessen. Jede der diskutierten Alternativen ist in bezug auf das Schliessen von Kompetenzlücken mit Barrieren verbunden (siehe Abb. 3-2). Neben den genannten Schwierigkeiten bezüglich des Erwerbs und der Transferierbarkeit von Kompetenzen über den Markt, sind Unternehmen häufig nicht in der Lage, ein Marktpotential im Alleingang[18] oder durch Akquisitionen für sich zu erschliessen, da ihrem Vorhaben Restriktionen entgegenstehen. Solche Restriktionen sind z.B.: Finanzrestriktionen, fehlendes Wissen über die Trends, Kunden- und Marktbedürfnisse, fehlendes Know How und hohe unternehmerische Risiken.

Die Vorteilhaftigkeit jeder Alternative im aufgezeigten Spannungsfeld hängt von der konkreten Situation eines Unternehmens ab und ist daher für jeden Fall situativ zu prüfen. Die Aufgabe des Managements besteht darin, die geeignete Alternative auszuwählen und sie durch das Überwinden von Barrieren, bzw. das Schaffen von Voraussetzungen zu realisieren (siehe Abb. 3-2).

---

16 Doz, Hamel (Alliances), S.5. Vgl. auch Kanter (Weltklasse) und Badaracco (Knowledge link).

17 Vgl. Kapitel 6.2.2.

18 Vgl. auch Bellmann, Hippe (Kernthesen), S.66.

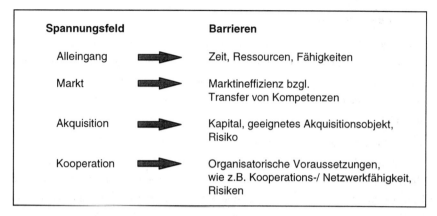

Abb. 3-2: Alleingang, Markt, Akquisition und Kooperation und deren Barrieren[19]

3.1.3 Bilaterale Kooperation versus Unternehmensnetzwerk

Im folgenden soll der Unterschied zwischen bilateralen Kooperationen und Unternehmensnetzwerken diskutiert werden. In beiden Fällen handelt es sich um eine Form der kooperativen Zusammenarbeit zwischen Unternehmen.

In **bilateralen Kooperationen**, wie z.B. einer kooperativen Kunden-Lieferanten-Beziehung oder einer strategischen Allianz aus zwei Partnern, koordiniert das Management die Aktivitäten zwischen exakt zwei Unternehmen. Eine Eigenschaft bilateraler Kooperationen ist, dass sie als diskrete Einheit, d.h. als ein für sich isoliertes Vorhaben gemanagt werden. Weitere kooperative Beziehungen zu anderen Unternehmen werden nicht aktiv berücksichtigt oder aufgebaut. Die Summe aller bilateralen Kooperationen, die ein Unternehmen eingegangen ist, bildet noch kein Unternehmensnetzwerk, da die einzelnen Kooperationen als isolierte Einheiten betrachtet werden, zwischen denen keine kooperativen Beziehungen bestehen.

Unternehmensnetzwerke dagegen sind polyzentrische Systeme, in denen Aufgaben zwischen mehr als zwei Unternehmen koordiniert werden müssen. Daraus resultiert ein höherer Aufwand für die Koordination und die integrative Einbindung der Partner in das Unternehmensnetzwerk. Durch die tendenziell höhere Anzahl der Beziehungen zwischen den Unternehmen im Unternehmensnetzwerk ist die Komplexität eines

---

[19]   Quelle: Eigene Darstellung.

Unternehmensnetzwerks höher als die einer bilateralen Kooperation. Innerhalb eines Unternehmens kann die Komplexität jedoch reduziert werden, wenn es sich auf seine Kernkompetenzen konzentriert und Tätigkeiten, die nicht zu seinen Kernkompetenzen gehören von anderen spezialisierten Unternehmen im Unternehmensnetzwerk wahrgenommen werden.[20]

In der folgenden Tabelle sind die Unterschiede in einer Übersicht dargestellt (siehe Tab. 3-2).

Kriterien	Bilaterale Kooperation	Unternehmensnetzwerk
Anzahl beteiligter Unternehmen	• Koordination durch das Management zwischen zwei Unternehmen	• Koordination zwischen mehr als zwei Unternehmen (Unternehmensnetzwerke bilden ein polyzentrisches System)
Beziehungen zwischen Unternehmen	• Jede bilaterale Kooperation wird als diskrete Einheit gemanagt	• Es existieren Beziehungen zwischen mehr als zwei Unternehmen

Tab. 3-2: Bilateraler Kooperation versus Unternehmensnetzwerk[21]

Unternehmen sollten stets mögliche Wertsteigerungsmöglichkeiten aus neuen Verbindungen und Beziehungen zwischen bestehenden und neuen bilateralen Kooperationen prüfen und diese gegebenenfalls zum Netzwerk weiterentwickeln. Denn das Managen von bilateralen Kooperationen als diskrete Einheiten ist eine verpasste Chance durch Hebelwirkungen und Multiplikationen zwischen den Allianzen zusätzlichen Wert zu generieren.[22]

---

20   Zu den Möglichkeiten der Komplexitätsreduktion in Unternehmen vgl. Scholz (Organisation), S.49f.

21   Quelle: Eigene Darstellung in Anlehnung an Doz, Hamel (Alliances), S.9.

22   Vgl. Doz, Hamel (Alliances), S.9.

3.2 Netzwerkverständnis

Ein einheitliches Verständnis darüber, was Netzwerke sind, existiert nicht. Netzwerke können in vielfältiger Weise interpretiert werden. Basierend auf die jeweils zugrunde-gelegte Interpretation ergeben sich unterschiedliche forschungsrelevante Fragestellun-gen. Die drei wichtigsten in der Literatur genannten **Interpretationen** von Netzwerken und daraus resultierende Forschungsfragen werden im folgenden kurz beschrieben:[23]

1) Netzwerke - als in der Realität entdeckte Muster, mit denen Organisationen aller Art beschrieben werden können. Forschungsanstrengungen, die auf diese Inter-pretation aufsetzen, zielen darauf ab, **Erklärungen** (Theorien) für die in der Realität existierenden Netzwerkorganisationen zu finden. Beispiele für existierende Netzwerk-strukturen sind die japanischen Keiretsu[24] (z.B. Mitsubishi) und die regionalen Netz-werke kooperierender kleiner innovativer Unternehmen in der Emilia Romagna[25] (Norditalien).

2) Netzwerke - als eigenständige Koordinationsform ökonomischer Aktivitäten. Hinter dieser Interpretation steht die Frage, ob es sich bei Netzwerken um eine inter-mediäre Organisationsform im Sinne einer 'Quasifirm' im **Spannungsfeld zwischen der Dichotomie aus Markt und Hierarchie** handelt[26], oder, ob Netzwerke eine neue Koordinationsform darstellen, die weder Markt noch Hierarchie ist. Diese Meinung wird insbesondere von Powell[27] vertreten. Powell sieht Netzwerke als neue eigen-ständige Koordinationsform an. Diese ist durch das individuelle Verhalten, d.h. durch Vertrauen auf die Gültigkeit bestimmter sozialer Normen, Werthaltungen und Verhal-tensweisen gekennzeichnet. Sydow[28] vertritt dagegen die Meinung, dass es sich bei Netzwerken um eine Organisationsform handelt, die sowohl marktliche, hierarchische, kooperative und kompetitive Elemente miteinander vereint.

3) Netzwerke - als 'ideale' Organisationsform in dynamischen Umfeldern. Nach Burns, Stalker[29] sind Unternehmen, die in dynamischen Umfeldern erfolgreich sind,

---

23   Vgl. Nohria (Network Perspective), S.12.

24   Vgl. Sydow (Strategische Netzwerke), S.38ff.

25   Vgl. Sydow (Strategische Netzwerke), S.47ff.

26   Vgl. Sydow (Strategische Netzwerke), S.102 und die dort zitierte Literatur.

27   Vgl. Powell (Network).

28   Sydow (Strategische Netzwerke), S.102.

29   Vgl. Burns, Stalker (Innovation), zit. in Eccles (Network Perspective), S.12.

durch eine organische Organisation im Sinne einer Netzwerkorganisation (N-Form) gekennzeichnet. Das Interesse der auf dieser Interpretation von Netzwerken basierenden Forschungsbemühungen ist es, **Ansätze zur Gestaltung von Netzwerkorganisationen** zu erarbeiten. In dieser Arbeit wird weitgehend dieser letztgenannten Interpretation gefolgt. Gegenstand der Arbeit ist es somit, nicht Erklärungen für die Entstehung von Unternehmensnetzwerken zu erarbeiten, sondern Gestaltungsansätze zum Aufbau und Management von interorganisationalen Unternehmensnetzwerken zu entwickeln.

Die zu gestaltenden **Unternehmensnetzwerke** können **als interorganisationale soziotechnische Systeme** interpretiert werden.[30] Der Begriff 'System' stammt aus der Systemtheorie und ist nach Ulrich[31] definiert als eine geordnete Gesamtheit von Elementen (Knoten), zwischen denen Beziehungen jeglicher Art bestehen oder hergestellt werden können. Von sozialen Systemen wird in den Sozialwissenschaften gesprochen, wenn die Elemente innerhalb eines Systems soziale Akteure, wie Personen, Gruppen, oder Organisationen sind. Von sozio-technischen Systemen wird gesprochen, wenn neben den sozialen Akteuren auch technische Einrichtungen Bestandteil des betrachteten Systems sind. Je nach Betrachtungsebene des Systems 'Netzwerk' können Netzwerke in intraorganisatorische und interorganisationale Netzwerke unterschieden werden. Intraorganisatorische Netzwerke beziehen sich auf Netzwerkstrukturen innerhalb einer Organisation z.B. zwischen Mitarbeitern innerhalb eines Unternehmens. Interorganisationale Netzwerke dagegen bestehen zwischen autonomen, rechtlich selbständigen organisatorischen Einheiten, wie z.B. Unternehmen.

Das im folgenden betrachtete System 'Unternehmensnetzwerk' ist nicht auf ein einzelnes Unternehmen begrenzt, sondern umfasst auf einer höheren Systemebene (Unternehmensnetzwerkperspektive) Unternehmen und deren Beziehungen untereinander (interorganisationales System). Die Betrachtung des Systems 'Unternehmensnetzwerk' als Ganzes erfolgt aus der **interorganisationalen Netzwerkperspektive**.[32] Konkret stellen die Knoten in Unternehmensnetzwerken Organisationen, wie Unternehmen, Ressourcen, z.B. Mitarbeiter oder technische Anlagen und Kompetenzen dar. Die Unternehmen, die an einem Unternehmensnetzwerk betei-

---

30   „[...] network = objects + connections = system." Casti, S.5, zit. in Bellmann, Hippe (Netzwerkansatz), S.9.

31   Ulrich (System), S.105.

32   Zur Notwendigkeit einer Netzwerk-Perspektive vgl. Nohria (Network Perspective), S.1ff.

ligt sind, werden als **Netzwerkunternehmen** bezeichnet. Zwischen Netzwerkunternehmen bestehen vielfältige Beziehungen, die sozial-personeller, rechtlicher, technischer und/oder organisatorischer Natur sein können. Diese Beziehungen können in einer weiten Spannbreite unterschiedlicher Ausprägungen vorkommen. Sie können formal, informell, technisch unterstützt oder auf Basis von 'Face to Face'-Kommunikation, vertikal oder horizontal zur Wertschöpfungskette, häufig, standardisiert oder einmalig, ein- oder bidirektional sein. Dabei müssen nicht zwischen allen am Netzwerk beteiligten Unternehmen direkte Beziehungen bestehen (siehe Abb. 3-3).

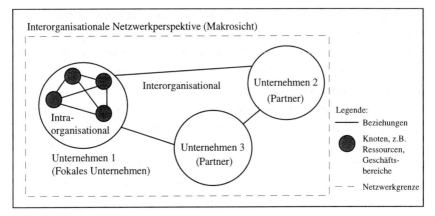

Abb. 3-3: Unternehmensnetzwerke als interorganisationale sozio-technische Systeme[33]

Hippe[34] hat einen Bezugsrahmen entwickelt, der die verschiedenen Betrachtungsebenen und Positionen innerhalb von strategischen Unternehmensnetzwerken[35] darstellt (siehe Abb. 3-4). Hippe[36] unterscheidet zwischen der Betrachtungsebene des Gesamtnetzwerks (Makroebene) und der eines Netzwerkmitglieds (Mikroebene). Von der Makroebene wird das Unternehmensnetzwerk als Ganzes erfasst (Makrosicht). Die **Makrosicht** entspricht der interorganisationalen Netzwerkperspektive (siehe Abb. 3-3 und Abb. 3-4). Die Makrosicht kann weiter in eine externe und eine interne Makrosicht unterteilt werden. Die externe Makrosicht ist die Sicht eines Betrachters, der sich

---

33 Quelle: Eigene Darstellung.

34 Hippe (Betrachtungsebenen), S.37.

35 Zum Begriff des 'strategischen Unternehmensnetzwerks' vgl. Kapitel 4.1.3.

36 Vgl. Hippe (Betrachtungsebenen), S.34ff.

ausserhalb des Unternehmensnetzwerks befindet. Die interne Makrosicht dagegen ist die Sicht eines Unternehmens (Akteursposition) innerhalb des Unternehmensnetzwerks. Die Erfassung des Netzwerks als Ganzes aus der Akteursposition ist beispielsweise für ein fokales Unternehmen[37] oder ein anderes koordinierendes Unternehmen innerhalb des Unternehmensnetzwerks notwendig, um die Zusammenhänge, Beziehungen und Möglichkeiten gesamtheitlich zu erfassen. Letztlich stellt die interne **Mikrosicht** die beschränkte Sicht eines einzelnen Akteurs im Unternehmensnetzwerk dar. Diese Sicht ist i.d.R. nicht übergreifend, sondern auf den Ausschnitt des Netzwerks beschränkt, der den Akteur, seine relevanten Partnerunternehmen und die direkten Beziehungen zwischen sich und den Partnerunternehmen umfasst.

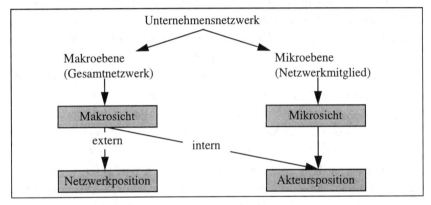

Abb. 3-4: Betrachtungsebenen in strategischen Unternehmensnetzwerken[38]

Im folgenden soll der Begriff '**Unternehmensnetzwerk**' weiter konkretisiert und definiert werden. In der Literatur werden für 'Unternehmensnetzwerk' verschiedene andere Begriffe synonym verwendet, wie z.B. Wertschöpfungsnetzwerk, Produktionsnetzwerk und strategische Allianz. Die verschiedenen verwendeten Begriffe sind häufig sehr allgemein definiert und daher nicht scharf gegeneinander abzugrenzen. Der Begriff 'Unternehmensnetzwerk' dient häufig als Überbegriff für verschiedene Ausprägungen interorganisationaler Kooperationsformen in Netzwerken. Unternehmensnetzwerke werden dann als der zweckgebundene Zusammenschluss rechtlich selbständiger Unternehmen, zwischen denen Beziehungen bestehen, um gemeinsam

---

37 Zum Begriff des 'fokalen Unternehmens' vgl. Kapitel 4.1.3.

38 Quelle: Hippe (Betrachtungsebenen), S.37.

eine Zielsetzung zu erreichen, verstanden. Sydow[39] stellt die strategische Bedeutung von Netzwerken in den Vordergrund und definiert den Begriff 'Unternehmensnetzwerk' folgendermassen:

„Ein strategisches Unternehmensnetzwerk stellt eine auf die Realisierung von Wettbewerbsvorteilen zielende, polyzentrische, gleichwohl von einer oder mehreren Unternehmen strategisch geführte Organisationsform ökonomischer Aktivitäten zwischen Markt und Hierarchie dar, die sich durch komplex-reziproke, eher kooperative denn kompetitive und relativ stabile Beziehungen zwischen rechtlich selbständigen, wirtschaftlich jedoch zumeist abhängigen Unternehmen auszeichnet."

Nach dieser Definition ist der Zweck interorganisationaler Unternehmensnetzwerke die Realisierung von Wettbewerbsvorteilen. Damit steht die strategische Bedeutung von Unternehmensnetzwerken im Vordergrund der Betrachtung. Als strategisches Netzwerk wird „die pro-aktive, vor allem durch marktökonomische Erfordernisse und technische Möglichkeiten bedingte und auf die Erschliessung wettbewerbsrelevanter Potentiale gerichtete Organisation des Netzwerks bezeichnet."[40] Die Definition des strategischen Netzwerks geht im Kern auf Jarillo[41] zurück. Er definiert strategische Unternehmensnetzwerke „as long-term, purposeful arrangements among distinct but related for-profit organizations that allow those firms in them to gain or sustain competitive advantage vis-à-vis their competitors outside the network." Im Rahmen dieser Arbeit soll die auf Jarillo aufbauende Begriffsdefinition von strategischen Unternehmensnetzwerken nach Sydow verwendet werden. Diese Definition wird später im Rahmen dieser Arbeit durch die Einführung des Begriffs 'Value System' konkretisiert.[42]

---

[39]   Sydow (Strategische Netzwerke), S.82.

[40]   Sydow (Strategische Netzwerke), S.81.

[41]   Jarillo (Networks), S.32.

[42]   Vgl. Kapitel 4.2.

3.3 Entstehung und Evolution

3.3.1 Theoretische Erklärungsansätze

In der Literatur fehlt eine konsistente Theorie zur Entstehung von Unternehmensnetzwerken.[43] Der am häufigsten verwendete Erklärungsansatz ist der Transaktionskostenansatz.[44] Ein anderer, der strategieorientierte Ansatz, begründet die Entstehung von Unternehmensnetzwerken mit der Erzielung von Wettbewerbsvorteilen. Im folgenden werden der (1) 'Transaktionskostenansatz' und der (2) 'strategieorientierte Ansatz' vorgestellt und kritisch gewürdigt.

(1) Transaktionskostenansatz

Der Transaktionskostenansatz befasst sich mit den vielfältigen Austauschbeziehungen zwischen Wirtschaftssubjekten. Es geht jedoch nicht um den Güteraustausch an sich, sondern um die ihn begleitenden Übertragungen von Verfügungsrechten an Objekten (die sog. 'Property Rights'). Die Übertragung dieser Verfügungsrechte wird als Transaktion bezeichnet.[45] Als **Transaktionskosten** können somit jene Kosten definiert werden, die bei der Bestimmung, dem Austausch, der Überwachung und der Übertragung von 'Property Rights' entstehen.[46] Beispiele für Transaktionskosten sind in der folgenden Tabelle aufgelistet (siehe Tab. 3-3).

---

[43] Zur Vielfalt theoretischer Erklärungsansätze zur Entstehung von Unternehmensnetzwerken vgl. Sydow (Strategische Netzwerke), S.168ff.

[44] Vgl. Sydow, (Strategische Netzwerke), S.127. Zum Transaktionskostenansatz vgl. auch Coase (Firm), Williamson (Market) und Picot (Transaktionskostenansatz), Sydow (Strategische Allianzen), S.129ff.

[45] Vgl. Picot, Dietl (Transaktionskostentheorie), S.178.

[46] Vgl. Schoppe et al. (Theorie), S.141.

Transaktionskosten (Beispiele)
• Suchkosten
• Informationskosten
• Verhandlungskosten
• Tauschkosten
• Absicherungskosten
• Kontrollkosten
• Kosten mangelhafter bzw. fehlender Koordination

Tab. 3-3: Transaktionskostenarten[47]

Grundsätzlich können die Kooperationswünsche der Unternehmen entweder über den Koordinationsmechanismus des Marktes erfolgen oder über hierarchische Beziehungen durchgeführt werden. Markttransaktionen sind abgrenzbare, kurzfristige Verträge zwischen zwei autonomen Vertragspartnern. Beispiele von Markttransaktionen sind der Einkauf von Verbrauchsgütern oder eine Transaktion auf dem Kapitalmarkt, wie z.B. der Kauf von Aktien. Im Gegensatz dazu treten hierarchische Transaktionen v.a. bei der Wertschöpfung und der Allokation von Ressourcen auf. Die Transaktionspartner stehen in einem Vorgesetzten-/Untergebenenverhältnis zueinander. Der Erfolg der Transaktion ist mit einer hohen Unsicherheit belastet und verlangt oft nach einer spezifischen, d.h. längerfristig gebundenen Investition.

Die Unternehmen werden diejenige Koordinationsart wählen, mit der sie die Transaktionskosten, bei gleichen Produktionskosten, minimieren können.[48] In der nachfolgenden Abbildung sind die beiden Extrema 'Markt' und 'Hierarchie' eingetragen sowie Kriterien angegeben, anhand derer entschieden werden kann, welche Koordinationsform im Einzelfall vorteilhafter ist (siehe Abb. 3-5).

---

[47]   Quelle: Schoppe et. al. (Theorie), S.150.

[48]   Vgl. Ring, Van de Ven (Relationships), S.484.

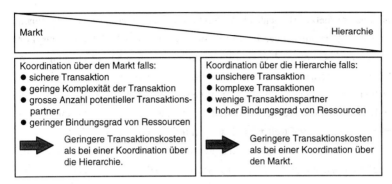

Abb. 3-5: Vorteilhaftigkeit der Koordinationsmechanismen Markt und Hierarchie⁴⁹

Unternehmensnetzwerke können als Hybridformen zwischen den Extrempunkten 'Markt' und 'Hierarchie' gesehen werden.[50] Williamson[51] formulierte: „As compared with market and hierarchy, which are polar opposites, the hybrid mode is located between the two of these [...]" (siehe Abb. 3-6).

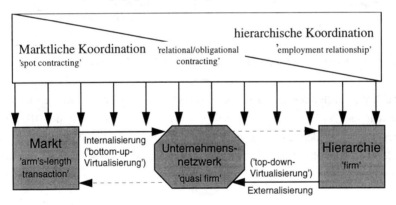

Abb. 3-6: Unternehmensnetzwerke als Koordinationsform zwischen Markt und
Hierarchie⁵²

---

49 Quelle: Eigene Darstellung.

50 Vgl. Weber (Organisation); Ring, Van de Ven (Relationships), Sydow (Strategische Allianzen).

51 Williamson (Organization), S.281, zit. in Weber (Organisation), S.119.

52 Quelle: In Anlehnung an Sydow (Strategische Netzwerke), S.104.

„Unternehmensnetzwerke entstehen durch die Intensivierung der Zusammenarbeit zwischen Unternehmen oder im Zuge von einer begrenzten Funktionsausgliederung durch eine 'Lockerung' hierarchisch koordinierter Austauschbeziehungen, m.a.W. durch Quasi-Internalisierung oder Quasi-Externalisierung."[53] Dabei wird von den 'extremen' Ausprägungen der Koordinationsformen 'Markt' und 'Hierarchie' in Richtung des jeweiligen Gegenpols abgewichen. Die beiden Pole 'Markt' und 'Hierarchie' werden also durch eine Reihe von Zwischenformen ergänzt. Die folgende Abbildung zeigt Unternehmensnetzwerke zusammen mit verschiedenen anderen Formen der Kooperation zwischen den Koordinationsformen 'Markt' und 'Hierarchie' (siehe Abb. 3-7).

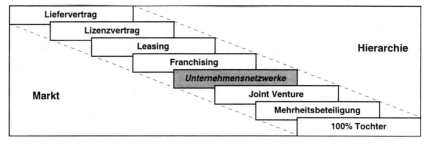

Abb. 3-7: Formen der Kooperation zwischen Markt und Hierarchie[54]

Damit Wirtschaftssubjekte die Kooperationsform des Unternehmensnetzwerks wählen, müssen die Nachteile der Kooperationsformen des Marktes und der Hierarchie ausgeglichen werden. Die folgende Tabelle gibt einen Überblick über mögliche Vorteile von Unternehmensnetzwerken gegenüber dem Markt respektive der Hierarchie (siehe Tab. 3-4).

---

[53] Sydow (Strategische Netzwerke), S.105.

[54] Quelle: Schoppe et. al. (Theorie), S.159.

Vorteile von Unternehmensnetzwerken gegenüber der Koordinationsform	
des Marktes	**der Hierarchie**
• geringere Suchkosten für Abnehmer und Lieferanten	• Kombination hierarchischer mit marktlichen Koordinationsinstrumenten
• Transfer auch nicht-kodifizierbaren Wissens	• gezielte funktionsspezifische Zusammenarbeit
• geringere Informationskosten durch besseren Informationsfluss	• grössere Reversibilität der Kooperationsentscheidung
• geringere Kontrollkosten durch möglichen Verzicht auf (doppelte) Qualitätskontrollen	• grössere Umweltsensibilität des Gesamtsystems
• geringere Absicherungskosten durch bessere Kontrolle der Wissensverwendung	• leichtere Überwindbarkeit von organisatorischem Konservatismus bei der Anpassung an verändertes Umweltverhalten

Tab. 3-4: Transaktionskostenvorteile von Unternehmensnetzwerken[55]

(2)   Strategieorientierter Ansatz

Wie der Transaktionskostenansatz soll auch der 'strategieorientierte Ansatz'[56] Erklärungen zur Entstehung von Unternehmensnetzwerken liefern. Der strategieorientierte Ansatz geht davon aus, dass die Wirtschaftsakteure die Organisationsform des Unternehmensnetzwerks als eine Strategie zur Erlangung einer besseren Wettbewerbsposition wählen und damit Wettbewerbsvorteile erreichen wollen. Unternehmensnetzwerke sind also ein Instrument zur Erlangung von Wettbewerbsvorteilen. Jarillo[57] sieht Unternehmensnetzwerke als „a mode of organization that can be used by managers [...] to position their firms in a stronger competitive stance."

Wechselt man nun die Sicht und betrachtet anstelle nur eines Unternehmens das ganze Netzwerk (Makrosicht), so geht es nicht mehr um die Verbesserung der Wettbewerbsposition nur eines Unternehmens, sondern um die Erlangung von Wettbewerbsvorteilen für das ganze Netzwerk. Die vom gesamten Netzwerk verfolgte Strategie heisst **'kollektive Strategie'**. Unter einer kollektiven Strategie wird ein zwischen Unterneh-

---

[55]   Quelle: Sydow (Strategische Netzwerke), S.143.

[56]   Vgl. Porter, Fuller (Koalition), Harrigan (Strategie).

[57]   Jarillo (Networks), S.32.

men abgestimmtes strategisches Verhalten verstanden.[58] Damit verfolgen die Netzwerkunternehmen das Ziel, gegenüber Unternehmen ausserhalb des Netzwerks oder
gegenüber anderen Netzwerken, gemeinsam Wettbewerbsvorteile zu erlangen und zu
erhalten.

Zusammenfassend kann festgehalten werden, dass der strategieorientierte Ansatz die
Entstehung von Unternehmensnetzwerken als eine Folge von strategischem Verhalten
der Unternehmen sieht und die Notwendigkeit einer gemeinsamen Strategie ein-
schliesst.

(3)   Würdigung der Ansätze

Der Transaktionskostenansatz versucht die Entstehung zwischenbetrieblicher Kooperationen anhand der Existenz von Transaktionskosten zu erklären. Unter bestimmten
Voraussetzungen kann eine Kooperation vorteilhafter sein, d.h. geringere Transaktionskosten verursachen als eine Koordination der wirtschaftlichen Aktivitäten über
Marktmechanismen oder Hierarchien.

Der Transaktionskostenansatz vernachlässigt jedoch einige wichtige Faktoren. Es wird
davon ausgegangen, dass sich die Akteure opportunistisch verhalten. Sie sind immer
auf den eigenen Vorteil bedacht und richten ihr Handeln danach aus. Damit wird die
Möglichkeit von vertrauensvollem Handeln ignoriert. Vertrauen zwischen den Kooperationspartnern ist jedoch eine wichtige Voraussetzung zur Entstehung von Unternehmensnetzwerken.[59]

Weiterhin werden den beiden Extremformen Markt und Hierarchie trotz der Möglichkeit von hybriden Koordinationsformen zuviel Gewicht beigemessen.[60] Ein weiterer
Kritikpunkt ist die Trennung von Produktionskosten und Transaktionskosten. Dabei
wird die problematische Annahme getroffen, dass die Produktionstechnologie, die die
Produktionskosten massgeblich mitbestimmt, unabhängig von der jeweiligen Organisationsform sei. Wie Schoppe et al.[61] ausführen, ist diese Auffassung „nur bei einem
sehr engen Technologiebegriff aufrechtzuerhalten."

---

[58]   Sydow (Strategische Netzwerke), S.268.

[59]   Vgl. Sydow (Virtuelle Unternehmung), S.11ff.

[60]   Vgl. Ring, Van de Ven (Relationships), S.484.

[61]   Schoppe et. al. (Theorie), S.150.

Auch der strategieorientierte Ansatz vermag keine umfassende Erklärung des Phänomens der Unternehmensnetzwerke zu geben. Es wird der Aspekt vernachlässigt, dass interorganisationale Beziehungen auch von der Kultur der Branche beeinflusst werden können. Diese Beziehungen sind in ein komplexes soziales Branchen- oder Industriegefüge eingebettet. Eine einseitige Betrachtung des Unternehmens ausschliesslich unter Wettbewerbsgesichtspunkten ist zu eng gefasst. Unternehmensinterne Ressourcen und Fähigkeiten müssen neben Wettbewerbsaspekten ebenso in der Betrachtung berücksichtigt werden. Solange das Unternehmen nur als eine Black Box angesehen wird, ist der Erklärungsgehalt des strategieorientierten Ansatzes beschränkt.[62]

Es gibt vielfältige Gründe für die Entstehung von Unternehmensnetzwerken. Jedoch existiert bis heute keine einheitliche Theorie, die das Phänomen des Netzwerks als Ganzes erklärt.[63] Weber[64] weist darauf hin, dass Methoden zur Analyse der komplexen mehrdimensionalen Strukturen innerhalb von Unternehmensnetzwerken fehlen. Die bestehenden ökonomischen[65] und interorganisationstheoretischen Ansätze beleuchten wichtige Teilaspekte, werden aber dem komplexen empirischen Phänomen der Unternehmensnetzwerke nicht gerecht.[66]

3.3.2 Voraussetzungen zur Entstehung

Nach Boos et al.[67] müssen drei charakteristische Voraussetzungen zur Entstehung von Netzwerken gleichzeitig erfüllt sein, damit sich aus unabhängigen Akteuren die Organisationsform eines sozialen Netzwerks überhaupt erst herausbildet. Dieses sind (1) die Existenz einer latenten Beziehungskonstellation, (2) ein gemeinsames Basisinteresse und (3) ein aktueller Anlass.

---

[62] Vgl. Sydow (Strategische Netzwerke), S.177.

[63] Vgl. Sydow (Strategische Netzwerke), S.125. Einen sehr umfassenden Überblick zu den vielfältigen theoretischen Erklärungsansätzen des Phänomens Unternehmensnetzwerk findet sich bei Sydow (Strategische Netzwerke), S.127ff.

[64] Weber (Organisation), S.17ff.

[65] Zu den ökonomischen Erklärungsansätzen zählen beispielsweise die spieltheoretischen Ansätze, die Principal Agency-Theorie und strategieorientierte Ansätze. Vgl. Sydow (Strategische Netzwerke), S.168ff.

[66] Vgl. Sydow (Strategische Netzwerke), S.234.

[67] Vgl. Boos et al. (Netzwerke), S.59.

(1) Latente Beziehungskonstellation

Kooperationen zwischen Unternehmen sind in erster Linie Kooperationen zwischen Menschen. Latente Beziehungskonstellationen ergeben sich aus dem sozio-kulturellen Beziehungsnetzwerk, in das potentielle soziale Netzwerkakteure wie Unternehmen, Gruppen oder Individuen eingebunden sind. Innerhalb eines Beziehungsnetzwerks können sozio-kulturelle Beziehungskonstellationen unter potentiellen Netzwerkakteuren aufgebaut und entwickelt werden. Im Hinblick auf eine interorganisatorische Vernetzung steht hier der Aufbau, die Entwicklung und Pflege von Beziehungsnetzwerken und interorganisatorischen latenten Beziehungskonstellationen im Vordergrund. Der Aufbau und die Entwicklung sozio-kultureller Beziehungskonstellationen ist ein langfristiger Prozess. Dauerhafte sozio-kulturelle Beziehungsnetzwerke mit latenten interorganisatorischen Beziehungskonstellationen dienen als Voraussetzung und Basis für Unternehmensnetzwerke. Sie unterscheiden sich somit von den kurzfristig aufzubauenden, interaktionsorientierten, zeitlich befristeten Unternehmensnetzwerken, stehen aber in einem engen Zusammenhang mit diesen, in dem sie eine Voraussetzung für die Entstehung und Entwicklung kooperativer Beziehungen im Unternehmensnetzwerk bilden[68] (siehe Abb. 3-8).

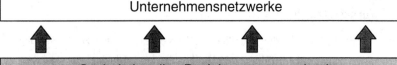

Abb. 3-8: Interorganisatorische Beziehungsnetzwerke mit latenten Beziehungskonstellationen als Basis für Unternehmensnetzwerke[69]

(2) Gemeinsames Basisinteresse

Das gemeinsame Basisinteresse bildet eine weitere Voraussetzung. Die potentiellen Akteure in einem Unternehmensnetzwerk müssen sich auf gemeinsame Ziele verständigen (Ziel- und Interessenharmonisation), mit denen sie alle einen für sich wahr-

---

[68] Vgl. Weber (Organisation), S.137f.

[69] Quelle: Eigene Darstellung in Anlehnung an Weber (Organisation), S.137ff.

nehmbaren Nutzen aus der Teilnahme am Unternehmensnetzwerk verbinden. Die gemeinsam verfolgten Ziele bilden die Basis für die Formulierung einer kollektiven Strategie im Unternehmensnetzwerk.

(3)   Aktueller Anlass

Der aktuelle Anlass ist letztendlich der Auslöser für die Initiative zur Entstehung eines Unternehmensnetzwerks. Die Anlässe für die Entstehung von Unternehmensnetzwerken in der unternehmerischen Praxis sind vielfältig. Beispielhaft seien folgende Anlässe genannt (siehe Tab. 3-5).

Nr.	Anlässe zur Bildung von Unternehmensnetzwerken
1	• Neugestaltung der Wertschöpfungskette: Ausführung wertschöpfender Aktivitäten dort, wo sie am günstigsten ausgeführt werden können (strategisches Outsourcing, globale Standortverlagerung).
2	• Konzentration auf Fähigkeiten, die ein Unternehmen besser als der Wettbewerb beherrscht (Kernkompetenzen). Damit verbunden ist der Aufbau neuer enger Geschäftsbeziehungen.
3	• Umgehung von Restriktionen (staatliche Auflagen, Umweltauflagen etc.) durch Kooperation und Standortverlagerung.
4	• Beschränkte Wachstumsmöglichkeiten auf den Heimmärkten. Kann zur aktiven Globalisierung und Erschliessung neuer Märkte führen.
5	• Zwang durch Markt- und Kundenerfordernisse kann Unternehmen zur Verlagerung und Erschliessung neuer Standorte bewegen.
6	• Bewahrung von Flexibilität speziell bei starkem Unternehmenswachstum führt zum Aufbau kleiner autonomer Unternehmenseinheiten. (Beispiel ABB).
7	• Beschränkte Ressourcenverfügbarkeit zwingt zur engeren Zusammenarbeit mit Zulieferern, Kunden, Wettbewerbern.
8	• Gemeinsame Erschliessung von Marktchancen.
9	• Gemeinsamer Aufbau von neuen Kompetenzen.

Tab. 3-5: Anlässe zur Bildung von Unternehmensnetzwerken (Beispiele)[70]

Weber[71] fasst die Entstehung von Unternehmensnetzwerken treffend zusammen: „Ein intra- wie auch interorganisationales Netzwerk entsteht auf der Basis einer gemeinsamen sozio-kulturellen Orientierung sowie harmonisierter unternehmenspolitischer

---

[70]   Quelle: Eigene Darstellung.

[71]   Weber (Organisation), S.139.

Ziele durch die Bereitschaft der sozialen Akteure (Organisationen, Gruppen oder Individuen), durch ein zielbezogenes, zeitlich begrenztes, kooperatives Zusammenwirken eine Potentialität [...] auszunutzen, um damit eine konkrete Problemstellung zum gemeinsamen Vorteil der beteiligten Akteure zu lösen."

3.3.3 Evolution

Abgeleitet aus empirischen Untersuchungen beschreiben Lorenzoni, Ornati[72] die Evolution interner Unternehmensnetzwerke in einem dreistufigem Entwicklungsmodell. Sie unterscheiden zwischen den drei Entwicklungsstufen 'Zentralisierung', 'Dezentralisierung' und 'Interne Vernetzung'. Die drei originären Evolutionsstufen interner Unternehmensnetzwerke werden im folgenden um eine vierte Stufe, die 'Externe Vernetzung', ergänzt (siehe Abb. 3-9).

Die erste Stufe 'Zentralisierung' ist geprägt durch eine starke Zentrale (Muttergesellschaft) und der Vereinheitlichung der Führungsstrukturen, wie Berichts-, Rechnungs- und Informations- und Kommunikationswesen innerhalb des Unternehmensnetzwerks.

In der zweiten Stufe 'Dezentralisierung' werden die Handlungsfreiräume und die damit einhergehende Verantwortung der dezentralen organisatorischen Einheiten erhöht, um effektiver am Markt agieren zu können. Die Informationsflüsse zur Zentrale gewinnen an Bedeutung und nehmen zu. Durch die sternförmige Netzwerkarchitektur fliessen Informationen zwischen den dezentralen Einheiten nicht direkt, sondern weiterhin über die Zentrale. Die dezentralen Unternehmenseinheiten verfügen über spezifische technologische, marktliche oder sonstige Fähigkeiten, deren Kombination angestrebt wird.

In der anschliessenden Stufe der 'Internen Vernetzung' werden die dezentralen Einheiten untereinander vernetzt, um basierend auf ihren spezifischen Fähigkeiten bestehende Erfolgspotentiale auszubauen und neue Erfolgspotentiale zu entwickeln. Informations- und Kommunikationszeiten zwischen Unternehmen werden durch die interne Vernetzung reduziert, gleichzeitig nimmt aber der Koordinationsaufwand zu.

---

[72]   Vgl. Lorenzoni, Ornati (Constellations).

Lorenzoni, Ornati[73] gehen davon aus, dass die Entwicklung entlang der drei Stufen von zunehmender Intentionalität geprägt ist.

Zeitversetzt oder parallel zur Stufe der 'Internen Vernetzung' kann die Stufe der **'Externen Vernetzung'** eingeleitet werden. In dieser Stufe erfolgt die externe Vernetzung durch den Aufbau von bilateralen Kooperationen und interorganisationalen Unternehmensnetzwerken. Dabei können verschiedenartige Ausprägungen von Unternehmensnetzwerken und sonstigen Kooperationsformen mit Unternehmen und Personen parallel existieren. Die 'Externe Vernetzung' dient zur Verbesserung bestehender Erfolgspotentiale, -positionen, dem Aufbau neuer Potentiale und der gemeinsamen Erschliessung neuer Nutzenpotentiale. Die von Lorenzoni, Ornati[74] identifizierten Stufen können anhand der Entwicklung der Huber+Suhner AG bestätigt werden.[75]

---

[73] Vgl. Lorenzoni, Ornati (Constellations), S.48.

[74] Lorenzoni, Ornati (Constellations).

[75] Vgl. Kapitel 7.

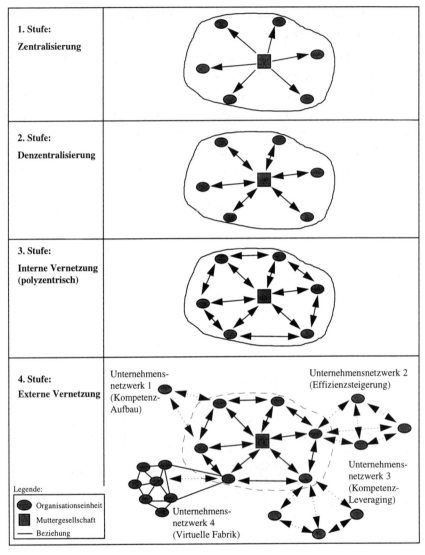

Abb. 3-9: Entwicklungsstufen interner und externer Unternehmensnetzwerke[76]

---

[76]   Quelle: Eigene Darstellung als Weiterentwicklung von Lorenzoni, Ornati (Constellations), S.49.

3.3.4 Ausblick und Vision zur weiteren Entwicklung

Im folgenden soll eine Vision zur Entwicklung von Unternehmensnetzwerken beschrieben werden, wie sie sich aus den derzeit geführten Diskussionen zum Thema Virtualisierung von Organisationen nach Ansicht des Autors andeutet. Die zugrundegelegte Vision beschreibt Unternehmen, die in einem umfangreichen Beziehungsnetzwerk eingebunden sind, somit über ein hohes Beziehungspotential verfügen und in verschiedenartigen Unternehmensnetzwerken zweckorientiert, z.b. zur gemeinsamen Leistungserstellung, zusammenarbeiten. Die Unternehmen gestalten ihre Wertschöpfungsketten in Form von Unternehmensnetzwerken, in denen sich die beteiligten Unternehmen jeweils auf die eigenen Stärken konzentrieren. Je nach den Rahmenbedingungen und der verfolgten Zielsetzung, wie z.b. Effizienzsteigerung oder Kompetenzaufbau, werden Unternehmensnetzwerke unterschiedlich gestaltet. Da Unternehmen in einigen Geschäftsfeldern effizienzorientiert und in anderen eher innovationsorientiert sein müssen, können verschiedene Ausprägungen von Unternehmensnetzwerken gleichzeitig existieren (siehe Stufe 4 in Abb. 3-9). Die organisatorische Abgrenzung von z.b. effizienzorientierten Unternehmensnetzwerken gegenüber innovationsorientierten Unternehmensnetzwerken erfolgt entsprechend der jeweiligen Tätigkeitsfelder. Das Resultat ist vergleichbar mit einer hybriden Organisation[77], die sowohl Effizienzorientierung, als auch Innovationsorientierung, Standardisierung und Flexibilität gleichermassen unterstützt. „Hybride Modelle sind im allgemeinen Ausdruck einer synthetischen Spannungsbewältigung entgegengerichteter Wirkungsverläufe."[78] Die **hybride Organisation** umfasst gleichermassen mechanistische und organische Strukturelemente[79] innerhalb eines Unternehmens. Dabei werden die Strukturelemente je nach Tätigkeitsfeld, Zielsetzung und externen Rahmenbedingungen etc. passend gestaltet. Die hybride Organisation wird somit der Erkenntnis gerecht, dass z.b. kreative innovationsorientierte Tätigkeitsfelder in einer dynamischen Umwelt anders, eher organisch organisiert werden sollten, als z.b. effizienzorientierte, kostenkritische Tätigkeitsfelder mit bekannten Prozessen in stagnierenden Märkten. Durch die Trennung der jeweiligen Ausprägungen der Strukturelemente nach Tätigkeitsfeldern wird eine Verwässerung aus innovationsorientierten und effizienzorientierten

---

[77] Zur hybriden Organisation vgl. Sydow (Strategische Netzwerke), S.70f. und die dort zitierte Literatur.

[78] Bleicher (Kernkompetenz), S.19.

[79] Zur Unterscheidung in mechanistische und organische Strukturelemente vgl. Kapitel 3.4.3.

bzw. mechanistischen und organischen Strukturelemente im Sinne eines 'faulen Kompromisses' vermieden.

Zur schnellen Erschliessung neuer Nutzenpotentiale werden Wertschöpfungssysteme aus Unternehmen im Netzwerk dynamisch konfiguriert. Dabei geht die Initiative zur Konfiguration häufig von einem Unternehmen aus, das dann innerhalb des Unternehmensnetzwerks eine führende Rolle einnimmt und die Ausrichtung des Netzwerks massgeblich bestimmt. Ein solches Unternehmen wird als 'fokales Unternehmen' oder als 'Hub Firm' bezeichnet. Dabei kann die Rolle des fokalen Unternehmens von unterschiedlichen Unternehmen wahrgenommen werden. Zur Exploration bestehender Nutzenpotentiale in weniger dynamischen Umfeldern werden eher stabile Unternehmensnetzwerke zur Effizienzsteigerung angestrebt. Stabile und interne Unternehmensnetzwerke eignen sich weiterhin zum gemeinsamen Aufbau neuer Fähigkeiten. Die internen Netzwerke dienen beispielsweise zum Aufbau und Schutz unternehmenseigener, wettbewerbsrelevanter Kompetenzen, der Sicherung von Know How und dem Besetzen strategischer Erfolgspositionen.

Zur Beschreibung der Vision zukünftiger Zusammenarbeit zwischen Unternehmen tritt zu dem Prozess der 'Virtualisierung' von Unternehmen die Entkopplung von Mitarbeitern und Unternehmen hinzu. Verstehen wir ein Unternehmensnetzwerk als Beziehungsnetzwerk zwischen Menschen, die in den Unternehmen tätig sind, so erlaubt es die Einbettung in das Beziehungsnetz in Verbindung mit herausragenden Fähigkeiten, Mitarbeitern sich aus dem Unternehmen herauszulösen (Quasi-Externalisierung) und ihre Fähigkeiten verschiedenen Auftraggebern anzubieten. Diese Kompetenzträger werden als **'Portfolio-Worker'**[80] bezeichnet. Portfolio-Worker zeichnen sich dadurch aus, dass sie über ein Portfolio von Tätigkeitsfeldern mit verschiedenen Auftraggebern verfügen. Sie sind somit nicht mehr nur für ein Unternehmen tätig, sondern bieten ihre Fähigkeiten verschiedenen Auftraggebern an.[81] Sie wandeln sich vom Arbeitnehmer zum arbeitnehmenden Unternehmer. Die Virtualisierung von Unternehmen, die sich auf ihre Kernkompetenzen konzentrieren, zusammen mit dem Phänomen der Portfolio-Worker, führt zu einer atomistischen Struktur kleiner, autonomer, dezentraler wirt-

---

[80] Der Begriff 'Portfolio-Worker-Netzwerk' ist von Prof. Gross (Universität St. Gallen) in seinem Vortrag „Wandel der Arbeitswelt: Vom Angestellten zum Portfolio-Worker" auf dem Seminar Produktionsmanagement '97 'Virtuelle Fabrik' am 13./14.2.97 vorgestellt worden. Vgl. auch Gross (Abschied), S.31ff.

[81] „[...] more firms will aheir employees to make their services available to other firms on a contractual basis." Miles et al. (Network), S.10.

schaftender Einheiten (siehe Abb. 3-10). Die notwendige Stabilität und Sicherheit für das Herauslösen aus dem Unternehmen erhält der Portfolio-Worker aus seiner Einbindung in ein umfangreiches Beziehungsnetz und seinen fachlichen Fähigkeiten. Aus dieser Situation ergeben sich neue Fragen, z.B. inwieweit sich der Portfolio-Worker mit den Interessen seiner Auftraggeber identifiziert und wie die Loyalität gegenüber den Auftraggebern gewahrt werden kann.

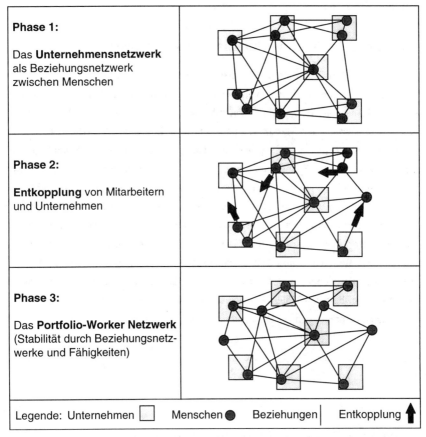

Phase 1:

Das **Unternehmensnetzwerk** als Beziehungsnetzwerk zwischen Menschen

Phase 2:

Entkopplung von Mitarbeitern und Unternehmen

Phase 3:

Das **Portfolio-Worker Netzwerk** (Stabilität durch Beziehungsnetzwerke und Fähigkeiten)

Legende: Unternehmen ☐   Menschen ●   Beziehungen | Entkopplung ⬆

Abb. 3-10: Entwicklungsstufen zum Portfolio-Worker Netzwerk[82]

---

82   Quelle: Eigene Darstellung in Anlehnung an den Vortrag von Prof. Gross (Universität St. Gallen) „Wandel der Arbeitswelt: Vom Angestellten zum Portfolio-Worker" auf dem Seminar Produktionsmanagement '97 'Virtuelle Fabrik' am 13./14.2.97.

Als treibende Kraft für die voranschreitende 'Virtualisierung'[83] im Wirtschaftsleben kann der Wunsch nach Individualität und Selbstverwirklichung sowohl auf der Kundenseite, als auch auf der Anbieterseite vermutet werden. Kunden verlangen zunehmend individuelle bedarfsgerechte Lösungen (customization) zur Befriedigung ihrer Bedürfnisse, während seitens der Anbieter der Wunsch nach Individualität und Selbstverwirklichung zu einer steigenden Zahl von eigenverantwortlich autonom agierenden Portfolio-Workern führt.

3.4 Organisiertheit von Unternehmensnetzwerken

Eine Typologie zur Einordnung der verschiedenen Ausprägungen von Unternehmensnetzwerken existiert bis heute nicht.[84] Unternehmensnetzwerke können sich anhand einer Vielzahl von Merkmalen hinsichtlich Form und Inhalt unterscheiden.[85] Die Operationalisierung der Merkmale stellt eine sehr komplexe Aufgabe dar und beschränkt sich in bisher geleisteten Arbeiten häufig nur auf wenige ausgewählte Unterscheidungsmerkmale. Sydow stellt fest, dass „es zudem unmöglich ist, operational anzugeben, ein 'Wieviel' ein interorganisationales oder strategisches Netzwerk auf jeder Dimension voraussetzt."[86] Stattdessen müssen geeignete Fähigkeiten (Kompetenzen) identifiziert und ausgebildet werden, die eine flexible Schaffung situativ geeigneter intra- und interorganisationaler Voraussetzungen zum erfolgreichen Aufbau und Betreiben eines Unternehmensnetzwerks ermöglichen. Die beiden folgenden Tabellen geben einen Überblick über strukturelle und kulturelle Dimensionen zur Organisiertheit von Unternehmensnetzwerken und den zugehörigen Dichotomien möglichen Ausprägungen der Dimensionen (siehe Tab. 3-6 und Tab. 3-7).

---

[83] Der Begriff 'Virtualisierung' ist ein Ansatz zur Flexibilisierung von Organisationen mittels externer Partnerschaften. Vgl. Müller-Stewens (Virtualisierung), S.9.

[84] Zur Darstellung von Unternehmensnetzwerk-Typen vgl. Kapitel 4.1.

[85] Als relevante formmässige Unterscheidungsmerkmale für Unternehmensnetzwerke nennt Sydow: Umfang, Funktionsteilung, Dichte, Diversität, Zentralität, Multiplexität, Konnektivität, Interdependenz, Redundanz, Stabilität, Offenheit, Sichtbarkeit und die Organisiertheit interorganisationaler Beziehungen. Vgl. Sydow (Strategische Netzwerke), S.83.

[86] Sydow (Strategische Netzwerke), S.84.

Strukturelle Dimensionen	
Kriterien	**Dichotomien** **(mögliche Ausprägungen der Kriterien)**
• Intensität des Leistungsaustauschs	gering/gross
• Richtung des Leistungsaustauschs	einseitig/wechselseitig
• Machtstruktur	verteilt/konzentriert
• Formalisierungsgrad	hoch/niedrig
• Standardisierungsgrad	hoch/niedrig
• Kommunikation	zentralisiert/dezentralisiert
• hierarchische Verankerung	hoch/niedrig
• räumliche Distanz	gross/gering
• verfügbare Ressourcen für die Koordination	wenig/viel
• Personaltransfer	häufig/selten
• Vertragsgestaltung	'weich'/'hart'

Tab. 3-6: Strukturelle Organisiertheit strategischer Unternehmensnetzwerke[87]

Kulturelle Dimensionen	
Kriterien	**Dichotomien** **(mögliche Ausprägungen der Kriterien)**
• Zielkongruenz	gering/gross
• Geteilte Werte	wenig/viel
• Erwartungen	unklar/klar
• Vertrauen	gering/gross
• Identitäten	eigene/gemeinsame
• Kohäsion	niedrig/hoch
• Konfliktniveau	niedrig/hoch

Tab. 3-7: Kulturelle Organisiertheit strategischer Netzwerke[88]

---

[87] Quelle: Sydow (Strategische Netzwerke), S.85.
[88] Quelle: Sydow (Strategische Netzwerke), S.85.

Strukturelle und kulturelle Dimensionen sind aufeinander bezogen, unterscheiden sich aber in der Geschwindigkeit, in der sie sich im Zeitablauf wandeln. Die kulturellen Dimensionen bilden entsprechend ihrer jeweiligen Ausprägungen die Netzwerkkultur, die als normativer Hintergrund zur Diskussion struktureller Aspekte durch die am Netzwerk beteiligten Akteure interpretiert werden kann.[89]

3.4.1 Kooperation und Wettbewerb

Unter einer **zwischenbetrieblichen Kooperation** versteht man die partnerschaftliche Zusammenarbeit zwischen Wirtschaftsunternehmen. Die Zusammenarbeit geht über den Austausch von Leistungen (jeglicher Art) zwischen Unternehmen hinaus. Zwischenbetriebliche Kooperation kann zusätzlich zur Zusammenarbeit bei der Erstellung einer Leistung auch die Gestaltung von Rahmenbedingungen des Leistungsaustauschs umfassen. Dabei wird von den beteiligten Kooperationspartnern das Ziel verfolgt, weitere, den Umfang der originären Leistung übersteigende Vorteile (Steigerung der Wirtschaftlichkeit, Rentabilität) aus der Zusammenarbeit zu erzielen.

Wettbewerb dagegen dient als Antrieb permanenter Innovationen und Verbesserungen. In Unternehmensnetzwerken können Kooperation und Wettbewerb koexistieren.[90] Je nach Ausprägung von Unternehmensnetzwerken existieren Netzwerke, die gewollt Wettbewerb zwischen den Partnerunternehmen innerhalb des Netzwerks zulassen. In anderen Fällen dagegen existiert kein Wettbewerb zwischen den Partnern innerhalb des Unternehmensnetzwerks. In diesem Fall stehen die am Netzwerk beteiligten Unternehmen im Wettbewerb um ihren Platz im Netzwerk mit bisher nicht am Netzwerk beteiligten Unternehmen. Durch diese Konkurrenz-Situation werden die Unternehmen im Netzwerk weiterhin zu Innovationen und Weiterentwicklung ihrer Kompetenzen gezwungen, um ihre Berechtigung als Partner im Unternehmensnetzwerk nicht zu verlieren.

Kooperationen zwischen Unternehmen können nur auf einzelne Tätigkeitsfelder beschränkt sein, während in anderen Tätigkeitsfeldern zwischen den Unternehmen Wettbewerb herrscht. Im Falle einer **virtuellen Fabrik**[91] kooperieren Unternehmen beim

---

89 Vgl. Sydow (Strategische Netzwerke), S.85f.

90 Vgl. Sydow (Strategische Netzwerke), S.93f.

91 Zum Begriff 'virtuelle Fabrik' vgl. Schuh, Millarg, Göransson (Virtuelle Fabrik), Schuh et al. (Netzwerk) und Kapitel 4.1.5.

Aufbau eines Beziehungsnetzwerks und konkurrieren gleichzeitig auf dem Markt der virtuellen Fabrik, wenn sie ihre Technologien für die Bearbeitung von Aufträgen anbieten.

Letztlich besteht in der virtuellen Fabrik das Risiko, dass zwischen den Kooperations- partnern aufgrund veränderter Interessen im Zeitablauf Konkurrenzsituationen entste- hen, die zur Auflösung des Unternehmensnetzwerks führen können.

3.4.2 Organisatorische Flexibilität und Stabilität

Der zunehmend turbulenten Umwelt wird die Forderung nach organisatorischer Flexibilität als Antwort entgegnet. **Organisatorische Flexibilität** „beinhaltet alle zukunftsgerichteten Überlegungen der langfristigen Schaffung und Sicherung von Handlungsspielräumen zur Begegnung von Risiken und Wahrnehmung von Chan- cen."[92] Die Suche nach Flexibilitätspotentialen ist eine strategische Aufgabe und ist nicht auf die Organisation innerhalb eines Unternehmens begrenzt. Neben der organi- satorischen Flexibilität ist auch die strategische Flexibilität von hoher Bedeutung. Stra- tegische Flexibilität ist die „Fähigkeit eines Unternehmens, sich unter Nutzung organisatorischer und interorganisationaler Flexibilitätspotentiale gewandelten Um- weltsituationen anzupassen bzw. auf diese in seinem Interesse Einfluss zu nehmen."[93]

Als Voraussetzungen für interorganisationaler Flexibilität, also die Fähigkeit des Netzwerks sich quantitativ und qualitativ veränderten Wettbewerbssituationen anzu- passen, nennt Sydow:[94]

- typischerweise nur wenig spezifizierte Verträge;

- strukturelle und kulturelle Organisiertheit der Netzwerkbeziehungen im Sinne einer losen Kopplung;

- das im Netzwerk verfügbare Ausmass an Slack und Redundanz;

- die Höhe der Mobilitätsbarrieren, die sich in einem einzelnen Unternehmen bei Ein- und Austritt aus dem Netzwerk entgegenstellen.

---

92   Meffert (Flexibilität), S.122.

93   Sydow (Strategische Netzwerke), S.115.

94   Sydow (Strategische Netzwerke), S.116.

Neben der erwünschten Flexibilität ist die Frage nach der stets erforderlichen **Stabilität** der Beziehungen zwischen den Netzwerkpartnern, die jedes System für die Dauer seiner Zweckerfüllung zusammenhält, relevant. Weick[95] schlägt drei Lösungsansätze zur Kombination von organisatorischer Flexibilität und Stabilität vor:

- eine Kompromisslösung (die zwar häufig versucht wird, zumeist aber scheitert);
- ein ständiger Wechsel zwischen Stabilität und Flexibilität;
- eine Inkorporation beider Potentiale in unterschiedlichen Subsystemen der Organisation.

Ohne ein Mindestmass an Stabilität in den Beziehungen ist eine zielgerichtete, erfolgreiche Zusammenarbeit zwischen Organisationen unmöglich. Die Stabilität innerhalb eines Einzelunternehmens basiert häufig auf mechanistischen Strukturen, wie festgelegten Abläufen und Hierarchien. In einer dynamischen Umwelt gelten mechanistische Strukturen als starr und inflexibel. In Unternehmensnetzwerken dagegen basiert die erforderliche Stabilität der Beziehungen auf Kultur, Vertrauen und Verhalten. Organische Strukturen verdrängen in Unternehmensnetzwerken die mechanistischen. Die Autonomie einzelner Akteure wird erhöht. Mit zunehmender Virtualisierung steigen die Flexibilität und die Möglichkeiten der Nutzung komplementärer Synergien mit anderen Organisationen. Zusammenfassend ersetzt in Unternehmensnetzwerken Kultur die Struktur als Basis für die erforderliche Stabilität (siehe Abb. 3-11). Damit zeigt sich, dass die Gestaltung von Unternehmensnetzwerken heute weniger eine technische Herausforderung, als vielmehr eine organisatorisch, personelle ist.[96]

---

[95]   Weick (Management), S.386, in Sydow (Strategische Netzwerke), S.118.

[96]   Vgl. Reiss (Unternehmung), S.12.

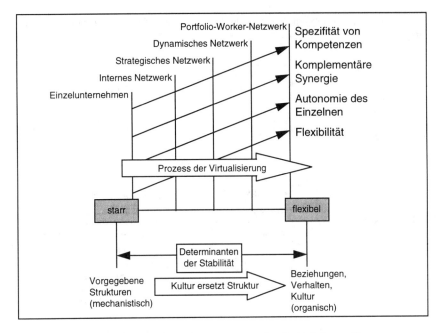

Abb. 3-11: Determinanten der Stabilität im Prozess der Virtualisierung[97]

3.4.3 Mechanistische versus organische Unternehmensnetzwerke

Unternehmensnetzwerke können hinsichtlich formaler Beschreibungsdimensionen in mechanistische und organische Unternehmensnetzwerke unterschieden werden. Die Unterscheidung in mechanistische und organische Organisationen geht auf Burns, Stalker[98] zurück. **Mechanistische Unternehmensnetzwerke** zeichnen sich nach Sydow[99] durch einen hohen Standardisierungs-, Zentralisations- und Formalisierungsgrad auf. Sie eignen sich häufiger als organische Unternehmensnetzwerke für die Umsetzung einer Strategie der Kostenführerschaft. **Organische Unternehmensnetzwerke** dagegen weisen wenig formalisierte und standardisierte Strukturen auf und sind durch Konnektivität, Reziprozität und Offenheit charakterisiert. Ausprägungen idealer

---

[97] Quelle: Eigene Darstellung.

[98] Vgl. Burns, Stalker (Innovation).

[99] Vgl. Sydow (Strategische Netzwerke), S.88.

mechanistischer und organischer Konfigurationen sind in folgender Tabelle im Überblick dargestellt (siehe Tab. 3-8).

Kriterium	Ideale mechanistische Konfiguration	Ideale organische Konfiguration
• Umwelt	• sicher • stabil	• unsicher • turbulent
• Missionen und Strategien	• einfach • unausgesprochen • unzusammenhängend • starr • reaktiv	• komplex • klar und deutlich • integriert • flexibel • manipulativ (beeinflussend)
• Führungsstil	• konservativ, seat-of-the-pants	• risikofreudig • Optimierung der Performance nach rationaler Analysen • Gebrauch flexibler, situativer Autorität • nicht autoritär • partizipativ
• Formale (vorgeschriebene) Netzwerke (prescribed networks)	• einfache integrative Mechanismen • Regeln und Programme • Hierarchie • Zielsetzung	• komplex integrative Selbstorganisation (devices) • vertikale Informationsflüsse • laterale Beziehungen.
• Organisatorische Prozesse	• minimale Kommunikation • Konflikt vermeiden, werden geradegebogen oder durch die Hierarchie gelöst • • keine partizipative Entscheidungen	• offene Kommunikation, zeitnah und ohne verzerrte Darstellungen • Konflikte angehen und offen managen • partizipative Entscheidungen
• Informelle (neu entstehende) Netzwerke (Emergent networks)	• 'Klüngel', der nicht aufgabenbezogen ist	• ausgeweitete aufgabenbezogene Netzwerke und Koalitionen

Tab. 3-8: Abgrenzung idealer mechanistischer versus organischer Konfigurationen[100]

---

[100] Quelle: Aus dem Englischen nach Tichy (Networks), S.233.

3.4.4 Autonomie versus Interdependenz

Ein Unternehmensnetzwerk besteht aus rechtlich selbständigen Partnern, wirtschaftlich jedoch abhängigen Partnern. Rechtliche Selbständigkeit bedeutet, dass die Partner innerhalb des Netzwerks untereinander implizite und explizite Verträge schliessen können, aber jeweils ihre eigene Rechtspersönlichkeit behalten. Die wirtschaftliche Selbständigkeit ist als Ausmass zu betrachten, „zu dem ein Unternehmen in der Lage ist, strategische Wahlentscheidungen selbst zu treffen und umzusetzen."[101] Diese wird in Unternehmensnetzwerken durch die Kooperation eingeschränkt. Als Mass für die Einschränkung bzw. schrittweise Aufgabe wirtschaftlicher Selbständigkeit dient die **Bindungsintensität**. Die Bindungsintensität ist eine relevante Grösse für die Möglichkeiten einer schnellen Trennung der Partner aus einer Kooperationsbeziehung.[102]

Unternehmen, die in einem Unternehmensnetzwerk zusammenarbeiten, gehen gegenseitige externe Abhängigkeiten (Interdependenzen) bewusst ein. Interdependenzen können in horizontale, vertikale und symbiotische Interdependenzen unterschieden werden. Horizontale Interdependenzen entstehen z.b. aus dem Wettbewerb um den Erwerb ähnlicher Ressourcen bzw. um den Absatz bestimmter Produkte, vertikale Interdependenzen bestehen zwischen Unternehmen unterschiedlicher Wertschöpfungsstufen und symbiotische Interdependenzen entstehen dort, wo sich Leistungen oder Kompetenzen von Unternehmen sinnvoll ergänzen.[103]

3.4.5 Organisatorische Grenzen

Die Frage nach der organisatorischen Grenze (Organizational Boundary) systemtheoretischer Konzeptionen (wie z.B. Unternehmensnetzwerken) ist bisher nicht befriedigend gelöst. Während die Grenzen eines einzelnen Unternehmens über seine eigentumsrechtliche, hierarchische und vertragliche Kontrolle über die Ressourcen bestimmt werden kann, bestehen in systemtheoretischen Konzeptionen durch eine zunehmende Offenheit vielfältige Beziehungen zwischen Organisationen und der Umwelt. Diese lassen eine Bestimmung organisationaler Grenzen von Unternehmensnetzwerken nur äusserst vage zu.[104]

---

[101] Vgl. Sydow (Strategische Netzwerke), S.90.

[102] Vgl. Sydow (Strategische Netzwerke), S.90f.

[103] Vgl. Sydow (Strategische Netzwerke), S.92.

[104] Vgl. Sydow (Strategische Netzwerke), S.96f. und die dort zitierte Literatur.

3.5 Potentiale und Nutzen von Netzwerken

3.5.1 Netzwerkpotential

Ein Unternehmensnetzwerk stellt für ein Unternehmen ein **Nutzenpotential** und zugleich ein **strategisches Erfolgspotential** dar. Eine eindeutige Trennung zwischen dem Unternehmensnetzwerk als Nutzenpotential und als strategisches Erfolgspotential ist aufgrund verschiedener Betrachtungsperspektiven des Netzwerks sehr schwierig. Einerseits stellen die Kompetenzen der Unternehmen im Netzwerk das strategische Erfolgspotential des Unternehmensnetzwerks zur Erschliessung von Nutzenpotentialen dar, andererseits stellt das Netzwerk, durch die Vorteile, die ein einzelnes Unternehmen aus ihm gewinnt, für dieses gleichzeitig ein Nutzenpotential dar. Im folgenden soll der **Begriff des Netzwerkpotentials** definiert werden, der beide Sichten auf das Unternehmensnetzwerk miteinander vereint.

Das Netzwerkpotential umfasst als Sammelbegriff einzelne bereits definierte Potentiale, wie z.b. das Kooperations- und das Flexibilitätspotential (siehe auch Abb. 3-12), die im Rahmen der Definition vorgestellt werden. Die potentiellen Chancen, die ein Unternehmen durch Kooperationen für sich erschliessen kann, werden zusammenfassend als Kooperationspotential bezeichnet. Das **Kooperationspotential** ist ein **externes Nutzenpotential**[105]. Kooperationspotentiale sind definiert als „die Möglichkeiten zur zusätzlichen Wertschöpfung über eine Zusammenarbeit mit anderen Unternehmen in einzelnen Geschäftsfeldern oder Funktionsbereichen, z.B. mittels Arbeitsgemeinschaften, Joint Ventures, strategischen Allianzen, Franchising, Venture Management oder Spin-offs."[106] Die zusätzliche Wertschöpfung durch Kooperationen kann beispielsweise durch die organisatorische Neugestaltung unternehmensübergreifender Prozesse erfolgen. Dieser organisatorische Aspekt innerhalb des Kooperationspotentials kann auch als **Organisationspotential** spezifiziert werden. Durch die Erschliessung des Organisationspotentials können beteiligte Unternehmen ihre Kosten z.B. für die Produktentwicklung und die Auftragsabwicklung senken und somit ihre Wertschöpfung erhöhen.

Unternehmen können durch Kooperationen auch Zugriff auf Kompetenzen anderer Unternehmen erlangen. Von Bedeutung sind hierbei insbesondere die Erweiterung des

---

[105] Vgl. Kapitel 2.4.1.

[106] Pümpin (Strategische Erfolgspositionen), S.21.

Ressourcen-, des Know How- und des Technologiepotentials, die Kooperationen bieten.

Das **Ressourcenpotential** bezieht sich auf die Möglichkeit, durch den Zugriff auf unternehmensfremde Ressourcen im Rahmen einer Kooperation, den Aktionsraum eines einzelnen Unternehmens zu erweitern.

Das **Know How-Potential**[107] ist die Möglichkeit zur Ausschöpfung von konkurrenzüberlegenem Wissen und von Fähigkeiten in bezug auf bestimmte Technologien, Produkte, Vertriebs- und Fertigungsprozesse sowie spezielle Kundenwünsche und deren Verwertung ausserhalb der Kooperation.

Das **Technologiepotential**[108] beinhaltet die Wertsteigerungsmöglichkeiten durch den Einsatz neuer Technologien, z.B. für die Kreation völlig neuer bzw. veränderter Marktleistungen und Fertigungsverfahren.

Durch die Kombination dieser Kompetenzen im Unternehmensnetzwerk wird das Ressourcenpotential, das Know How-Potential und insbesondere das Technologiepotential der einzelnen Unternehmen erweitert. Die beschriebenen Zusammenhänge treffen prinzipiell sowohl für bilaterale Kooperationen, als auch für Unternehmensnetzwerke zu. Die genannten Potentiale können für ein Unternehmen innerhalb des Unternehmensnetzwerks oder das gesamte Unternehmensnetzwerk gegenüber Wettbewerbern ausserhalb des Netzwerks **strategische Erfolgspotentiale** darstellen.

Ein weiteres wichtiges Potential von Unternehmensnetzwerken ist die Flexibilität. Unternehmensnetzwerke bieten in einer turbulenten Umwelt grössere Flexibilität gegenüber anderen Organisationsformen.[109] Diese Eigenschaft von Unternehmensnetzwerken soll als **Flexibilitätspotential** definiert werden. Das Flexibilitätspotential eines Unternehmensnetzwerks kann aus der Sicht eines Unternehmens, das nicht am Netzwerk beteiligt ist, ein externes Nutzenpotential darstellen. Voraussetzung hierfür ist, dass das Unternehmen über für das Unternehmensnetzwerk attraktive Kompetenzen verfügt. Aus der Sicht eines Unternehmens, das Bestandteil des Unternehmensnetzwerks ist, stellt das Flexibilitätspotential ein 'quasi-externes' Nutzenpotential dar. Das Flexibilitätspotential generiert Wert für die beteiligten Unter-

---

[107] Vgl. Pümpin (Strategische Erfolgspositionen), S.22.

[108] Pümpin (Strategische Erfolgspositionen), S.21.

[109] Vgl. Miles, Snow (Spherical), Sydow (Strategische Netzwerke), Schuh, Millarg, Göransson (Virtuelle Fabrik), Bleicher (Organisationsformen), S.11.

nehmen, wenn aufgrund von Umweltveränderungen schnell neue kooperative Beziehungen zu attraktiven Kooperationspartnern aufgebaut und bestehende Beziehungen schnell und mit wirtschaftlich vertretbarem Aufwand wieder gelöst werden können.

Die Summe aller potentiellen Chancen aus Kooperationen (Kooperationspotential) aus Unternehmensperspektive (über die Anzahl der Netzwerkteilnehmer) stellt das Kooperationspotential innerhalb des Unternehmensnetzwerks dar. Von besonderer Bedeutung sind dabei die Ressourcen-, Know How- und Technologiepotentiale. Diese Potentiale, kombiniert mit den Flexibilitätsvorteilen aus Netzwerkstrukturen, (Flexibilitätspotential) sollen im folgenden als **Netzwerkpotential** definiert werden (siehe Abb. 3-12).

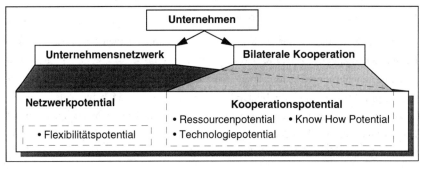

Abb. 3-12: Kooperationspotential als Bestandteil des Netzwerkpotentials[110]

Aus der Sicht der beteiligten Unternehmen handelt es sich beim Netzwerkpotential um ein 'quasi-internes' Potential. Der Vorteil des Unternehmensnetzwerks liegt in den bestehenden Beziehungen zwischen den Unternehmen. Diese erlauben eine schnellere, flexiblere Zusammenarbeit innerhalb des Unternehmensnetzwerks im Vergleich zur Zusammenarbeit mit bisher unbekannten potentiellen Kooperationspartnern ausserhalb des Netzwerks. Durch die Aufnahme weiterer Unternehmen kann das Netzwerkpotential gesteigert, sowie durch den Aufbau neuer Beziehungen zwischen den Netzwerkunternehmen stärker ausgeschöpft werden.

Die **Grösse eines Unternehmensnetzwerks** ist aus wirtschaftlichen Überlegungen heraus begrenzt. Mit zunehmender Zahl der Netzwerkunternehmen und ihren Bezie-

---

110 Quelle: Eigene Darstellung.

hungen untereinander steigt die Komplexität und somit der Koordinationsaufwand im Netzwerk an. Übersteigt der zusätzliche Aufwand durch die Aufnahme eines weiteren Unternehmens in das Netzwerk den zusätzlich generierbaren langfristigen Nutzen, ist eine Ausweitung des Netzwerks nicht sinnvoll.

3.5.2 Marktpotential

Das Erschliessen des Netzwerkpotentials[111] ist nicht Selbstzweck, sondern dient letztlich der **verbesserten Nutzung bestehender** und der **Erschliessung neuer Marktpotentiale**. Marktpotentiale sind externe Nutzenpotentiale. Sie sind definiert „als die Aufnahmefähigkeit bestimmter (nationaler und internationaler) Absatzmärkte bzw. Absatzmarktsegmente für die Produkte und Dienstleistungen des Unternehmens."[112]

Marktpotentiale leiten sich aus menschlichen Bedürfnissen, wie z.B. Mobilität, Kommunikation, soziale Anerkennung und materielle Absicherung ab. Wie alle Nutzenpotentiale können auch Marktpotentiale als Konstellationen der Interessen (Bedürfnisse) verschiedener Bezugsgruppen interpretiert werden.[113] Unternehmen können Bestandteil solcher Konstellationen sein. Durch den Ausgleich der Interessen bzw. die Befriedigung der Bedürfnisse können Unternehmen einen unmittelbaren Nutzen stiften.[114]

Unternehmen versuchen auf der Basis ihrer Kernkompetenzen, Marktpotentiale für sich zu erschliessen. Marktpotentiale können aus der Sicht eines Unternehmens in bereits bestehende und neue Marktpotentiale unterteilt werden. Unternehmen richten ihre Aktivitäten auf diese aus. Durch aktive Einflussnahme sind Unternehmen in der Lage, latent vorhandene Bedürfnisse der Bezugsgruppen zu wecken und so neue attraktive Marktpotentiale zu schaffen. Beispiele hierfür sind die Techno-Generation, Energy-Drinks, etc.

Märkte stellen einen Ort des Potentialausgleichs dar. Sie können als oberste sichtbare Schicht eines teilweise erschlossenen Marktpotentials interpretiert werden. Auf dem Markt treffen die verfügbaren Leistungen der Unternehmen als Anbieter mit den

---

[111] Vgl. Kapitel 3.5.1.

[112] Pümpin (Strategische Erfolgspositionen), S.21. Zum Begriff des Marktpotentials vgl. auch Weinhold-Stünzi (Marketing), S.79f.

[113] Pümpin (Strategische Erfolgspositionen), S.19f.

[114] Vgl. Pümpin (Strategische Erfolgspositionen), S.19.

Bedürfnissen der Nachfrager zusammen. Märkte beziehen sich stets auf derzeit verfügbare Leistungen der Unternehmen. Marktpotentiale dagegen stellen Bedürfnisse der Bezugsgruppen in den Vordergrund und ermöglichen einen Perspektivenwechsel des Unternehmens auf neuartige nutzenstiftende Problemlösungen.[115]

Die Bedeutung der Unterscheidung zwischen 'Markt' und 'Marktpotential' spiegelt sich in der Denkhaltung der Unternehmensführung wider. Das **Denken in Märkten und Produkten** ist stets auf aktuelle Problemlösungen innerhalb eines Ausschnitts eines bestehenden Marktpotentials begrenzt. Da von den bestehenden Markt-Produkt-Kombinationen nur schwer abstrahiert werden kann, versuchen die Unternehmen durch Massnahmen zur Effizienzsteigerung ihre Wettbewerbsfähigkeit zu sichern.[116] Das **Denken in Markt- bzw. Nutzenpotentialen** i.a. eröffnet dagegen eine Chancenperspektive, die weit über die Betrachtung der aktuellen Aktivitäten auf bestehenden Märkten hinausreicht.[117] Es wird dabei angestrebt, auf der Basis der bestehenden Fähigkeiten und Ressourcen eines Unternehmens neue attraktive Marktpotentiale für das Unternehmen zu erschliessen und die vorhandenen Kernkompetenzen als Hebel einzusetzen.[118]

3.5.3 Zusammenhang zwischen Netzwerkpotential und Marktpotential

Im folgenden wird nun der Zusammenhang zwischen dem Netzwerkpotential und dem Marktpotential hergestellt. Dieser Zusammenhang stellt einen weiteren Baustein zur Beschreibung der Wertwirkung generischer Netzwerkstrategien dar.[119]

Kooperationsstrategien bieten Unternehmen eine Möglichkeit, bestehende Restriktionen bei der Erschliessung attraktiver Nutzenpotentiale zu umgehen[120]. Nach Ansoff[121] zielen Kooperationen vorrangig auf das Erlangen von Synergien[122] ab.

---

[115] Vgl. Binder, Kantowsky (Technologiepotentiale), S.136.

[116] Vgl. Binder, Kantowsky (Technologiepotentiale), S.137.

[117] Vgl. Hamel, Prahalad (Imagination), S.83.

[118] Vgl. Hamel, Prahalad (Competing), S.78f., Hamel, Prahalad (Strategy), S.10ff.

[119] Zur Wertwirkung generischer Netzwerkstrategien vgl. Kapitel 6.2.

[120] Vgl. Kapitel 5.

[121] Booz, Allen, Hamilton (Wettbewerb), S.112.

[122] Zum Synergiebegriff vgl. Klemm (Synergetische Potentiale), S.44ff. und die dort zitierte Literatur.

Synergien können im wesentlichen in Verkaufs-, Produktions-, Investitions- und Managementsynergien unterteilt werden (siehe Tab. 3-9).

Synergieart	Ursache	Wirkung

Verkaufs-synergie	• Gemeinsame Nutzung von
	  - Vertriebskanälen
	  - Verkaufsverwaltungen, Aussendienstpersonal
	  - Lagerhauskapazitäten
	• Verbundeffekte
		Höhere Erträge
		besserer Zugang zum Kunden

Produktions-synergie	• Effizientere Nutzung aller Produktionsfaktoren • Bessere Auslastung und Reduktion der „overheads" • Lernkurveneffekte • Erzielen von Rabatten bei der Zusammenlegung von Einkaufsmengen	Niedrigere Produktionskosten Geringere Investitions-aufwendungen

Investitions-synergie	• Gemeinsame Verwendung von
	  - Fabrikationsstätten
	  - Rohmaterialbeständen
	  - Werkzeugen
	  - Maschinen
	  - bereits vorhandenem F&E-Know How
		Schnellere Abläufe
		Niedrigere Kosten

Management -synergie	• Gemeinsame Nutzung von Management-Know How • Lerneffekte	Schnellere Abläufe

Tab. 3-9: Ursachen und Wirkungen verschiedener Synergiearten[123]

Die Erzielung von Vorteilen aus Kooperationen durch synergetische Effekte wird häufig als Argument für Kooperationen angeführt. Die tatsächliche Realisierung von Synergien ist häufig jedoch kaum nachweisbar, da es an geeigneten Massstäben, Erfassungs- und Messinstrumenten fehlt.

Die folgende Abbildung gibt einen Überblick über die potentiellen Chancen, die Unternehmen mit Kooperationen verbinden (siehe Abb. 3-13).

---

[123] Quelle: Booz, Allen, Hamilton (Wettbewerb), S.112, in Anlehnung an Ansoff (Corporate Strategy), S.75.

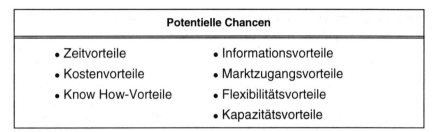

Abb. 3-13: Potentielle Chancen durch Kooperationen in Unternehmensnetzwerken[124]

(1)   Zeitvorteile

Die Zeit ist in einer dynamischen Unternehmensumwelt ein wettbewerbsentscheidender Faktor[125]. Zeitvorteile, z.B. in der Auftragsabwicklung, im Innovationsprozess[126], in der Anpassung an Markt- und Umweltveränderungen sowie im Aufbau erforderlicher Kompetenzen generieren Wettbewerbsvorteile.

(2)   Kostenvorteile

Kosten sind die entstehenden Aufwendungen, die im Zusammenhang mit der betrieblichen Leistungserstellung innerhalb einer bestimmten Zeitperiode anfallen. Für produzierende Unternehmen ist die ständige Suche nach Möglichkeiten zur Reduzierung von Kosten, um auf dem Weltmarkt konkurrenzfähig zu sein, von existentieller Natur.

(3)   Kompetenzvorteile

Kompetenzen sind gebündelte Ressourcen und Fähigkeiten.[127] Sie sind Bestandteil des strategischen Erfolgspotentials eines Unternehmens und somit eine Quelle für Wettbewerbsvorteile. Durch Kooperationen können Unternehmen Zugang zu neuen Kompetenzen erlangen bzw. gemeinsam neue Kompetenzen aufbauen.

---

[124] Quelle: Eigene Darstellung.

[125] Vgl. Pümpin (Strategische Erfolgspositionen), S.26, Doz, Hamel (Alliances), S.5.

[126] Sinkende Produktlebenszyklen erzwingen immer kürzere Innovationszyklen.

[127] Vgl. Kapitel 2.4.1.

(4) Informationsvorteile

Im Zeitalter der Informationsgesellschaft gilt 'Information', neben maschinellen Anlagen, Werkstoffen und Arbeitskraft als vierter Produktionsfaktor. Die Verfügbarkeit **relevanter Informationen** generiert einen entscheidenden Wettbewerbsvorteil. Kooperationen können als Informationsquellen für Technologie- oder Marktinformationen dienen und somit die Planungsgrundlage von Unternehmen verbessern. Der Wert von Informationen ist nur schwer quantifizierbar. Er stellt eine subjektive Grösse dar, die sich aus dem situativen Kontext des jeweiligen Verwenders einer Information ergibt.

(5) Marktzugang

Der Begriff 'Marktzugang' beschreibt die Fähigkeit eines Unternehmens, auf einem für sich neuen und lukrativen Beschaffungs- bzw. Absatzmarkt Leistungen zu erwerben oder abzusetzen. Häufig bleibt einzelnen Unternehmen der Zugang zu attraktiven Märkten verwehrt, da sie z.b. nicht über die erforderlichen Ressourcen und Fähigkeiten verfügen oder ihrem Vorhaben sonstige Restriktionen entgegenstehen. Durch die Kooperation können Markteintrittsbarrieren reduziert, Handelsrestriktionen umgangen und vorhandene Vertriebsstrukturen von mehreren Unternehmen gemeinsam genutzt werden.

(6) Flexibilitätsvorteile

Unternehmensflexibilität beinhaltet nach Meffert[128] „alle zukunftsgerichteten Überlegungen der langfristigen Schaffung und Sicherung von Handlungsspielräumen zur Begegnung von Risiken und Wahrnehmung von Chancen." Es geht also darum, dem Unternehmen und dem Management Handlungsspielräume zu schaffen, um den komplexen Umweltveränderungen begegnen zu können. Unternehmensnetzwerke, v.a. dynamische Netzwerke[129] und virtuelle Organisationen bieten die Möglichkeit, Flexibilität und Handlungsspielräume gegenüber der dynamischen Umwelt zu steigern.

---

[128] Meffert (Flexibilität), S.122, zit. in Sydow (Strategische Allianzen), S.110.

[129] Zur Definition und Beschreibung 'dynamischer Unternehmensnetzwerke' und 'virtueller Organisationen' vgl. Kapitel 4.1.4 und 4.1.5.

(7)   Kapazitätsvorteile

Kapazitätsvorteile ergeben sich durch die Möglichkeit, innerhalb des Unternehmensnetzwerks freie Ressourcen und Kapazitäten von Netzwerkpartnern im Bedarfsfall nutzen zu können. Dadurch kann ein Unternehmen sein kapazitatives Leistungsvermögen
kurzfristig steigern, ohne selbst die beanspruchten Kapazitäten permanent bereit-
zuhalten.

Zwischen den genannten Vorteilen, die durch Kooperationen angestrebt werden, bestehen vielfältige Wirkungszusammenhänge. Beispielsweise wirken sich Zeitvorteile
und Kapazitätsvorteile häufig auch positiv auf die Kosten von Unternehmen aus.
Informationsvorteile wirken kostenreduzierend, fördern den Aufbau neuer Kompetenzen und können zu Zeitvorteilen führen. Die dargestellten potentiellen Chancen
können von Unternehmen für sich genutzt werden, indem sie gezielt Unternehmensnetzwerke aufbauen und so im Rahmen der verfolgten Netzwerkstrategie das Netzwerkpotential für sich erschliessen.

3.6 Nutzung von Kompetenzen und Wissen in Netzwerken

Unternehmen können in Unternehmensnetzwerken grundsätzlich zwei Strategien verfolgen, um erforderliche Kompetenzen anderer Unternehmen für sich zu nutzen. Zum
einen die Kombination komplementärer Kompetenzen und zum anderen die Internalisierung von Kompetenzen. Beide Möglichkeiten stehen in engem inhaltlichen Zusammenhang mit organisationalen Lernprozessen. Im folgenden werden daher die
Grundlagen der Organisation der Wissensgenerierung in Unternehmensnetzwerken
und daran anschliessend die beiden Möglichkeiten der Nutzung von Kompetenzen
anderer Unternehmen beschrieben.

3.6.1 Organisation der Wissensgenerierung

Unternehmensnetzwerke bieten die Möglichkeit, auf der Basis des in den Unternehmen
gebundenen Wissens gemeinsam neue Leistungen zu entwickeln und neue Nutzenpotentiale zu erschliessen. Hierzu ist es notwendig, das in den Unternehmen vorhandene Wissen für die am Netzwerk beteiligten Unternehmen nutzbar zu machen. In
Analogie zum organisationalen Lernen einzelner Unternehmen wird der gemeinsame
Kernkompetenzaufbau   zwischen   Unternehmen   in   einem   Netzwerk   als

'interorganisationales Lernen' bezeichnet. Sydow et al.[130] formulieren dies so: „Kernkompetenzen, einschliesslich der Fähigkeit der Akteure, interorganisationale Beziehungen zu managen, sind [...] das Ergebnis kollektiver, organisationaler und - so wäre zu ergänzen - auch interorganisationaler Lernprozesse, die auf die Koordinierung unterschiedlicher technologischer und organisatorischer Fähigkeiten mit Blick auf die sich wandelnden marktlichen Gegebenheiten bezogen sind." Es gilt auch hier festzuhalten, dass das Netzwerk als solches nicht lernen kann, sondern, dass nur die Menschen in den Netzwerkunternehmen in der Lage sind, individuelles Wissen zu generieren.[131] Organisationales und interorganisationales Lernen kann jedoch mehr sein als nur die Summe von individuellen Lernprozessen. Organisationen haben die Fähigkeit, Wissen zu speichern: „Members [der Organisationen, der Verf.] come and go, and leadership changes, but organizations' memories preserve certain behaviours, mental maps, norms, and values over time."[132]

Hinsichtlich der Art der Wissensbindung in Organisationen unterscheiden Nonaka, Takeuchi[133] zwischen explizitem und implizitem Wissen.[134] **Explizites Wissen** umfasst Wissen als Artefakte und dokumentiertes Wissen. Es ist kodierbar und in eine formale Sprache transferierbar. **Implizites Wissen** dagegen umfasst persönliches Erfahrungs- und soziales Wissen. Es ist 'kontextspezifisch' und somit nicht oder nur schwer zu kodifizieren (formalisieren) und zu kommunizieren[135] (siehe Abb. 3-14).

---

[130] Vgl. Sydow et al. (Organisation), S.46.

[131] Vgl. Rasche (Kernkompetenzen).

[132] Hedberg (Organizations), 1981, S.6, zit. in Helleloid, Simonin (Organizational Learning), S.216f.

[133] Vgl. Nonaka, Takeuchi (Knowledge).

[134] Die Unterscheidung zwischen explizitem und implizitem Wissen geht auf Polanyi zurück. Vgl. Polanyi (Personal Knowledge). Synonym verwendete Begriffe für 'implizit' sind 'tacit' und 'non-articulated'; für 'explizit' werden entsprechend die Begriffe 'non-tacit' und 'articulated' verwendet. Vgl. Gassmann (F&E-Management), S.150 und die dort zitierte Literatur.

[135] Vgl. Nonaka, Takeuchi (Knowledge), S.59.

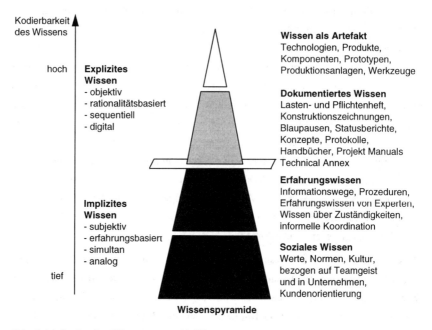

Abb. 3-14: Stufen der Wissenspyramide[136]

Die Unterscheidung in implizites und explizites Wissen ist nicht starr. Zur Generierung neuen Wissens ist es notwendig, das in den Unternehmen vorhandene implizite und explizite Wissen zu konvertieren. Nonaka, Takeuchi[137] unterscheiden vier Richtungen der Wissenskonversion (Knowledge conversion): (1) Sozialisation, (2) Externalisierung, (3) Kombination und (4) Internalisierung (siehe Abb. 3-15).

---

[136] Quelle: Gassmann (F&E-Management), S.152.

[137] Vgl. Nonaka, Takeuchi (Knowledge), S.62ff.

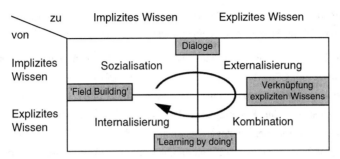

Abb. 3-15: Vier Richtungen der Wissenstransformation[138]

(1) Sozialisierung ist ein Prozess, in dem Erfahrungen gemeinsam geteilt werden und so aus implizitem Wissen wiederum implizites Wissen, wie gemeinsame mentale Modelle und technische Fähigkeiten, generiert wird. Die Sozialisierung in Unternehmensnetzwerken kann beispielsweise in interorganisationalen Projektteams und durch längerfristigen Personalaustausch erfolgen. Die Überwindung kultureller Unterschiede und die Bildung gegenseitigen Vertrauens zwischen den Mitarbeitern sind **kritische Erfolgsfaktoren** für die Wissenskonversion durch Sozialisierung. Dieses gilt insbesondere für die Sozialisierung in Unternehmensnetzwerken, da die kulturelle Vielfalt tendenziell grösser ist, als innerhalb eines einzelnen Unternehmens.

(2) Externalisierung umfasst einen Prozess, in dem implizites Wissen in expliziten Konzepten, wie Pflichtenheften oder Prototypen, artikuliert wird. Die Externalisierung erfolgt in Dialogen und gemeinsamen Reflexionen, wobei die Verwendung von Metaphern, Analogien, Konzepten und Modellen für den Externalisierungsprozess förderlich ist.

(3) Kombination ist ein Prozess der Systematisierung von Konzepten in ein Wissenssystem (Knowledge system). Unterschiedliches explizites Wissen wird durch Sortieren, Hinzufügen, Kombinieren und Kategorisieren zu neuem explizitem Wissen rekonfiguriert. Der Wissensaustausch und Kombinationsprozess kann in Unternehmensnetzwerken durch Dokumente, persönliche Treffen, Video-Konferenzen, Telefonate und gemeinsame computergestützte Informations- und Kommunikationsplattformen erfolgen.

---

[138] Quelle: In Anlehnung an Nonaka, Takeuchi (Knowledge), S.62 und S.71f.

(4) Internalisierung stellt den Prozess dar, der explizites Wissen in implizites Wissen konvertiert. Dieser Prozess erfolgt am einfachsten durch 'Learning by doing'.

Nonaka, Takeuchi[139] haben ein Phasenmodell zur **organisatorischen Wissensgenerierung** entwickelt. Das Phasenmodell ist auf den Wissensgenerierungsprozess von Organisationen bezogen und kann daher sowohl für einzelne Unternehmen, als auch grundsätzlich für die Beschreibung des Wissensgenerierungsprozesses in Unternehmensnetzwerken herangezogen werden. Innerhalb eines idealen Prozesses der Wissensgenerierung werden fünf Phasen unterschieden: **(1) Sharing tacit knowledge, (2) Creating concepts, (3) Justifying concepts, (4) Building an archetype, (5) Cross leveling knowledge** (siehe Abb. 3-16). Die fünf Phasen im Modell entsprechen weitestgehend den vier Richtungen der Wissenskonversion (Knowledge conversion): Sozialisation, Externalisierung, Kombination und Internalisierung (siehe Abb. 3-15 und Abb. 3-16).

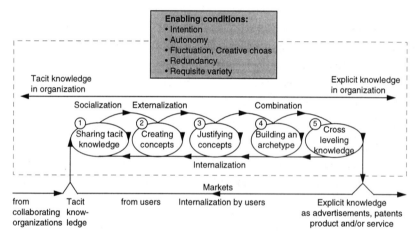

Abb. 3-16: Phasenmodell der organisatorischen Wissensgenerierung[140]

Der Prozess beginnt mit dem Teilen impliziten Wissens als Quelle neuen Wissens in der Organisation (**Sharing tacit knowledge**). Da implizites Wissen nicht einfach kommuniziert werden kann, muss eine Arbeitsumgebung (**Field of interaction**) zur Zusammenarbeit und zur face-to-face Kommunikation geschaffen werden. Dieser erste

---

[139] Vgl. Nonaka, Takeuchi (Knowledge), S83ff.

[140] Quelle: Nonaka, Takeuchi (Knowledge), S.84.

Schritt des Wissensgenerierungsprozesses entspricht weitestgehend der Sozialisation. Die Sozialisation beginnt mit der Bildung interorganisatorischer Teams aus Mitarbeitern der am Unternehmensnetzwerk beteiligten Unternehmen (**Field Building**). Die Teammitglieder teilen ihre Erfahrungen und mentalen Modelle.

In der zweiten Phase 'Creating concepts' wird durch aufeinanderfolgende inhaltsreiche Dialoge unter Verwendung von Analogien und Metaphern zur Unterstützung der Kommunikation das implizite Wissen expliziert. Diese Phase entspricht der Externalisierung. Anschliessend werden die erstellten Konzepte unter Berücksichtigung übergeordneter Zielsetzungen bewertet (**Justifying concepts**). In der vierten Phase 'Building an archetype' erfolgt die Kombination des expliziten Wissens mit weiterem explizitem Wissen aus anderen Quellen und die Ausgestaltung von Konzepten durch ein Team. Die Kommunikation dieser Konzepte wird erleichtert, wenn das kombinierte explizite Wissen im Team mit existierenden Daten und zusätzlichem Wissen aus der Organisation kombiniert wird. In der fünften Phase 'Cross leveling knowledge' wird das neue explizierte Wissen durch die Teammitglieder in den beteiligten Organisationen zur Verfügung gestellt und somit durch Anwendung des Wissens weiter verbreitet (**Learning by doing**). Diese Phase stellt den Beginn der Internalisierung dar.

Der Prozess der Wissensgenerierung in Organisationen ist ein permanent fortlaufender Prozess. Innerhalb von Unternehmensnetzwerken endet der Prozess erst mit der Auflösung des Unternehmensnetzwerks.[141] Die Wissenskonversion und -generierung kann ausschliesslich durch Individuen erfolgen. D.h. eine Organisation kann losgelöst von Individuen nicht lernen. Die Organisation, in der sich die Individuen 'bewegen', kann kreative Individuen bei der Wissensgenerierung unterstützen und günstige Rahmenbedingungen zur Wissensgenerierung schaffen.[142]

Als bedeutendste Kriterien, die zur organisatorischen Wissensgenerierung notwendig sind, nennen Nonaka, Takeuchi[143] Intention, Autonomie, Fluktuation, kreatives Chaos und Redundanz.

Mit organisatorischer **Intention** (organizational Intention) werden die Ziele, Strategien und die Vision des Unternehmens bzw. des Unternehmensnetzwerks bezeichnet. Die Ziele dienen als wichtiges Kriterium zur Beurteilung der Eignung explizierten Wis-

---

141 Vgl. Nonaka, Takeuchi (Knowledge), S.225.

142 Vgl. Nonaka, Takeuchi (Knowledge), S.59.

143 Vgl. Nonaka, Takeuchi (Knowledge), S.73ff.

sens. **Autonomie** bedeutet, dass Individuen genügend Spielraum haben, um die Grenzen ihrer Aufgaben selbst zu definieren. Eine hohe Autonomie der Mitarbeiter fördert die Chance, dass unerwartete Ideen eingebracht werden, und wirkt motivierend. Mitarbeiter sollten daher, z.B. in sich selbst organisierenden Teams, soviel Autonomie erhalten, wie es die Umstände erlauben. **Fluktuation und kreatives Chaos** stimuliert die Zusammenarbeit zwischen Unternehmen und ihrer externen Umwelt. Sie erfordert von den Mitarbeitern ein hohes Mass an Flexibilität und die Bereitschaft zur Mobilität. **Redundanz** schliesslich beschreibt die Existenz von Informationen, die über die unmittelbar benötigten operativen Anforderungen an die Mitarbeiter hinausgeht. Redundanz von Wissen ist notwendig, um den Kontext von Aufgaben besser verstehen und so neue Aufgaben schnell einordnen und gemeinsam bewältigen zu können.

3.6.2 Konfiguration

Die Konfiguration von Kompetenzen basiert auf der Idee der komplementären Spezialisierung von Unternehmen innerhalb eines Unternehmensnetzwerks. Allein der Zusammenschluss der Unternehmen genügt nicht, um nachhaltige Wettbewerbsvorteile für das Netzwerk zu erschliessen. Jedes am Netzwerk teilnehmende Unternehmen konzentriert sich auf seine Kernkompetenzen und bringt diese in das Unternehmensnetzwerk ein. Die jeweiligen Stärken der Partner müssen den anderen Teilnehmern zugänglich sein und sich wechselseitig ergänzen. Das entstehende Netzwerk ist eine **'Best of Everything'-Organisation**, bei der jeweils dasjenige Unternehmen im Netzwerk eine Funktion wahrnimmt, die es besser als die übrigen beherrscht.[144]

Es genügt nicht, dass 'irgendwelche' Kernkompetenzen in das Netzwerk eingebracht werden. Die Kernkompetenzen müssen in das Netzwerk passen, d.h. sie müssen komplementär zu den schon im Netzwerk bestehenden Kernkompetenzen sein.[145] Das Unternehmensnetzwerk besteht demnach aus Unternehmen, die sich auf ihre jeweils zueinander **komplementären Kernkompetenzen** konzentrieren.

Der oben beschriebene Sachverhalt kann mit der **Wertschöpfungskette** von Porter[146] verdeutlicht werden. Jedes Glied, d.h. jede Funktion der Wertschöpfungskette wird im

---

[144] Vgl. Mertens, Faisst (Organisationsstruktur), Wildemann (Netzwerkstrukturen), Jarillo (Networks).

[145] Vgl. Bellmann, Hippe (Kernthesen), S.70ff.

[146] Vgl. Porter (Wettbewerbsvorteile), S.36ff.

Extremfall von einem Netzwerkteilnehmer ausgeführt. Dieser Netzwerkteilnehmer weist in dem ihm zugewiesenen Bereich die stärkste Kompetenz aller Netzwerkpartner auf. Die untenstehende Abbildung zeigt ein Beispiel für eine Wertschöpfungskette, die von fünf spezialisierten Netzwerkunternehmen gebildet werden kann (siehe Abb. 3-17).

Abb. 3-17: Beispiel für die Wertschöpfungskette eines Unternehmensnetzwerks[147]

Durch die Konfiguration komplementärer Kernkompetenzen bzw. Wertschöpfungsaktivitäten zwischen Unternehmen werden die Spezialisierungsvorteile der Netzwerkpartner, z.b. im Produktions-, Vertriebs- und F&E-Bereich, und Verbundeffekte, wie Kompetenzvorsprünge und Grössenvorteile, genutzt. Trotz der Forderung nach Spezialisierung der Unternehmen auf ihre Kernkompetenzen sind Redundanzen der Wissensbasen eine Voraussetzung für die Kombination der Kernkompetenzen.[148] Redundanzen, in einem gewissen Umfang, sind notwendig, um die Kompetenzen der Partner bewerten zu können und um ein gemeinsames Verständnis als Grundlage für die Verknüpfung der komplementären Kompetenzen zu bilden. Neben den fachlichen Kernkompetenzen müssen alle beteiligten Unternehmen über zusätzliche Kompetenzen, sogenannte **Komplementaritätskompetenzen** verfügen. Komplementaritätskompetenzen sind kollektive Kompetenzen, die die Zusammenführung individueller Kompetenzen ermöglichen, wie z.b. Logistik- und Koordinationskompetenz.[149]

Die Spezialisierung der Netzwerkunternehmen auf ihre Kernkompetenzen erlaubt es dem Netzwerk, rasch und effektiv auf die sich ändernden Umweltbedingungen zu reagieren. Die Ressourcen und Fähigkeiten der Netzwerkpartner werden je nach Bedarf anders zusammengefügt, um optimal auf die sich ändernden Kundenbedürfnisse zu reagieren.[150] Kleebach[151] formuliert dies so: „Unternehmen fokussieren nur noch

---

[147] Quelle: Eigene Darstellung in Anlehnung an Porter (Wettbewerbsvorteile), S.35 und S.37.

[148] Vgl. Kapitel 3.6.1.

[149] Vgl. Bellmann, Hippe (Kernthesen), S.70f.

[150] Vgl. Miles, Snow (Spherical), S.6f.

auf einzelne Kernfähigkeiten und bilden in allen anderen Bereichen der Wertschöpfungskette essentielle Partnerschaften mit anderen Unternehmen, die dort über
Kernfähigkeiten verfügen. Dabei wird von permanent wechselnden, temporären Unternehmensnetzwerken ausgegangen, die sich aus der Grundhaltung heraus bilden,
flexibel jede sich bietende Marktchance auszuschöpfen."

Als Nebeneffekt kommt es auch bei der Konfiguration komplementärer Kompetenzen
zu interorganisationalen Lernprozessen in den Unternehmen. Diese werden insbesondere durch das Einbringen von 'Fremdperspektiven' auf die eigenen unternehmerischen Tätigkeiten ausgelöst. Zusätzlich können Unternehmen mit steigender Anzahl
durchgeführter Kooperationen ihre Komplementaritätskompetenzen verbessern.

3.6.3 Internalisierung

Die 'Internalisierung von Kompetenzen' durch Kooperationen bedeutet die Aufnahme
unternehmensfremder Kompetenzen in die eigene Organisation durch interorganisationales Lernen. Unternehmen, die eine Kompetenzlücke zur Erschliessung attraktiver
Marktpotentiale identifiziert haben, können versuchen, geeignete Kompetenzen durch
Kooperationen mit Unternehmen, die über die gesuchten Kompetenzen verfügen, auf
das eigene Unternehmen zu transferieren. Diese Unternehmen verfolgen mit der Internalisierung fremder Kompetenzen das Ziel, zu lernen, neue Marktpotentiale zu
erschliessen, ihre Wettbewerbsvorteile zu verbessern und z.T. dabei ihre
wirtschaftliche Abhängigkeit von anderen Unternehmen zu reduzieren. Voraussetzungen hierfür sind die unter Kapitel 3.6.1 genannten Aspekte, insbesondere die
Existenz der Redundanz von Wissen.

Die Abb. 3-18 illustriert die Internalisierung von Kompetenzen durch Kooperationen.
Aus Gründen der Vereinfachung ist diese Darstellung des Unternehmensnetzwerks auf
zwei Unternehmen reduziert. Die Unternehmen 1 und 2 nutzen ihre bestehenden
Kernkompetenzen zur Erschliessung bestehender Marktpotentiale. Zur Erschliessung
weiterer attraktiver Marktpotentiale benötigen sie jeweils Kompetenzen des anderen
Unternehmens. Um sich diese Kompetenzen anzueignen, kooperieren sie mit dem Ziel,
voneinander zu lernen. Dieses Ziel kann gegenüber den Kooperationspartnern implizit
oder explizit formuliert sein. Im Laufe der Zusammenarbeit lernen die Unternehmen
voneinander. Sie internalisieren die Kompetenzen des Kooperationspartners in das

---

[151] Kleebach (Technologieentwicklung), S.265 zit. in Bleicher (Organisationsformen), S.15.

eigene Unternehmen. Auch hier werden zusätzliche Lernprozesse durch das Einbringen von 'Fremdperspektiven' ausgelöst. Mit der jeweils neu verfügbaren Kompetenz erweitert sich das strategische Erfolgspotential der Unternehmen. Im idealen Fall kann so jedes der Unternehmen weitere Marktpotentiale für sich erschliessen. Durch die Internalisierung der Kompetenzen gleichen sich die Unternehmen bezüglich ihrer Wissensbasen an. Beide Unternehmen verfügen jetzt über die Kompetenzen 1 und 2. Damit sind ehemals vorhandene Unterschiede (Differenzierung) zwischen den Unternehmen reduziert worden. Es besteht jetzt das Risiko, dass das Unternehmen 1 als neuer Wettbewerber auf den Märkten des Unternehmens 2 auftritt. Die gleiche Möglichkeit besteht auch für das Unternehmen 2 bezüglich der Märkte des Unternehmens 1. In diesem Fall würden aus den Kooperationspartnern nach der wechselseitigen Internalisierung ihrer Kompetenzen Wettbewerber auf ihren angestammten Märkten werden (siehe Abb. 3-18). Ein solches einseitig opportunistisches Verhalten durch wenigstens einen der Partner, ist aus der Netzwerkperspektive als schädlich zu beurteilen. Dagegen kann die Internalisierung von Kompetenzen durch offene, kooperative Lernprozesse im Netzwerk zu einer Steigerung der Innovationsfähigkeit und -bereitschaft führen. So verstandene Lernprozesse dienen dem Aufbau von Kompetenzen zur Erreichung der Ziele des gesamten Netzwerks.

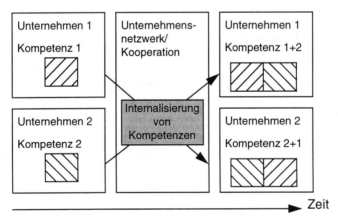

Abb. 3-18: Internalisierung von Kompetenzen durch Kooperationen[152]

---

152 Quelle: Eigene Darstellung.

3.6.4 Entscheidungskriterien

Die Frage, wann eine Internalisierung von Kompetenzen einer Ko-Spezialisierung aus Unternehmenssicht vorzuziehen ist, hängt nach Doz, Hamel[153] im wesentlichen von drei Faktoren ab:

(1)   Multiplikative Einsatzmöglichkeiten innerhalb des eigenen Unternehmens

Ein Unternehmen wird die Internalisierung der Ko-Spezialisierung dann vorziehen, wenn es die benötigte Kompetenz innerhalb des eigenen Unternehmens auch in anderen Geschäftsfeldern multiplikativ einsetzen kann. „It partly depends on the scope of the learning opportunity. Whether the skills to be exercised in the alliance extend to other activities is the key issue here."[154]

(2)   Klarheit über die Absichten und die Positionen der Partner

Der Wille, voneinander zu lernen, hängt auch von den Annahmen der Partner über die Position des jeweils anderen Partners ab. Unternehmen, die in ihren Absatzmärkten nicht konkurrieren, werden eher bereit sein, in einer Kooperation voneinander zu lernen, als Unternehmen, die sich in vielen Märkten als Wettbewerber gegenüberstehen.

(3)   Art der Kompetenzen

Die Art der Kompetenzen selber, die erlernt werden sollen, erleichtern bzw. erschweren die Kooperation. „The more distinct and different, the more difficult the learning and the more co-specialized - in the sense of jointly creating value that would not be available to the partner without these combined skills - the more the continued goodwill of the partners is essential, hence internalization is both more difficult and less attractive."[155] Je stärker die Einbindung von Kompetenzen in den unternehmensspezifischen Kontext eines Unternehmens ist, desto enger müssen die Unternehmen kooperieren, um Kompetenzen zu transferieren.[156] Der Grad der Einbindung von Kompetenzen in den unternehmensspezifschen Kontext kann eine Internalisierung der Kompetenz unmöglich machen. Stark eingebundene und sehr 'weiche' Kompetenzen

---

153 Vgl. Doz, Hamel (Alliances), S.7ff.

154 Doz, Hamel (Alliances), S.7.

155 Doz, Hamel (Alliances), S.8.

156 Vgl. Doz, Hamel (Alliances), S.6.

sind auch in engen Kooperationen nur schwer zu erlernen und zu transferieren. Das mit dem Lernprozess verbundene Risiko ist wegen der unsicheren Imitierbarkeit der Kompetenz sehr hoch.[157]

(4) Zeitliche Restriktionen

Ergänzend zu den drei oben genannten Kriterien nach Doz, Hamel[158] können zeitliche Restriktionen für den Aufbau erforderlicher Kompetenzen als viertes Kriterium angeführt werden. Aufgrund hoher Dynamik der Umwelt und der Entwicklung attraktiver Nutzenpotentiale[159] kann die Internalisierung von Kompetenzen für ein Unternehmen zu langwierig sein.[160] In solchen Fällen ist eine Kooperation mit geeigneten Unternehmen zur Konfiguration komplementärer Kompetenzen vorzuziehen, um gemeinsam attraktive Nutzenpotentiale zu erschliessen. Die Internalisierung von Kompetenzen im Verlauf der Zusammenarbeit ist dabei nicht ausgeschlossen und hängt wiederum von den oben genannten Kriterien ab.

3.7 Fazit

Unternehmensnetzwerke werden als ideale Organisationsform in dynamischen Umfeldern betrachtet. Sie stellen eine Möglichkeit dar, die organisatorische Flexibilität von Unternehmen zu erhöhen. Unternehmen haben die Möglichkeit, Potentiale innerhalb des Netzwerks, insbesondere die Kernkompetenzen anderer Unternehmen zu nutzen. Dadurch können sich die Unternehmen neue strategische Optionen erschliessen, die für sie alleine bisher nicht erreichbar gewesen sind. Gleichzeitig ergeben sich aus den zahlreichen Gestaltungskriterien und ihren Dichotomien neue Anforderungen an das Management hinsichtlich der Organisation von Unternehmensnetzwerken.

---

[157] Zu den Risiken, die mit der Internalisierung und Konfiguration von Kompetenzen in Unternehmensnetzwerken verbunden sind vgl. Kapitel 6.2.2.

[158] Vgl. Doz, Hamel (Alliances).

[159] Vgl. Kapitel 5.

[160] Vgl. Kapitel 5.5.1.

4 Value System Konzept und Netzwerkmanagement

4.1 Typen von Unternehmensnetzwerken

Ausgehend von der Definition des Begriffs Unternehmensnetzwerk[1], können diese hinsichtlich vielfältiger Kriterien unterschieden und typisiert werden.[2] Die Abgrenzung von Unternehmensnetzwerken in einer umfassende Typologisierung erweist sich aufgrund der Vielfältigkeit des Phänomens als ausserordentlich schwierig. Miles und Snow[3] haben die Unterteilung in interne, stabile und dynamische Unternehmensnetzwerke geprägt. Wildemann[4] unterscheidet zwischen vertikalen, horizontalen und lateralen Unternehmensnetzwerken. Weiterhin wird entsprechend ihrer geographischen Ausdehnung zwischen regionalen und globalen Unternehmensnetzwerken unterteilt. Hinsichtlich ihrer Zielsetzung (Intent) kann zwischen operativen und strategischen Unternehmensnetzwerken differenziert werden.

Im folgenden wird ein Überblick über Typen von Unternehmensnetzwerken gegeben und auf deren Charakteristika eingegangen. Daran anschliessend werden die wichtigsten Arten und komparativen Vorteile von Unternehmensnetzwerken in einer Tabelle präsentiert. Folgende Typen von Unternehmensnetzwerken wurden in der Literatur und der Praxis identifiziert:

1) Interne Netzwerke

2) Strategische Allianzen

3) Strategische Netzwerke

4) Dynamische Netzwerke

5) Virtuelle Organisationen und virtuelle Fabrik

Weitere Netzwerktypen, die nicht näher betrachtet werden, sind operative und regionale Netzwerke. Operative Netzwerke dienen zum kurzfristigen Kapazitätsausgleich zwischen Unternehmen (verlängerte Werkbanken) und zielen somit per Definition

---

[1] Zur Diskussion des Netzwerk-Begriffs vgl. Kapitel 3.2.

[2] Eine Übersicht in der Literatur verwendeter Merkmale zur Unterscheidung von Unternehmensnetzwerken findet sich bei Sydow (Strategische Netzwerke), S.83ff.

[3] Vgl. Miles et al. (Network), S.11ff.

[4] Vgl. Wildemann (Netzwerkstrukturen), S.13.

nicht auf die Generierung nachhaltiger Wertsteigerungen ab. Daher sind sie als Netzwerktyp für die nachhaltige Nutzenstiftung nicht relevant. Die Betrachtung von regionalen Netzwerken als im Laufe der Zeit evolutorisch gewachsene Strukturen zwischen Unternehmen, die innerhalb einer geographischen Region angesiedelt sind, würde eine nicht gewollte Einschränkung der Anwendbarkeit auf spezielle Regionen bedeuten.

4.1.1 Interne Netzwerke

Interne Unternehmensnetzwerke beziehen sich auf rechtlich eigenständige Unternehmen oder Profit Center innerhalb eines Unternehmens bzw. einer Unternehmensgruppe. Interne Netzwerke entstehen zur Förderung des unternehmerischen Denkens und Handelns und zur Nutzung der Vorteile marktlicher Koordinationsmechanismen in dem Unternehmen, ohne die betroffenen Funktionen outzusourcen. „The basic logic of the internal network is that if internal units have to operate with prices set by the market (instead of artificial transfer prices), then they will constantly seek innovations that improve their performance."[5] Im folgenden wird anhand der Carl Leipold Metallwarenfabrik GmbH ein internes Unternehmensnetzwerk beispielhaft vorgestellt:

Das interne Unternehmensnetzwerk der Carl Leipold Metallwarenfabrik GmbH

Die Leipold-Gruppe ist eine international tätige Unternehmensgruppe aus Zulieferunternehmen für Präzisionsdrehteile und Systemtechnik. Der Hauptsitz der Gruppe ist die Carl Leipold Metallwarenfabrik GmbH in Wolfach im Schwarzwald. Tochterunternehmen der Leipold-Gruppe sind das Hora-Werk in Bünde (Nordrhein-Westfalen) und Leipold U.K. Ltd. in Telford (England). Ein vierter Produktionsstandort wird derzeit in den USA aufgebaut. Insgesamt hat die Leipold-Gruppe 1996 ca. 245 Mitarbeiter beschäftigt. Der Umsatzanteil, der im Ausland erwirtschaftet wird, beträgt ca. 30% des jährlichen Gesamtumsatzes und wächst weiter.

Das sich derzeit im Aufbau befindliche interne Unternehmensnetzwerk der Carl Leipold Metallwaren GmbH entspricht in seiner Konzeption weitestgehend einem internen Unternehmensnetzwerk nach Miles und Snow.[6] Die Marktbearbeitung, Kundenpflege und Beobachtung technologischer und marktlicher Veränderungen erfolgt

---

5   Vgl. Miles et al. (Network), S.11.

6   Vgl. Miles et al. (Network). Das interne Unternehmensnetzwerk nach Miles und Snow entspricht konzeptionell einem dynamischen Netzwerk innerhalb eines Unternehmens. Vgl. auch Abb. 4-3.

durch Vertriebseinheiten. Jede Vertriebseinheit besteht aus einem Vertriebsexperten und einem technischen Experten, die zusammen ein Team bilden. Anfragen seitens der Kunden werden vom Vertrieb über eine Koordinationsstelle an die Arbeitsvorbereitungen der verschiedenen Produktionsstandorte weitergeleitet. Die Arbeitsvorbereiter in den verschiedenen Standorten geben anschliessend ihre Angebote für die angefragte Leistung über die Koordinationsstelle ab. Kommt es zur Auftragsvergabe durch den Kunden, erhält das Unternehmen innerhalb des Netzwerks mit den günstigsten Herstellkosten oder dem frühesten Liefertermin, je nach Kundenpriorität, den Zuschlag für den Auftrag (siehe Abb. 4-1).

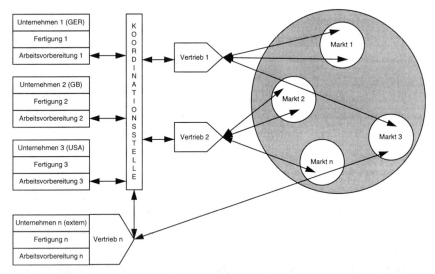

Abb. 4-1: Internes Produktionsnetzwerk der Carl Leipold Metallwarenfabrik GmbH[7]

Die produzierenden Unternehmen innerhalb des internen Unternehmensnetzwerks konkurrieren untereinander und stehen im Wettbewerb mit externen Anbietern. Die Öffnung der Koordinationsstelle für externe Unternehmen ist beabsichtigt. Dadurch entstehen für die Unternehmen im internen Netzwerk weiterhin Anreize zur Wirtschaftlichkeit und zur Innovation. Gleichzeitig kann der Leipold-Vertrieb auch Artikel verkaufen, die von einem externen Unternehmen günstiger gefertigt werden können oder generell als Ergänzung der Produktpalette dienen.

---

7   Quelle: Carl Leipold Metallwarenfabrik GmbH. Gespräch mit Herrn Dr. Schiefer und Herrn Tessarzyk am 5.12.1996.

Folgende Ziele verbindet die Geschäftsleitung der Leipold-Gruppe mit dem Aufbau sowohl von internen und externen Unternehmensnetzwerken:[8]

(1) Steigerung der **Flexibilität** durch kleinere Unternehmenseinheiten. Eine einseitige Ausrichtung auf Effizienzsteigerungen entlang der Geschäftsprozesse führt zu eher kurzfristigen Verbesserungen und starren Strukturen. Daher ist es wichtiger, Schnittstellen zwischen Unternehmen zu definieren, die flexible Aktionen erlauben;

(2) Wettbewerb im Unternehmensnetzwerk als **Anreizfunktion**;

(3) **Risikoreduzierung** durch Ausweichmöglichkeiten auf andere Partner bei unvorhergesehenen Störungen;

(4) Das **Unternehmensnetzwerk** als beste Möglichkeit zu lernen;

(5) Beschleunigung der Auftragsabwicklungsprozesse (**Schnelligkeit**);

(6) Schaffung organisatorischer Strukturen für 'unbegrenztes' **Wachstum**.

Voraussetzungen für eine solche Struktur sind u.a. detaillierte kaufmännische und technische Kenntnisse der Vertriebsmitarbeiter und eine exzellente EDV-Unterstützung, die den schnellen Informationsaustausch zwischen den Akteuren ermöglicht.

4.1.2 Strategische Allianzen

Bronder[9] spricht von einer strategischen Allianz, „[...] wenn Wertschöpfungsaktivitäten zwischen mindestens zwei Unternehmen zu einer Art Ressourcen- und Kompetenzgeflecht verknüpft werden, das zur Erhaltung und/oder Erzielung strategischer Stärken dient." Strategische Allianzen decken ein breites Spektrum zwischenbetrieblicher Kooperationsformen ab. Im Gegensatz zu anderen Netzwerkorganisationen beschränkt sich diese Form von Kooperation jedoch oft nur auf wenige, funktionale Teilbereiche, wie z.B. bei Forschung und Entwicklungs-, Vertriebs- oder Einkaufspartnerschaften und Joint Ventures.[10] Die Dauer der Zusammenarbeit ist in der Regel nicht von vornherein befristet. Es findet im Gegensatz zu strategischen Netzwerken und virtuellen Organisationen kein gemeinsamer und einheitlicher Marktauftritt statt. Strategische

---

8   Interview mit Herrn Dr. Schiefer und Herrn Tessarzyk (Carl Leipold Metallwarenfabrik GmbH) am 11.5.1996 in St. Gallen.

9   Bronder (Unternehmensdynamisierung), S.13.

10   Vgl. Weber (Organisation), S.184.

Allianzen werden v.a. von Grossunternehmen gebildet und weniger von kleinen und mittelgrossen Unternehmen.[11] Sie sind vor allem neben der Automobil-, Luft- und Raumfahrtindustrie auch in der Computerindustrie anzutreffen. Ein Beispiel dafür ist die strategische Allianz von Intel und Hewlett Packard zur Entwicklung einer neuen Prozessor-Generation.[12]

4.1.3 Strategische Netzwerke

Der Begriff strategisches Netzwerk geht auf Jarillo[13] zurück. Strategischen Netzwerken liegen langfristige, stabile Beziehungsmuster zugrunde, die einen festen Kreis von Unternehmen umfassen. Sie sind im Gegensatz zu strategischen Allianzen weniger auf die Bewältigung von komplexer Projektarbeit ausgelegt, sondern bei ihnen steht die effizientere Abwicklung der operativen Zusammenarbeit im Vordergrund. Im Unterschied zu anderen Netzwerken existiert im strategischen Netzwerk eine 'Hub Firm'.[14] Synonyme Bezeichnungen für die Hub Firm sind 'fokales Unternehmen'[15] und 'Core Firm'[16]. Die Hub Firm gründet das Netzwerk, führt es als Ganzes, koordiniert nach innen die Wertschöpfung und ermöglicht einen einheitlichen Auftritt am Markt. Das Netzwerk hat eine strategische Zielsetzung, die durch die Hub Firm festgelegt wird. Je nach Ausgestaltung des strategischen Netzwerks können die Netzwerkpartner in die Strategiefestlegung einbezogen werden. Die Teilnehmer versuchen durch eine arbeitsteilige Konzentration auf einzelne Segmente der Wertschöpfungskette, ein möglichst breites Angebot zu erstellen und effiziente Prozessabläufe zu gewährleisten. Dies ist häufig auch mit einer wechselseitigen Nutzung von Ressourcen der Netzwerkteilnehmer und einer Risikostreuung verbunden.[17] Den genannten Vorteilen steht ein Verlust an Flexibilität gegenüber. Das strategische Netzwerk entspricht einem stabilen Netzwerk nach Miles und Snow[18] (siehe Abb. 4-2). Ein Beispiel für ein stabiles

---

[11] Vgl. Mertens, Faisst (Organisationsstruktur), S.64f.

[12] Vgl. Binder, Kantowsky (Technologiepotentiale), S.186ff.

[13] Jarillo (Networks), S.32. Eine weitere Definition für strategische Netzwerke findet sich bei Sydow (Strategische Netzwerke), S.82. Vgl. auch Kapitel 3.2.

[14] Vgl. Jarillo (Networks), S.34.

[15] Vgl. Sydow (Strategische Netzwerke), S.81

[16] Vgl. Miles et al. (Network), S.13.

[17] Vgl. Weber (Organisation), S.186.

[18] Vgl. Miles et al. (Network), S.13f.

Unternehmensnetzwerk ist das Netzwerk der BMW AG. Als fokales Unternehmen kooperiert die BMW AG mit einem stabilen Netzwerk ausgewählter Zulieferer.

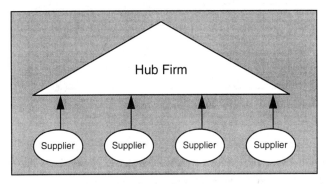

Abb. 4-2: Strategische Netzwerk nach Miles et al.[19]

4.1.4 Dynamische Netzwerke

Dynamische Netzwerke eignen sich besonders in sich schnell verändernden, kompetitiven Unternehmensumwelten. „The dynamic network operates best in competitive situations where there are myriad players, each guided by market pressures to be reliable and to stay at the leading edge of its specialty."[20] Im Gegensatz zu strategischen Netzwerken und strategischen Allianzen ist die Zusammenarbeit in dynamischen Netzwerken zeitlich befristet. Die Teilnehmer können je nach herrschenden Marktbedürfnissen ausgetauscht werden. Auch in dynamischen Netzwerken existiert ein fokales Unternehmen, dem jedoch zusätzlich zur strategischen Führung des Netzwerks auch noch die Funktion eines Brokers zukommt. Das fokale Unternehmen verliert oft seine eigene produktive Funktion und wirkt lediglich koordinierend, d.h. es stellt sicher, dass die optimale Kombination von Ressourcen im Netzwerk vorhanden ist[21] (siehe Abb. 4-3).

---

[19]   Quelle: Miles et al. (Network), S.12.

[20]   Miles et al. (Network), S.14.

[21]   Vgl. Miles et al. (Network), S.14.

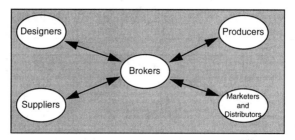

Abb. 4-3: Dynamisches Netzwerk[22]

Die arbeitsteilige Spezialisierung ist weitergehender als bei den strategischen Netzwerken. Ein Beispiel für ein dynamisches Netzwerk ist die IBM-Tochter Ambra.
Ambra stellte IBM-kompatible PCs her und vertrieb diese. Ihre 80 Mitarbeiter koordi-
nierten die Aktivitäten von fünf selbständigen Unternehmen, welche die Funktionen
Vertrieb und Auftragsabwicklung, Beschaffung von fertigen Komponenten, Montage,
Kundendienst sowie Marketing übernahmen. Als die Attraktivität des Marktes sank,
gab Ambra ihre Aktivitäten auf.[23]

4.1.5 Virtuelle Organisationen

Virtuelle Organisationen werden z.Z. in der Managementliteratur häufig diskutiert.
Von virtuellen Organisationen „spricht man gemeinhin im Zusammenhang mit netz-
werkförmigen, informationstechnisch unterstützten Formen der zeitlich befristeten Kooperation zwischen rechtlich selbständigen Firmen oder Personen zur Erfüllung konkreter Kundenaufträge."[24] Der Einsatz moderner Infomations- und Kommunikationstechnologien stellt ein konstituierendes Element virtueller Organisationen dar.[25] Das
Ziel ist es, zusammen eine Wettbewerbsposition zu erreichen, die ein einzelnes Unternehmen aufgrund seiner vorhandenen Ressourcen alleine kaum erreichen würde. Der
Zusammenschluss ist jedoch nur temporär, d.h. nach Erfüllung des Kundenauftrags
bzw. der Ausschöpfung der Marktchance wird sich die virtuelle Organisation auflösen.
Virtuelle Organisationen sind dynamischen Netzwerken sehr ähnlich. Der Unterschied

---

[22]   Quelle: Miles et al. (Network), S.12.

[23]   Vgl. Mertens, Faisst (Organisationsstruktur), S.63f.

[24]   Reiss (Unternehmung), S.10.

[25]   Vgl. Dangelmaier (Logistik), Mertens, Faisst, (Organisationsstruktur), S.64.

besteht jedoch darin, dass virtuellen Organisationen dauerhafte Unternehmensnetz-werke hinterlegt sind, aus welchem die Teilnehmer der virtuellen Organisationen rekrutiert werden. Dies führt dazu, dass virtuelle Organisationen effizienter arbeiten, da an bereits existierende Beziehungen angeknüpft werden kann. Gegenüber den Kunden treten virtuelle Organisationen einheitlich auf, d.h. die Produkte erscheinen dem Kunden wie aus einer Hand, obwohl verschiedene selbständige Unternehmen an der Leistungserstellung beteiligt sind. Virtuellen Organisationen fehlen herkömmliche physikalische Attribute.[26] So haben sie kein gemeinsames juristisches Dach und keine gemeinsame übergeordnete Verwaltung. Anstelle einer Corporate Identity entsteht häufig eine Marken- oder Produktidentität.[27]

Der Einsatz moderner Informations- und Kommunikationstechnologie ist ein entscheidender Erfolgsfaktor für virtuelle Organisationen. Sie ermöglicht räumlich und zeitlich verteilte Arbeitsprozesse, stellt die Synchronisation der überbetrieblichen Arbeitsteilung sicher und ist dadurch eine wichtige Voraussetzung für die Entstehung von virtuellen Organisationen.[28] Ein Beispiel für eine virtuelle Organisation ist das Projekt 'Virtuelle Fabrik' des Instituts für Technologiemanagement der Universität St. Gallen.

Die 'Virtuelle Fabrik' Euregio Bodensee als Beispiel einer virtuellen Organisation

Bei dem Konzept der 'Virtuellen Fabrik'[29] handelt es sich um ein Konzept zur Schaffung überbetrieblicher Flexibilität, das am Institut für Technologiemanagement der Universität St. Gallen entwickelt worden ist. Das Konzept wurde bereits 1995 in der Praxis als Pilotprojekt implementiert und umfasst heute ein Unternehmensnetzwerk mit über 30 produzierenden Unternehmen, unterschiedlicher Grösse, in der 'Euregio Bodensee'.

Die 'Virtuelle Fabrik' ist ein regionales, auf die Produktion begrenztes Konzept zur Flexibilisierung von Unternehmen durch unternehmensübergreifende Kooperationen und zur kurzfristigen Wahrnehmung von Marktchancen. Der Grundgedanke der virtuellen Fabrik ist es, für jeden neuen Auftrag eine Fabrik aus den Kompetenzen und Produktionstechnologien der Partnerfirmen zu konfigurieren, in der ein Fertigungs-

---

26 Vgl. Scholz (Strukturkonzept), S.10ff.

27 Vgl. Mertens, Faisst (Organisationsstruktur), S.64.

28 Vgl. Mertens, Faisst (Organisationsstruktur), S.64.

29 Vgl. Schuh, Millarg, Göransson (Virtuelle Fabrik) und Schuh et al. (Netzwerk).

auftrag gemeinsam abgearbeitet wird. Die an der virtuellen Fabrik beteiligten Unternehmen bringen sowohl ihre Kernkompetenzen, als auch freie Kapazitäten anderer Fähigkeiten zur gemeinsamen Bearbeitung eines Auftrags ein. Für die beteiligten Unternehmen handelt es sich bei den Aufträgen, die in der virtuellen Fabrik bearbeitet werden, um ein Zusatzgeschäft. Somit entsteht keine Konkurrenz zum eigentlichen Kerngeschäft der Unternehmen. Die Basis für die Bildung einer virtuellen Fabrik ist ein stabiles regionales Beziehungsnetz. Innerhalb dieser stabilen Kooperationsplattform werden gemeinsam Regeln für die Zusammenarbeit ausgearbeitet, eine latente Beziehungskonstellation aufgebaut und gepflegt. Zur Auftragsbearbeitung wird aus den Unternehmen der Kooperationsplattform die virtuelle Fabrik konfiguriert. Dabei konkurrieren Anbieter mit identischen Kompetenzen um die Teilnahme an der virtuellen Fabrik. Die virtuelle Fabrik selber ist ein temporäres Netzwerk, das nach der Auftragsbearbeitung wieder zerfällt. Die beteiligten Unternehmen finden sich nach jedem Auftrag im stabilen Kooperationsnetzwerk wieder (siehe Abb. 4-4).

Virtuelle Fabrik: temporär konfiguriertes Netzwerk zur Bearbeitung eines Fertigungsauftrags

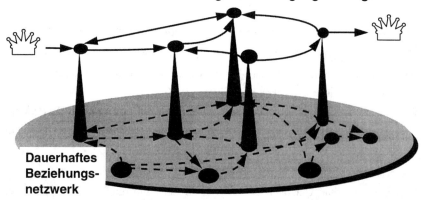

Dauerhaftes Beziehungsnetzwerk

Abb. 4-4: Konfiguration einer virtuellen Fabrik aus der Kooperationsplattform[30]

---

[30]   Quelle: Schuh, Millarg, Göransson (Virtuelle Fabrik), Bild 10, ohne Seitenangabe.

4.1.6 Übersicht und Abgrenzung zu den Netzwerken-Typen

Die folgende Tabelle gibt zusammenfassend einen Überblick über die verschiedenen Charakteristika und komparativen Vorteile der verschiedenen Kooperationsformen.

Typ	Eigenschaften (Auswahl)	Vorteile / Nachteile
Interne Netzwerke	• Netzwerk aus Unternehmen in der eigenen Unternehmensgruppe • fokussiert auf Funktionen in der WS-Kette, z.b. Produktion oder Vertrieb • verschiedene interne Koordinationsmechanismen möglich • unbefristete Zusammenarbeit	• Verbesserte Marktbearbeitung • Sicherung von Know How • Anreizfunktion durch internen marktlichen Koordinationsmechanismus • Förderung des unternehmerischen Denkens • hohe interne Flexibilität
Strategische Allianz	• Beschränkung auf wenige, nicht operative Funktionen, z.b. F+E-Partnerschaften • gleichberechtigte Partner • wechselseitige Ressourcennutzung • kein gemeinsamer Marktauftritt • langfristige Zusammenarbeit • hauptsächlich Grossunternehmen	• Zugang zu fremdem Know How • Kostenvorteile, z.B. durch geteilte F+E-Kosten • Zeit- und Marktzutrittsvorteile, z.B. durch gemeinsam genutzte Vertriebssysteme • Gefahr von Know How-Verlust
Strategische Netzwerke	• effiziente Verknüpfung der operativen Aktivitäten • Existenz einer Hub Firm, welche das Netzwerk strategisch führt und die Wertschöpfung koordiniert • wechselseitige Ressourcennutzung • gemeinsamer Marktauftritt • langfristige Zusammenarbeit • hohe Stabilität der Beziehungen	• Herstellung einer grossen Produktvariantenvielfalt und Angebot von Leistungssystemen • Zugang zu fremdem Know How • Risikoteilung • Kompetenzverlust in ausgelagerten Bereichen
Dynamische Netzwerke	• hoher Grad an Arbeitsteilung entlang der Wertschöpfungskette • geringe Bindungsintensität der Partner • Existenz eines Brokers, der ressourcenkomplementäre Partner auswählt • gemeinsamer Marktauftritt	• schnelle und flexible Wahrnehmung von Marktchancen • Vorteile der Netzwerkgrösse ohne Verlust der Flexibilität der kleinen Einheiten • breites Leistungsspektrum

Tab. 4-1: Eigenschaften verschiedener Unternehmensnetzwerk-Typen[31]

---

[31] Quelle: Eigene Darstellung.

Typ	Eigenschaften (Auswahl)	Vorteile / Nachteile
Dynamische Netzwerke (Fortsetzung)	• zeitlich befristete Zusammenarbeit • hohes Mass an gegenseitigem Vertrauen erforderlich	• Schwierigkeit der Bildung einer tragfähigen Netzwerkkultur wegen befristeter Zusammenarbeit • Zugang zu fremden Know How • Gefahr des Kompetenzverlusts • begrenzte Möglichkeit der Qualitätskontrolle
Virtuelle Organisationen	• Existenz eines stabilen Netzwerks, aus welchem sich eine befristete virtuelle Organisation bilden kann • hoher Grad an Arbeitsteilung entlang der Wertschöpfungskette • Broker nimmt die Partnerauswahl aus dem stabilen Netzwerk vor • wechselseitige Ressourcennutzung • einheitlicher Marktauftritt • zeitlich befristete Zusammenarbeit • hohes Mass an gegenseitigem Vertrauen erforderlich • Informations- und Kommunikationstechnologie als entscheidender Erfolgsfaktor • Fehlen herkömmlicher physischer, juristischer und organisatorischer Unternehmensmerkmale	• schnelle und flexible Wahrnehmung von Marktchancen • hohes Mass an Flexibilität durch Möglichkeit des Partnerwechsels • Vorteile der Netzwerkgrösse ohne Verlust der Flexibilität der kleinen Einheiten • breites Leistungsspektrum • Entstehung einer Netzwerkkultur durch Hinterlegung eines stabilen Beziehungsnetzwerks • Zugang zu fremden Know How • Gefahr des Kompetenzverlusts in ausgelagerten Bereichen (hollowing out)
Virtuelle Fabrik	• siehe virtuelle Organisationen • regional begrenztes Netzwerk • temporär konfiguriertes Netzwerk zur Bearbeitung von Fertigungsaufträgen • Zusatzgeschäft zum Kerngeschäft der beteiligten Unternehmen • Begrenzung potentieller Partner für eine virtuelle Fabrik auf die Unternehmen im stabilen Kooperationsnetzwerk	• sehr hohe Flexibilität • hohe Kosteneffizienz (kaum Netzwerk-Overhead) • Orientierung an der kurzfristigen Erfüllung von Kundenaufträgen • Effektivität durch die Nutzung vorhandener Kompetenzen • Keine strategische Orientierung

Tab. 4-1: Eigenschaften verschiedener Unternehmensnetzwerk-Typen (Forts.)[32]

4.2 Value System

4.2.1 Herleitung

Im folgenden sollen die verschiedenen Netzwerktypen hinsichtlich ihrer Eignung für die Bewältigung der zu Beginn der Arbeit beschriebenen Ausgangssituation überprüft werden. Dazu werden die identifizierten Netzwerktypen anhand von drei Bewertungskriterien beurteilt. Die Kriterien sind direkt aus der Umweltsituation und der verfolgten Zielsetzung der nachhaltigen Steigerung des Unternehmenswerts, abgeleitet worden. Dadurch soll ein direkter Problemlösungsbezug zwischen den Herausforderungen und geeigneten Netzwerktypen hergestellt werden.[33]

Die drei relevanten **Kriterien** zur Einordnung der Netzwerktypen sind:

(1) Organisatorische Flexibilität: Dies beschreibt die Fähigkeit von Unternehmen, auf veränderte Umweltbedingungen reagieren bzw. pro-aktiv tätig werden zu können. Von Bedeutung ist, inwieweit der Netzwerktyp die Schaffung organisatorischer Flexibilität unterstützt. Dabei erfolgt die Bewertung relativ zu den anderen Netzwerktypen in den Ausprägungen 'gering', 'mittel', 'hoch'.

(2) Reduktion der Komplexität: Die Bewertung erfolgt ebenfalls in den Ausprägungen 'gering', 'mittel', 'hoch' relativ zu der Situation eines einzelnen Unternehmens.

(3) Fristigkeit der Wertgenerierung: Die Bewertung der Fristigkeit der Wertgenerierung erfolgt anhand der drei Ausprägungen kurz-, mittel- und langfristig.

Ausgehend von den Anforderungen aus der Umweltsituation lässt sich anhand der drei Kriterien ein Sollprofil für einen Netzwerktyp ableiten. Die hohe Dynamik der Umweltveränderungen fordert von den Unternehmen eine **hohe organisatorische Flexibilität**[34] u.a. auch als Voraussetzung für ein pro-aktives Managementverhalten. Die steigende Komplexität[35] erfordert eine **hohe komplexitätsreduzierende Wirkung** des Konzepts, um ein sinnvolles unternehmerisches Handeln zu ermöglichen. Schliesslich soll, als normative Anforderung, das Unternehmensnetzwerk strategische

---

[33] Vgl. Kapitel 2.5.

[34] Vgl. Bleicher (Integriertes Management), S.23ff.

[35] Vgl. Bleicher (Integriertes Management), S.18ff.

Wettbewerbsvorteile und somit eine **langfristige Steigerung des Werts** der am Netzwerk beteiligten Unternehmen ermöglichen.

Die folgende Tabelle zeigt in einer Übersicht die Bewertung der Netzwerktypen hinsichtlich der genannten Kriterien (siehe Tab. 4-2).

Netzwerktyp	Organisatorische Flexibilität	Reduktion der Komplexität	Fristigkeit der Wertgenerierung
Internes Netzwerk	hoch (intern)	gering	mittelfristig
Strategische Allianz	gering	gering	langfristig
Strategisches Netzwerk	gering	mittel	langfristig
Dynamisches Netzwerk	hoch	hoch	kurzfristig
Virtuelle Organisation	hoch	hoch	kurzfristig
Sollprofil	**hoch**	**hoch**	**langfristig**

Tab. 4-2: Abgrenzung der Netzwerktypen[36]

Die grau hinterlegten Flächen in der Tabelle zeigen die Übereinstimmung zwischen der Ausprägung eines Netzwerktyps mit der Ausprägung im Sollprofil. Keiner der identifizierten Netzwerktypen erfüllt das definierte Sollprofil in allen drei Kriterien. Dynamische Netzwerke und virtuelle Organisationen unterscheiden sich hinsichtlich dieser Kriterien nicht. Auch strategische Allianz und Netzwerk unterscheiden sich nur geringfügig hinsichtlich ihrer komplexitätsreduzierenden Wirkung. Ein Netzwerktyp, der dem Sollprofil entspricht, muss die organisatorische Flexibilität und die komplexitätsreduzierende Wirkung von dynamischen Netzwerken mit der langfristigen Wertgenerierung der strategischen Netzwerke in sich vereinen.

Im folgenden soll das Konzept des Value System vorgestellt werden. Das Value System vereint organisatorische Flexibilität durch die dynamische Konfiguration des Netzwerks mit einer komplexitätsreduzierenden Wirkung durch die Konzentration der Netzwerkpartner auf ihre Kernkompetenzen und zielt auf eine langfristige Wertgenerierung durch eine strategische Ausrichtung des gesamten Netzwerks auf attraktive Nutzenpotentiale ab.

---

[36]   Quelle: Eigene Darstellung.

4.2.2 Das Konzept des Value System

Das **Value System** ist ein strategisches, interorganisatorisches Unternehmens-netzwerk aus rechtlich unabhängigen Unternehmen, die zum gemeinsamen Auf-bau strategischer Erfolgspotentiale und der Erschliessung attraktiver Nutzen-potentiale unter einer einheitlichen Marke komplementäre Kernkompetenzen in das Netzwerk einbringen, um den Wert des Ganzen (Value Systems) zu steigern.

Die potentiellen Partner für ein Value System umfassen sowohl Grossunternehmen als auch kleine und mittlere Unternehmen (KMU), die nicht einer spezifischen Branche angehören müssen. Das Value System wird dynamisch konfiguriert, um ein identifi-ziertes attraktives **Nutzenpotential** gemeinsam zu erschliessen. Die **Nutzung komplementärer Synergien** steht dabei im Vordergrund. Durch die Ausrichtung des Netzwerks auf attraktive Nutzenpotentiale ist das Value System ein strategisches Unternehmensnetzwerk, dass durch eine gemeinsam verfolgte Strategie geprägt ist (**kollektive Strategie**[37]). Das Value System zeichnet sich durch eine hohe Intentionali-tät aus. Die Abstimmung der Ziele im Value System erfolgt gemeinsam und endet mit einem eindeutigen Commitment aller beteiligten Unternehmen zur festgelegten Stra-tegie. Wie im strategischen Netzwerk existiert auch im Value System die **Rolle einer Hub Firm**. In einem Value System, das neu konfiguriert wird, wird der Initiator des Unternehmensnetzwerks diese Rolle einnehmen. In bestehenden Value Systems kann jedes Netzwerkunternehmen, das ein attraktives Nutzenpotential identifiziert und dieses gemeinsam im Value System erschliessen möchte, die Rolle der Hub Firm ein-nehmen (siehe Abb. 4-5).

---

[37] Der Begriff der kollektiven Strategie bezeichnet ein zwischen kooperierenden Unternehmen abgestimmtes strategisches Verhalten. Vgl. Sydow (Strategische Netzwerke), S.268ff.

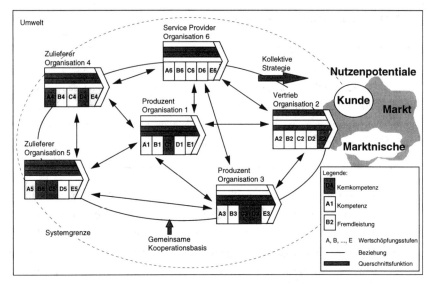

Abb. 4-5: Konzept des Value Systems[38]

Das Value System kann in seiner kollektiven Strategie unterschiedliche Zielsetzungen verfolgen. Letztlich lassen sich diese Zielsetzungen auf **drei generische Strategien** zurückführen: die **Effizienzsteigerungs-**, die **Kompetenz-Leveraging-** und die **Kompetenz-Aufbau-Strategie**.[39]

Durch seine strategische Flexibilität[40] unterscheidet sich das Value System von 'Value Adding Partnerships' oder Wertschöpfungspartnerschaften. Value Adding Partnerships können nach Johnston, Lawrence[41] als „a set of independent companies that work closely together to manage the flow of goods and services along the value added chain" definiert werden. Nach dieser Definition entspricht die Value Adding Partnership einem Value System mit einer Effizienzsteigerungs-Strategie. Bezogen auf die beiden anderen genannten generischen Strategien geht das Konzept des Value Systems

---

38   Quelle: Eigene Darstellung.

39   Zur ausführlichen Beschreibung der drei generischen Strategien vgl. Kapitel 6.1.

40   Zum Begriff der strategischen Flexibilität vgl. Sydow (Strategische Netzwerke), S.110 und Bleicher (Kernkompetenz), S.14.

41   Johnston, Lawrence (Value-Adding Partnership), S.94.

jedoch deutlich über das Optimieren von Informations- und Logistikkanälen zwischen Unternehmen hinaus.

Unabhängig von der jeweils verfolgten Strategie kann das Value System durch weitere Merkmale charakterisiert werden. Das Value System ist gekennzeichnet durch das Streben nach einer 'win-win-Situation' zwischen allen Netzwerkunternehmen und durch die vertrauensbasierte, regelgeleitete Zusammenarbeit innerhalb des Unternehmensnetzwerks.

Aufgrund seiner strategischen Zielsetzung sind die Beziehungen innerhalb eines Value Systems **zweckorientiert**, primär aber als stabil und langfristig zu bezeichnen. Dies gilt insbesondere im Vergleich zur virtuellen Fabrik und den dynamischen Netzwerken, deren Zusammenarbeit temporär und stärker durch marktliche Koordinationsmechanismen geprägt ist. Trotz der Stabilität in den Beziehungen ist das Value System jedoch nicht starr. Ein wesentlicher Vorteil eines Value Systems ist die Möglichkeit der flexiblen Rekonfiguration des Netzwerks, wie z.B. durch die Aufnahme neuer Netzwerkunternehmen oder den Aufbau neuer Netzwerkbeziehungen im Falle veränderter Rahmenbedingungen oder Anforderungen.[42] Durch die Konfiguration seiner Kernkompetenzen ist das Value System in der Lage, neue attraktive Nutzenpotentiale für sich zu erschliessen. Dabei kann es aufgrund komparativer Vorteile der möglichen Kompetenzkonfigurationen sowohl in bestehende Märkte als auch in neue Märkte (auch ausserhalb der angestammten Branche als neuer Wettbewerber) eintreten. Weiterhin kann das Value System neue Märkte kreieren. Es kann eine aus den Kernkompetenzen der beteiligten Unternehmen basierende vollständige Wertschöpfungskette bilden. Insbesondere ermöglicht es, Chancen im Markt (Marktpotentiale) aktiv wahrzunehmen, die einem einzelnen Unternehmen aufgrund der zur Erschliessung des Nutzenpotentials erforderlichen Ressourcen und Fähigkeiten versagt geblieben wären.[43]

Das Value System verfügt über eine **Kooperationsbasis**, die eine zielgerichtete Zusammenarbeit zwischen den Unternehmen ermöglichen soll. Dabei sind sowohl kulturelle, organisatorische und technische Aspekte relevant. Die Kooperationsbasis wird durch gemeinsam erarbeitete Regeln und Normen im Umgang miteinander als auch durch die organisatorische Gestaltung **unternehmensübergreifender Prozesse**

---

[42]   Vgl. Kapitel 4.2.3.

[43]   Vgl. Kapitel 5.3.1.

und die Einrichtung gemeinsamer Informations- und Kommunikationsplattformen gebildet. Die Kommunikationsplattformen betreffen sowohl den Einsatz moderner IKT und können auch der Unterstützung der direkten face-to-face-Kommunikation dienen.

Generell sind die **Systemgrenzen** von Unternehmensnetzwerken nicht exakt bestimmbar. Value Systems können neben den Netzwerkpartnern explizit auch Endkunden einbeziehen. Die Bestimmung der Systemgrenze eines konkreten Value Systems kann näherungsweise über die zur Erschliessung eines attraktiven Nutzenpotentials erforderlichen zueinander komplementären Kernkompetenzen erfolgen.[44] Damit umfasst ein Value System stets genau so viele Träger komplementärer Kompetenzen (Unternehmen), wie zur Erschliessung eines Nutzenpotentials erforderlich sind.

Das Konzept des Value Systems unterscheidet sich vom Konzept der virtuellen Fabrik hinsichtlich der räumlichen Ausdehnung des Netzwerks. Während die virtuelle Fabrik ein regionales Unternehmensnetzwerk darstellt, handelt es sich beim Value System um ein räumlich nicht begrenztes Unternehmensnetzwerk. Weiterhin beschränkt sich die Kooperation in der virtuellen Fabrik auf die Produktion, während im Value System-Ansatz Unternehmen entlang der gesamten Wertschöpfungskette kooperieren. Das Value System verfügt über eine eigene Strategie und ist hinsichtlich der potentiellen Kooperationspartner nicht auf eine Region beschränkt.

Gemeinsam mit der virtuellen Fabrik ist der **einheitliche Marktauftritt** der Unternehmen im Value System. Jedes am Netzwerk beteiligte Unternehmen profitiert durch die gemeinsame Marke, die durch die Leistungen aller Unternehmen getragen wird. Ein einzelnes Unternehmen wäre dazu alleine aus Gründen der begrenzten Ressourcenausstattung nicht in der Lage. Schon gar nicht langfristig. Beispiele für Unternehmensnetzwerke, die unter einer einheitlichen Marke agieren, sind: Virgin, Dual, Nike, Adam Amsel Bier, Dell, UNISTO etc. Als wichtige Erfolgsfaktoren für diese Netzwerke werden die Existenz einer Idee (Marktbedürfnis), eine Vision und die Fähigkeit zur Markenführung genannt.[45]

Grundsätzlich ist es nicht ausgeschlossen, dass die Unternehmen, die ihre Kernkompetenzen in das Value System einbringen, ausserhalb des Kooperationsfeldes miteinander konkurrieren. Diese Konstellation ist jedoch nicht ideal. Wirksame Möglichkeiten, Kooperation und Konkurrenz miteinander zu vereinen, ist die Differenzierung über

---

[44] Vgl. Abb. 5-14.

[45] Vgl. o.V. (Netz), S.108.

Marken und die Aufteilung von Märkten nach Regionen, Ländern etc. Ein Beispiel für die Differenzierung über Marken ist das Unternehmensnetzwerk hinter der Marke Dual. Einige Netzwerkunternehmen sind Hersteller für Komponenten und Produkte der Unterhaltungselektronik, wie Grundig, Schneider, Philips, Daewoo etc., die ausserhalb der Kooperation Wettbewerber sind.[46]

Die Bedeutung einer einheitlichen Marke für Unternehmensnetzwerke soll anhand des Beispiels der **UNISTO** illustriert werden: Vier Unternehmen mit redundanten Technologien treten unter der einheitlichen Marke UNISTO gemeinsam am Markt auf. Die Unternehmen produzieren **Marken-Label und Produktkennzeichnungen für die Produkte ihrer Kunden.** Jedes der Unternehmen ist für das Marketing und den Vertrieb in speziellen Ländern exklusiv zuständig. Die Gruppe bedient Kunden in ca. 20 Branchen, z.B. in der Uhren-, Lebensmittel-, Mode-, Parfüm-, Textil- und Flugzeugindustrie. Branchenübergreifend sind strategische Geschäftsfelder entsprechend der Kundenbedürfnisse definiert worden. Jedes der Unternehmen ist für fest zugeteilte strategische Geschäftsfelder verantwortlich. Die Erfolgsmessung erfolgt anhand von Umsatzzahlen. Die Kunden und die Branchen sind über die gesamte Welt verteilt. In einigen Ländern sind diese Kundenbranchen besonders stark vertreten, z.B. Flugzeugindustrie in den USA, Wein- und Parfümindustrie in Frankreich und die Uhrenindustrie in der Schweiz. Das Unternehmen innerhalb des Unternehmensnetzwerks, welches für das Marketing in einem Land mit einer starken Branche verantwortlich ist, baut eine spezielle Kompetenz für diese Branche auf. Beispielsweise baut das Unternehmen, das für das Marketing in der Schweiz zuständig ist, eine spezielle Kompetenz für die Befriedigung der Bedürfnisse in der Uhrenbranche auf. Das Unternehmen gilt als Branchenexperte für alle anderen Unternehmen des Netzwerks, die in ihrem Marketing-Verantwortungsbereich ebenfalls Kunden aus der Uhrenindustrie bedienen.

Jedes Unternehmen in dem Unternehmensnetzwerk kann in allen Ländern, für die es verantwortlich ist, das gesamte Produktprogramm des Netzwerks unter einer einheitlichen Marke anbieten. Dadurch profitieren die Unternehmen in ihrem Land in einer Branche durch die Kompetenz der anderen Unternehmen. Gilt die Marke UNISTO z.B. als Marktführer für das Labeling von Uhren in der Schweiz, profitieren alle anderen Unternehmen in ihren Ländern, sofern sie über eine Uhrenindustrie verfügen, von der einheitlichen Marke. Durch die Aufteilung der Kompetenzen unter den Unternehmen

---

46 Vgl. o.V. (Netz).

der Gruppe erreichen diese einen Qualitätsstandard in einer Sortimentsbreite und mit Branchenkenntnissen, die sie alleine niemals erreichen würden. Auch unter zeitlichen Aspekten hätte ein einzelnes Unternehmen ohne entsprechende Spezialisierung kaum eine Möglichkeit, die Qualität der Kompetenzen langfristig auf der gesamten Breite weiterzuentwickeln und 'State of the art' zu halten.

Die folgende Tabelle fasst die wesentlichen Eigenschaften des Value Systems nochmals in einer Übersicht zusammen (siehe Tab. 4-3).

Nr.	Eigenschaften des Value Systems (Auswahl)
1	• Ausrichtung auf attraktive Nutzenpotentiale
2	• Existenz einer Netzwerkstrategie (Kollektive Strategie)
3	• Zweckorientierte Konfiguration und Rekonfiguration
4	• Konzentration auf Kernkompetenzen
5	• Gemeinsame Kooperationsbasis
6	• Existenz der Rolle einer Hub Firm (Initiator und Koordinator)
7	• Einheitliches Auftreten am Markt (unter einer einheitlichen Marke)
8	• Denken in unternehmensübergreifenden Prozessen
9	• Existenz eines Value System-Lebenszyklusses

Tab. 4-3: Eigenschaften des Value Systems[47]

4.2.3 Lebenszyklus des Value Systems

Das Value System durchläuft einen Lebenszyklus[48], der in fünf Phasen[49] unterteilt werden kann (siehe Abb. 4-6). Die Phasen verlaufen nicht streng sequentiell. Sie

---

47   Quelle: Eigene Darstellung in Anlehnung an Riggers, Fuchs, Merkle (VS-Design).

48   Nach Kogelheide (Entwicklung), S.75 ist allen Definitionen des Lebenszyklus der Gedanke gemeinsam, dass sich die Phasen des Lebenswegs von Systemen durch anfängliche Vitalität, Stabilität auf dem Höhepunkt der Entwicklung, Abbau der Kräfte und anschliessendem Altern im Niedergang kennzeichnen lassen. Zu zentralen Ansätzen, die sich mit der Entwicklung von Organisationen beschäftigen, vgl. auch Scholz (Organisation), S.204ff.

können teilweise parallel und auch rekursiv Schleifen durchlaufen. Der Verlauf des Lebenszyklus eines Value Systems ist eng mit den Lebenszyklen der Nutzenpotentiale[50] verbunden, zu deren Ausbeutung ein Value System konfiguriert wird.

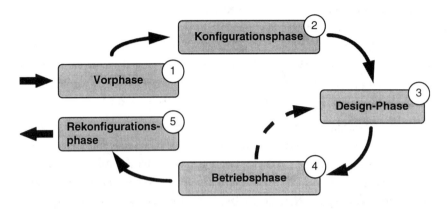

Abb. 4-6: Phasen des Value System-Lebenszyklusses[51]

Im folgenden werden die einzelnen Phasen kurz beschrieben, ohne dass auf die dort angesprochenen Aspekte vertiefend eingegangen werden soll.

(1) Vorphase

In der Vorphase unterzieht sich das Unternehmen einer strategischen Analyse, um seine Kompetenzen und die gesamthafte, strategische Ausrichtung zu bestimmen. Auf Basis der Analyseergebnisse wird entschieden, ob und wie ein Value System aufgebaut wird.

Der Auslöser für die Entstehung eines Value Systems kann eine Vision, Idee oder Marktchance sein, die ein **Nutzenpotential** für ein Unternehmen darstellen kann.

Nach der Identifizierung von möglichen Nutzenpotentialen werden diese hinsichtlich ihrer Attraktivität bewertet.[52] Ist ein attraktives Nutzenpotential identifiziert worden,

---

49 Die Identifikation und Festlegung dieser fünf Phasen erfolgte im Rahmen des TELE*flow*-Projekts in Zusammenarbeit mit den am Projekt beteiligten Unternehmen. Vgl. dazu auch Riggers, Fuchs, Merkle (VS-Design), S.49ff. und Merkle, Fuchs, Riggers (Concept), S.13ff.

50 Vgl. Kapitel 5.1.

51 Quelle: Riggers, Fuchs, Merkle (VS-Design), S.49.

werden innerhalb der strategischen Analyse Stärken und Schwächen, Chancen und Risiken aus der Sicht des einzelnen Unternehmens (**SWOT-Analyse**[53]) identifiziert und bewertet. Ein Ergebnis dieser Analyse ist die Bestimmung der erforderlichen Kompetenzen und die Bewertung der vorhandenen eigenen Potentiale bezüglich der Erschliessung des Nutzenpotentials. Aus der Differenz ergeben sich die zu ergänzenden Kompetenzen.[54] Anhand der zu ergänzenden Kompetenzen lassen sich nutzenpotential-spezifische Anforderungsprofile ableiten, die als Grundlage für Partnerprofile dienen können. Werden diese Profile mit generellen Anforderungen zur Netzwerkkompetenz[55] ergänzt, ergibt sich ein umfassendes Soll-Partnerprofil.

Mit der Ausrichtung auf attraktive Nutzenpotentiale bewegt sich das Unternehmen innerhalb des Spannungsfeldes zwischen Alleingang, Akquisition, bilateraler Kooperation und Unternehmensnetzwerken.[56] Die Entscheidung für den Aufbau eines Value Systems rührt stets aus der Erkenntnis, dass die eigenen Kompetenzen und Potentiale für die Erschliessung des Nutzenpotential nicht ausreichen, oder dass das damit verbundene Risiko zu hoch ist. Die **Entscheidung** der Unternehmensleitung für oder gegen den Aufbau eines Value Systems stellt das Ergebnis der Vorphase dar.

(2)   Konfigurationsphase

In der Konfigurationsphase wird der Grundstein des Value Systems gelegt. Sie umfasst die folgenden Arbeitsschritte:

- **Partnersuche und -selektion**[57],

- **Definition des normativen und strategischen Managements**, wie beispielsweise Zielvereinbarungen und die Erstellung eines Partnerschaftskonzepts (Vision, Ziele, Tätigkeitsfelder, Planung der Aktivitäten etc.),

- Erstellung eines **Multiplikationskonzepts** auf Netzwerkebene,

---

[52]   Zu Methoden der Identifikation und Bewertung von Nutzenpotentialen vgl. Pümpin (Strategische Erfolgspositionen), S.110ff. und Kapitel 2.3.1.

[53]   Zur SWOT-Analyse (Strengths, Weaknesses, Opportunities, Threats) vgl. Mintzberg (Strategy), S.174ff.

[54]   Vgl. Kapitel 5.2.

[55]   Vgl. Kapitel 4.3.2.

[56]   Vgl. Kapitel 3.1.2.

[57]   Vgl. Linné (Wahl).

• **Commitment**[58] aller teilnehmenden Unternehmen im Value System.

(3) Design-Phase

Innerhalb der Design-Phase werden entsprechend der getroffenen Vereinbarungen die Voraussetzungen für die Zusammenarbeit auf Value System-Ebene geschaffen. Die Gestaltung von Rahmenbedingungen und die Massnahmenumsetzung umfasst Aspekte wie:

• Aufbau einer Projektorganisation[59],

• Gestaltung der unternehmensübergreifenden Prozesse,

• Implementierung von Informations- und Kommunikationsplattformen,

• die Einrichtung von Managementsystemen (z.b. Anreizsystemen) und Controllingsystemen,

• Information und Schulung der Mitarbeiter („Mitarbeiter zu Betroffenen machen"[60]),

• Ausarbeitung und 'Leben' von Regeln für die Zusammenarbeit.

(4) Betriebsphase

Nach der Konfiguration und Gestaltung erfolgt nun die wertschöpfende Phase des Value Systems. Entsprechend der festgelegten generischen Strategie[61] wird an der Erfüllung der gesetzten Ziele gearbeitet. Die Design- und die Betriebsphase verlaufen zur Erzielung kontinuierlicher Verbesserungen teilweise parallel und in rückgekoppelten Schleifen.

(5) Rekonfigurationsphase

Durch eine permanente Bewertung der Rahmenbedingungen innerhalb und ausserhalb des Netzwerks wird die ökonomische Berechtigung des Value Systems überprüft.

---

58 Unter Commitment wird die Zustimmung und Verpflichtung der Partner zu den vereinbarten gemeinsamen Zielen und zu dem erforderlichen Engagement zur Zielerfüllung verstanden.

59 Zur Projektorganisation in Value Systems vgl. Fuchs, et al. (Project Management).

60 Aussage von Herrn Jürg Rissle, Leiter der Produktion des Geschäftsbereichs 'Hochfrequenz-Technik', der Huber+Suhner AG.

61 Vgl. Kapitel 6.1.

Wechseln beispielsweise die Marktbedürfnisse grundlegend, muss das Value System seine Zielsetzung und Strategie überprüfen. Dabei sind grundsätzlich zwei Alternativen denkbar: Die **Auflösung** und die **Rekonfiguration** des Value Systems als Reaktion auf die veränderten Rahmenbedingungen. Im Falle der Auflösung wird die Kooperation zwischen den Partnern im Value System endgültig beendet. Die Rekonfiguration betrifft dagegen lediglich das Ausscheiden und die Aufnahme von Partnern und deren Einbindung ins Value System. Das Value System existiert nach der Rekonfiguration weiter.

Mögliche Ursachen für eine **Auflösung** bzw. **Rekonfiguration** eines Value Systems sind:

- Nutzenpotentiale, die sich im Lebenszyklus definitiv in der Niedergangsphase befinden,

- nicht lösbare Konflikte innerhalb des Value Systems,

- die Ausrichtung des Value Systems auf neue Nutzenpotentiale und

- die Aufnahme neuer geeigneter Partner bzw. das Ausscheiden ungeeigneter Partner.

Ein Value System durchläuft stets alle fünf genannten Phasen des Lebenszyklus-Modells. Value Systems stellen dabei besondere Anforderungen an das Management.

4.3 Netzwerkmanagement

4.3.1 Begriffsklärung

Bleicher bezeichnet das Management als den kritischen Erfolgsfaktor auf dem Weg zur Virtualisierung.[62] Nach Wildemann[63] gehören zu den wesentlichen Aufgaben des Managements von Unternehmensnetzwerken „[...] Aufbau, Pflege und Erhalt der Netzwerkstrukturen und - beziehungen sowie deren synergienutzende Koordination. Das Netzwerkmanagement erfüllt somit die Aufgaben, die zur Gestaltung der Zusammenarbeit in sachlicher, zeitlicher und sozialer Dimension über den gesamten Lebenszyklus der Zusammenarbeit [...] notwendig sind, um die angestrebten Wirkungen hinsichtlich einer höheren Dynamik und Flexibilität zu realisieren."

---

[62] Vgl. Bleicher (Kernkompetenz), S.13ff.

[63] Wildemann (Entsorgungsnetzwerke), S.326f.

Netzwerkkompetenz als strategisches Erfolgspotential

Voraussetzung dafür, dass ein Unternehmen die Potentiale des Value Systems[64] nutzen kann, ist die Fähigkeit, ein Value System schnell aufbauen und erfolgreich betreiben zu können. Die Fähigkeit von Unternehmen, Value Systems zu managen, d.h. sie zu gestalten, zu betreiben und weiterzuentwickeln, soll als Netzwerkmanagementkompetenz, kurz **Netzwerkkompetenz,** definiert werden. Netzwerkkompetenz stellt selbst ein strategisches Erfolgspotential im Sinne einer Voraussetzung dar und ermöglicht die Erschliessung weiterer Nutzenpotentiale. Die Unternehmen, die über Netzwerkkompetenz verfügen, steigern ihre Attraktivität als Kooperations- bzw. Netzwerkpartner gegenüber anderen Unternehmen und können sich somit weitere wertsteigernde Potentiale erschliessen. In diesem Sinne stellt Netzwerkkompetenz für ein Unternehmen auch eine strategische Erfolgsposition im Wettbewerb gegenüber anderen potentiellen Kooperationspartnern dar.

4.3.2 4-K-Modell der Netzwerkkompetenz

Netzwerkkompetenz besteht aus der Kooperations-, Konfigurations-, Koordinationsund Kompetenzmanagementkompetenz (siehe Abb. 4-7).

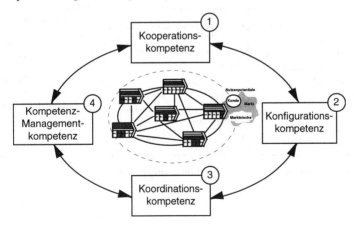

Abb. 4-7: 4-K-Modell der Netzwerkkompetenz[65]

---

[64] Vgl. Kapitel 3.5.1.

[65] Quelle: Eigene Darstellung.

Die vier einzelnen Komponenten der Netzwerkkompetenz sollen im folgenden über-
sichtsartig vorgestellt werden. Daran anschliessend wird auf das Kompetenzmanagement in Value Systems vertiefend eingegangen.

(1)   Kooperationskompetenz

Die Kooperationskompetenz beschreibt die Fähigkeit von Unternehmen, die unternehmensinternen und netzwerkinternen organisatorischen Voraussetzungen zu erfüllen, um erfolgreich kooperieren zu können. Kooperationskompetenz stellt eine wichtige Voraussetzung für den erfolgreichen Aufbau und Betrieb von Unternehmensnetzwerken dar. Die Determinanten der Kooperationskompetenz nach Hillig[66] sind in der
folgenden Tabelle dargestellt (siehe Tab. 4-4).

Fähigkeiten	Determinanten auf Kooperationsebene	Determinanten auf Partnerebene
Selbstorganisation Integration wird effektiver und effizienter	• Selbstkoordination und -strukturierung von Regeln, Prozessen und Strukturen • Autonomie • Aufbau spezifischen, 'eigenen' Wissens • 'Unternehmerisches' Denken und Handeln	• Handlungs- und Entscheidungsfreiräume • Fremdorganisation i.s.v. Delegation; Partizipation (in bezug auf Strategieentwicklung) • Konsolidiertes Handeln der Partner
Beobachtung Erhöhung der Lernpotentiale durch umfassende Wahrnehmung	• Identifikation neuer Indikatoren • Veränderung der Beobachtungssysteme • Offenheit im Kommunikationsprozess • Fokus auf 'gemeinsames' Beobachten	• Identifikation neuer Indikatoren • Ausrichtung der Beobachtungssysteme auf tiefenstrukturelle Dimensionen

Tab. 4-4:   Determinanten der Kooperationskompetenz[67]

---

[66]   Vgl. Hillig (Kooperation).

[67]   Quelle: Hillig (Kooperation), S.208.

Fähigkeiten	Determinanten auf Kooperationsebene	Determinanten auf Partnerebene
Shared understanding Grundlage zur Entwicklung gemeinsamen Sinns und Nutzens	• 'Sinn'-Flexibilität, Dezentrierungskompetenz • Identifikationspotentiale • 'Fit' der Organisationsstrukturen • Vision	• Konsolidiertes Auftreten und Handeln; Joint Venture als Einheit behandeln • Verständnis von Kooperationen kommunizieren (Vision)
Vertrauen Kompensation bei Ungewissheit und Ungleichgewichten, schafft Integrationsspielraum	• faires Verhalten • Kommunikationsfähigkeit, Offenheit, Teilen positiver Ereignisse; Thematisierung von Problemfeldern; Wissensbeteiligung • wechselseitige Abhängigkeiten	• Dezentralisierung der Organisation • Delegation strategischer und operativer Verantwortung • Abbau hierarchischer Kontroll- (Misstrauens-) Mechanismen • fachliche Machtverhältnisse
Konflikt Verbesserung der Lernfähigkeit und Schaffung sozialer Potentiale	• Erkennen und Zulassen von Widersprüchen • Synthesen • Thematisierung von Kommunikationsaspekten	• sachorientiertes, nicht machtorientiertes (z.B. Beteiligungsmehrheit) Arbeiten.

Tab. 4-4: Determinanten der Kooperationskompetenz (Fortsetzung)

(2) Konfigurationskompetenz

Konfigurationskompetenz ist die Fähigkeit, geeignete Partner zu identifizieren und die Art der Zusammenarbeit in organisatorischer (prozessualer) und technischer Art zu planen; insbesondere die Planung der Zuordnung der Aufgaben auf die Unternehmen innerhalb des Unternehmensnetzwerks und die Ausgestaltung der Netzwerkbeziehungen.[68]

Zentrales Problem des Aufbaus und Betreibens von Unternehmensnetzwerken ist die Suche geeigneter potentieller Kooperationspartner.[69] Ausgehend von der strategischen Analyse werden Partner identifiziert. Bei der Suche und Auswahl müssen strategische, strukturelle und kulturelle Charakteristika potentieller Partner berücksichtigt werden. Neben der Auswahl neuer Partner mit bestehenden Kernkompetenzen bietet der gezielte Aufbau von geeigneten Unternehmen mit hohem Entwicklungspotentialen eine

---

[68] Vgl. Wildemann (Entsorgungsnetzwerke), S.327.

[69] Vgl. Bronder, Pritzl (Leitfaden), S.49, Bleeke, Bull-Larsen, Ernst (Wertsteigerung), S.112.

Alternative. Geeignete Unternehmen sind beispielsweise solche, zu denen bereits Geschäftsbeziehungen bestehen und die über geeignete strukturelle (Logistik, IKT, Geschäftsprozesse) und kulturelle (Offenheit, Werthaltung) Charakteristika verfügen. Mit identifizierten Partnern wird anschliessend die Zielvereinbarung und ein Partnerschaftskonzept erarbeitet.

Damit alle Partner profitieren und Win-Win-Situationen geschaffen werden können, sind gegebenenfalls Leistungsausgleiche oder Risikoübernahmen seitens der anderen Netzwerkpartner bzw. des fokalen Unternehmens erforderlich. Bedeutender Erfolgsfaktor für die Initiierung der geplanten Zusammenarbeit ist der Einstieg auf Top-Management-Level. Der Grund liegt in der strategischen Zielsetzung des Netzwerks und in der Entscheidungskompetenz des Top-Managements in diesem Zusammenhang.

Für die Identifikation potentieller Partner für Value Systems sind vielfältige Quellen relevant (siehe Abb. 4-8). Im folgenden sollen die weiteren Cluster potentieller Value System Partner kurz beschrieben werden.

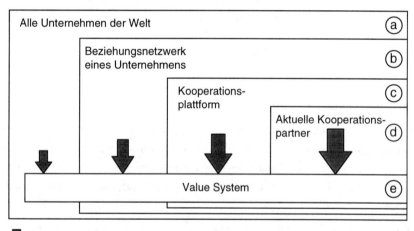

Die Grösse der Pfeile kennzeichnet die tendenzielle Zunahme der Geschwindigkeit, mit der Value Systems initiiert und konfiguriert werden können.

Abb. 4-8: Cluster potentieller Netzwerkunternehmen[70]

---

[70]   Quelle: Eigene Darstellung.

(a)   Alle Unternehmen

Aus der Sicht eines einzelnen Unternehmens kommen für den Aufbau eines Value Systems als potentielle Kooperationspartner theoretisch alle Unternehmen in der ganzen Welt in Betracht. Mit einigen Unternehmen bestehen bereits aktuelle Kooperationen oder eine Kooperationsplattform, andere sind nur namentlich bekannt oder gänzlich unbekannt. Möglichkeiten, potentielle Kooperationspartner ausserhalb des bestehenden Beziehungsnetzwerks eines Unternehmens zu finden, sind z.b. öffentliche Ausschreibungen, Beauftragung professioneller Suchdienste, das Schalten von Anzeigen in Tageszeitungen und die gelben Seiten.

(b)   Beziehungsnetzwerk eines Unternehmens

Jedes Unternehmen ist über ihre laufenden Geschäftsbeziehungen, den zugrundegelegten Verträgen und persönlichen Kontakten zwischen Menschen, die in Unternehmen arbeiten, in ein Beziehungsnetzwerk eingebunden. „No business is an island."[71] Dieses Beziehungsnetzwerk ist nicht gesamtheitlich auf ein Ziel ausgerichtet, sondern hat sich über viele Jahre evolutorisch gebildet. Einige Unternehmen haben das Potential von Beziehungsnetzwerken für ihren zukünftigen Geschäftserfolg erkannt. Sie bauen gezielt neue Beziehungen auf und pflegen bestehende, in dem sie aktives Beziehungsmanagement[72] betreiben.

(c)   Kooperationsplattform

Kooperationsplattformen können als das Ergebnis eines unternehmensübergreifenden Beziehungsmanagements angesehen werden. Sie sind ein Beziehungsnetzwerk zwischen ausgesuchten Unternehmen mit besonderen Kompetenzen und bilden somit einen Teilausschnitt der Beziehungsnetzwerke der Unternehmen. Die Kooperationsplattform ist ein Netzwerk, das auf die Schaffung von Voraussetzungen potentieller Kooperationen zwischen den Partnern fokussiert ist. Innerhalb der Kooperationsplattform werden gemeinsam Regelungen für eine potentielle Zusammenarbeit erarbeitet. Die Kooperationsplattform dient vorrangig dem schnellen Aufbau von Value Systems und stellt für die beteiligten Unternehmen ein Kooperationspotential dar.

---

71   Håkansson, Snehota (Island), S.187.

72   Vgl. Boutellier (Beziehungsmanagement), S.15ff.

(d)   Aktuelle Kooperationspartner

Unternehmen, mit denen im Verlauf aktueller Kooperationen positive Erfahrungen gesammelt wurden und deren Leistungsvermögen bekannt ist, stellen ein wichtiges Cluster für den Aufbau eines Value Systems dar. Die Qualität der bestehenden Beziehungen und gemeinsamen Erfahrungen miteinander unterstützen schnelle Erfolge beim Aufbau eines Value Systems.

(e)   Value System

Das Value System selbst setzt sich aus Unternehmen aus den genannten Clustern zusammen und bildet einen weiteren kleineren Ausschnitt aus dem Beziehungsnetzwerk der beteiligten Unternehmen. In dem Value System kooperieren Unternehmen aktiv. Sie verfolgen eine kollektive Strategie und sind auf eine eher langfristige Zusammenarbeit zur Erschliessung eines attraktiven Nutzenpotentials ausgerichtet.[73]

Die vier beschriebenen Ausprägungen von Unternehmensnetzwerken können anhand von zwei Kriterien gegeneinander abgegrenzt werden. Zum einen hinsichtlich ihrer **Intentionalität** und zum anderen über ihre **Grösse**. Intentionalität eines Unternehmensnetzwerks bezeichnet den Grad der Zweckausrichtung, die das Unternehmensnetzwerk verfolgt. Die Grösse des Unternehmensnetzwerks kann über die Menge redundanter Kompetenzen innerhalb des Unternehmensnetzwerks beschrieben werden. Während das Beziehungsnetzwerk lediglich durch eine geringe Intentionalität gekennzeichnet ist, zeichnet es sich durch eine relativ hohe Redundanz der Kompetenzen aus. Die Kooperationsplattform verfügt über Intentionalität, - nämlich als Grundlage für den schnellen Aufbau von Kooperationen zwischen den Unternehmen zu dienen. Ihre Ausdehnung ist auf eine Gruppe ausgewählter Unternehmen begrenzt, die ihre Beziehungen bewusst pflegen. Redundanzen bezüglich der verfügbaren Kompetenzen sind vorhanden und auch erwünscht (Wettbewerb als Innovationsanreiz). Das Value System zeichnet sich durch eine hohe Intentionalität aus. Die Ausdehnung des Unternehmensnetzwerks ist begrenzt auf eine Gruppe von Unternehmen mit komplementären Kernkompetenzen.

---

[73]   Vgl. Kapitel 4.2.2.

(3) Koordinationskompetenz

Die Koordinationskompetenz ist die Fähigkeit von Unternehmen, die Aktivitäten der Partner innerhalb des Value Systems in der Phase der Zusammenarbeit zu koordinieren. Darunter fällt insbesondere die Auswahl und der Einsatz geeigneter Koordinationsinstrumente und Formen (siehe Abb. 4-9).

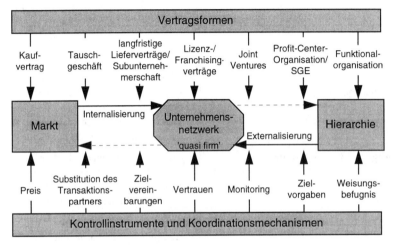

Abb. 4-9: Kontrollinstrumente und Koordinationsmechanismen[74]

In Value Systems ist der Aufbau von Vertrauen und die Vereinbarung von gemeinsamen Regeln und gemeinsamen Werten entscheidend für eine wirtschaftlich sinnvolle Koordination und letztlich für den Erfolg des Value Systems. Auf eine ausführlichere Darstellung der einzelnen Koordinationsinstrumente kann an dieser Stelle nicht eingegangen werden. Eine ausgezeichnete Darstellung der Koordination von Unternehmensnetzwerken findet sich bei Wildemann[75], an die an dieser Stelle verwiesen wird.

(4) Kompetenzmanagementkompetenz

Kompetenzmanagementkompetenz ist die Fähigkeit der am Netzwerk beteiligten Unternehmen, die unternehmenseigenen und -übergreifenden Kernkompetenzen aufzubauen, zu pflegen und weiterzuentwickeln. Hierunter fallen auch die Fähigkeiten,

---

74 Quelle: Wildemann (Unternehmensnetzwerke), S.421.

75 Vgl. Wildemann (Unternehmensnetzwerke).

die Kernkompetenzen der Partner zu bewerten und gemeinsame Kompetenzen aufzubauen. Das Kompetenzmanagement in Value Systems wird im Anschluss an die Zusammenfassung ausführlich dargestellt.

Alle genannten Kompetenzen dienen letztendlich dazu, die Kernkompetenzen der Partnerunternehmen in dem Value System zu herausragenden Marktleistungen zu kombinieren. In der folgenden Tabelle sind die vier Bestandteile der Netzwerkkompetenz zusammenfassend gegenübergestellt.

Kompetenz	Beschreibung
Kooperationskompetenz	• Kompetenz von Unternehmen, die unternehmensinternen und -externen Voraussetzungen zu erfüllen, um erfolgreich kooperieren zu können.
Konfigurationskompetenz	• Kompetenz, geeignete Partner zu identifizieren und die Art der Zusammenarbeit unter organisatorischen und technischen Aspekten zu planen.
Koordinationskompetenz	• Kompetenz von Unternehmen, die Aktivitäten der Partner innerhalb des Netzwerks geeigneten Instrumenten und Mechanismen zu koordinieren.
Kompetenzmanagementkompetenz	• Kompetenz der am Netzwerk beteiligten Unternehmen, die unternehmenseigenen und -übergreifenden Netzwerkkompetenzen zu identifizieren, zu konfigurieren, zu multiplizieren, weiterzuentwickeln und zu schützen.

Tab. 4-5: Netzwerkkompetenz (Übersicht)[76]

---

[76]   Quelle: Eigene Darstellung.

4.4 Kernkompetenzmanagement in Value Systems

Damit sich die Wettbewerbsposition eines Value Systems nicht verschlechtert, müssen Kernkompetenzen auch im Netzwerk[77] gemanagt werden. Dazu ist ein **kollektives Kernkompetenzmanagement** notwendig. Kernkompetenzmanagement in Value Systems umfasst die Aufgabenfelder: Erkennen, Kombination, Multiplikation, Weiterentwicklung bestehender, Erwerben neuer, Schützen und Entlernen von Kernkompetenzen.

Neben dem kollektiven Kompetenzmanagement auf Netzwerkebene sind die einzelnen Unternehmen für das Management ihrer Kompetenzen auf Unternehmensebene zuständig. Als Anreiz für das Management auf Unternehmensebene dient zum einen die netzwerkinterne Nachfrage nach den besten Kompetenzen und zum anderen der Geschäftserfolg eines Unternehmens auch ausserhalb des Value Systems. Verliert die Kernkompetenz eines Unternehmens an Stärke, so ist der Verbleib des Unternehmens im Value System nicht sichergestellt. Sein Platz kann dann durch ein anderes kompetenteres Unternehmen eingenommen werden. Ein Ausscheiden aus dem Value System kann für ein Unternehmen einen Verlust seiner Wettbewerbsfähigkeit bedeuten, während das Value System durch die Aufnahme eines stärkeren Unternehmens hinsichtlich der Wettbewerbsfähigkeit profitieren kann.[78]

Im folgenden werden die Aufgabenfelder des Kompetenzmanagements auf Netzwerkebene diskutiert.[79]

4.4.1 Erkennen von Kernkompetenzen

Ein Value System wird von einer 'Hub Firm' mit dem Ziel gegründet, die eigene Wettbewerbsfähigkeit zu steigern.[80] In der Gründungsphase des Value Systems entscheidet das Unternehmen darüber, welche Unternehmen als Partner aufgenommen werden. Um geeignete Netzwerkpartner zu identifizieren, muss das fokale Unterneh-

---

[77] Im folgenden werden die Begriffe 'Netzwerk' und 'Unternehmensnetzwerk' als Synonyme für das Value System verwendet.

[78] Vgl. Bellmann, Hippe (Kernthesen), S.68f.

[79] Zum Aspekt des 'Entlernens von Kompetenzen' wird hier zur Vermeidung von Redundanzen an die Ausführungen zum Entlernen in Kapitel 2.4.4.2 verwiesen.

[80] Vgl. Kapitel 4.2.2.

men Kenntnisse über die aktuellen und potentiellen Kernkompetenzen der designierten Partner besitzen.[81]

Im folgenden wird ein Ansatz[82] zur Identifikation von Kernkompetenzen in Value Systems vorgestellt. In den anschliessenden Abschnitten wird der Ansatz erweitert, um damit Möglichkeiten der Verstärkung von Kernkompetenzen aufzuzeigen.

Im ersten Schritt werden die vorhandenen Kompetenzen im Value System und von weiteren potentiellen Kooperationspartnern erhoben und dokumentiert. Je nach Ansatz zur Identifikation eignen sich Experteninterviews, Kundenbefragungen und Analysen, z.b. der Organisation eines Unternehmens. Die Dokumentation der identifizierten Kompetenzen kann z.b. in Listen und Datenbanken erfolgen. Diese Listen können durch weitere Informationen, z.b. über die Orte der identifizierten Kompetenzen und hinsichtlich bestehender Kombinationsmöglichkeiten mit anderen Kompetenzen im Value System beliebig ergänzt werden.

Sind die Kernkompetenzen identifiziert und lokalisiert, so werden sie anschliessend hinsichtlich ihrer 'Güte' bzw. 'Stärke' bewertet. Die Bewertung der Kompetenzstärken ist mit einer subjektiven Einschätzung verbunden. Klein, Hiscocks[83] schlagen zur Einschätzung der Kompetenzstärken eine fünfstufige Ordinalskala vor:

- keine Kernkompetenz,

- geringe Kernkompetenzstärke,

- durchschnittliche Kernkompetenzstärke,

- starke Kernkompetenz,

- die weltbeste Kernkompetenz.

Die folgende Abbildung zeigt die Kompetenzstärken zweier Unternehmen für zwei ausgewählte Kernkompetenzen. Die beiden Achsen entsprechen der Bewertungsskala

---

[81] Zu den Methoden zur Identifikation von Kernkompetenzen vgl. Boos, Jarmai (Kernkompetenzen), S.21ff. und vgl. Kapitel 2.4.4.2.

[82] Der Ansatz wurde von Klein, Hiscocks (Competition), S.183ff. für einzelne Unternehmen entwickelt und von Binder, Kantowsky (Technologiepotentiale), S.116ff. weiterentwickelt. In dieser Arbeit werden Teile davon auf die Anwendung in Value Systems (vgl. Kapitel 4.2.2) adaptiert. Im Gegensatz zu Klein, Hiscocks (Competition) und Binder, Kantowsky (Technologiepotentiale), die Ressourcen und Fähigkeiten betrachteten, beziehen sich die Ausführungen auf die höhere Aggregationsebene der Kernkompetenzen.

[83] Klein, Hiscocks (Competition), S.195.

der Kompetenzstärke nach Klein, Hiscocks[84]. An der Ordinate wird die 'Stärke' der Kernkompetenz 'Miniaturisierung' und an der Abszisse die 'Stärke' der Kernkompetenz 'Bau von Optik- und Linsensystemen' abgetragen. Anschliessend können die beiden Unternehmen entsprechend ihrer Kompetenzstärke innerhalb des Koordinatensystems positioniert werden (siehe Abb. 4-10).

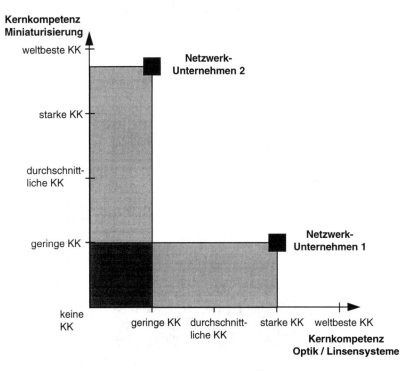

Abb. 4-10: Einordnung von zwei Unternehmen rsp. Kernkompetenzen (Beispiel)[85]

Entsprechend der Positionierung können anschliessend Effekte einer Kombination der Kompetenzen beider Unternehmen in einem Value System untersucht werden. Das Beispiel verdeutlicht, dass sich die Netzwerkpartner in ihren Kernkompetenzen gut ergänzen. Netzwerkunternehmen 1 hat seine grösste Stärke im Bau von Optiken und Linsensystemen, das Netzwerkunternehmen 2 ist in der Miniaturisierung stark. Nur ein

---

[84] Vgl. Klein, Hiscocks (Competition).

[85] Quelle: Eigene Darstellung in Anlehnung an Klein, Hiscocks (Competition), S.192.

kleiner Teil der Kernkompetenzen überschneidet sich (dunkelgraue Fläche). Die Grösse der dunkelgrauen Fläche kann als ein Mass für die Komplementarität der Unternehmen im Value System angesehen werden. Je kleiner die Fläche, desto komplementärer sind die Kernkompetenzen. Je grösser diese Fläche ist, desto grösser ist die Redundanz der Kompetenzen, und desto unwahrscheinlicher ist das Fortbestehen oder die Gründung eines Value Systems mit diesen beiden Unternehmen (siehe Abb. 4-11).

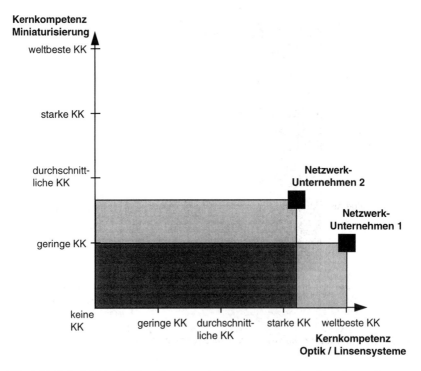

Abb. 4-11: Beispiel für die Einordnung zweier Unternehmen ohne komplementäre Kernkompetenzen[86]

Die Grösse der Fläche lässt jedoch keine Aussage darüber zu, inwieweit eine Kombination von Kompetenzen, selbst von komplementären Kompetenzen, tatsächlich sinn-

---

[86]   Quelle: Eigene Darstellung in Anlehnung an Klein, Hiscocks (Competition), S.192.

voll ist. Diese Aussage ist erst in Verbindung mit der übergeordneten Zielsetzung der Unternehmen möglich.

Die Analyse mit zwei Kernkompetenzen aus nur zwei Unternehmen ist aus Darstellungsgründen stark vereinfacht. Ein Value System besteht aus mehr als zwei Unternehmen und jedes Unternehmen kann über mehrere Kernkompetenzen verfügen. Klein, Hiscocks[87] empfehlen daher den Aufbau einer relationalen Datenbank, die alle Unternehmen im Value System, deren Kernkompetenzen und alle vom Netzwerk hergestellten Produkte umfasst. Mit Hilfe der relationalen Datenbank können die bewerteten Kompetenzen dann hinsichtlich ihrer Komplementarität analysiert werden.

Eine weitere **Problematik dieses Ansatzes** der Identifikation von Kernkompetenzen im Netzwerk liegt in der Fokussierung auf bestehende Kernkompetenzen. **Potentielle Kernkompetenzen** der Unternehmen bleiben in der Betrachtung unberücksichtigt. Potentielle Kernkompetenzen sind solche, die bewusst oder unbewusst erst entstehen und somit schwer zu erkennen und zu beurteilen sind.

4.4.2 Kombination von Kernkompetenzen

Im folgenden wird der oben vorgestellte Ansatz weiterentwickelt. Ergänzend werden die Produkte des Value Systems in die Betrachtung miteinbezogen. Angenommen, das Unternehmen 1 mit der Kernkompetenz in der Entwicklung von Linsensystemen stellt Optiken für Fotokameras her. Das Netzwerkunternehmen 1 besitzt die dazu notwendige durchschnittliche Kernkompetenz im Linsenbau und die minimale Kompetenz in der Miniaturisierung. Weiterhin kann es alle Produkte herstellen, die innerhalb der aufgespannten hellgrauen Fläche liegen, da seine bestehenden Kompetenzen mindestens den erforderlichen Anforderungen der Produkte entsprechen.

Das Netzwerkunternehmen 2 stellt Hörgeräte her. Es verfügt dazu über eine starke Kernkompetenz in der Miniaturisierung. Kompetenz in der Herstellung von Optiken sind zur Herstellung von Hörgeräten nicht erforderlich. Entsprechend verfügt das Unternehmen nicht über diese Kompetenz. Analog zum Unternehmen 1 kann auch das Unternehmen 2 alle Produkte unter der hellgrauen Fläche herstellen. Wie bereits gezeigt wurde, ergänzen sich die Unternehmen recht gut, d.h. ihre Kernkompetenzen überschneiden sich nur in der kleinen dunkelgrauen Fläche (siehe Abb. 4-12).

---

[87] Vgl. Klein, Hiscocks (Competition), S.192.

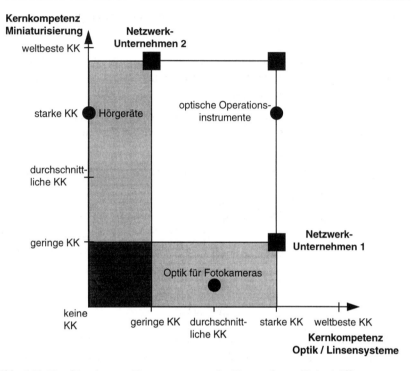

Abb. 4-12: Kombination von Kompetenzen zweier Unternehmen (Beispiel)[88]

Im Falle einer Kooperation der beiden Unternehmen kann durch die Kombination der Kernkompetenzen das Einsatzspektrum dieser für beide Unternehmen vergrössert werden. Netzwerkunternehmen 1 bringt seine Kernkompetenz 'Optiken und Linsenbau', das Netzwerkunternehmen 2 seine Kompetenz 'Miniaturisierung' in das Netzwerk ein. Gemeinsam können sie, zusätzlich zu den bisher abgedeckten Flächen, auch alle Produkte herstellen, die unter der weissen Fläche liegen (siehe Abb. 4-12). Produkte, wie z.b. optische Instrumente für innere Operationen im Medizinalbereich, kann keine der Unternehmen alleine herstellen, da jedem Unternehmen eine dazu notwendige Kernkompetenz fehlt. Im Value System dagegen können beide Unternehmen gemeinsam diese Produkte herstellen.

---

[88] Quelle: Eigene Darstellung in Anlehnung an Klein, Hiscocks (Competition), S.192.

4.4.3 Multiplikation von Kernkompetenzen

Für die nachhaltige Wettbewerbsfähigkeit eines Unternehmens ist es wichtig, schnell und sicher die Kernkompetenzen in andere Märkte und Geschäftsfelder zu multiplizieren.[89] Dasselbe gilt auch für Value Systems. Hier ist es für das langfristige Sichern von Wettbewerbsvorteilen unabdingbar, dass das Netzwerk für die bestehenden Kernkompetenzen neue Anwendungen und Märkte sucht, ohne dass grosse Investitionsanstrengungen in den Aufbau neuer Kernkompetenzen betrieben werden müssen.[90]

Nachdem das Value System neue Marktpotentiale identifiziert hat, müssen die Partner die Stärken der Kernkompetenzen bestimmen, die zur Herstellung der neuen Produkte notwendig sind. Dazu kann die fünfstufige Ordinalskala nach Klein, Hiscocks verwendet werden. Die neuen Produkte werden anschliessend entsprechend der ermittelten notwendigen Kompetenzstärke in das Koordinatensystem eingetragen (siehe Abb. 4-13). Diejenigen Produkte, die innerhalb der weissen, hellgrauen und dunkelgrauen Flächen liegen, können vom Netzwerk durch bestehende Kompetenzen hergestellt werden. Die Produkte, die ausserhalb der Flächen liegen, können durch das derzeit bestehende Netzwerk nicht hergestellt werden. Die Positionierung der Produkte in das Koordinatensystem kann weiterhin wertvolle Hinweise über zukünftige Stossrichtungen und Kernkompetenzentwicklungen liefern.

Die Tendenz des Kernkompetenzansatzes, sich auf die bestehenden Ressourcen zu beschränken, muss durch ein weitsichtiges Kernkompetenzmanagement ergänzt werden.[91] Dies kann durch die Weiterentwicklung von bestehenden Kernkompetenzen und den Aufbau von neuen Kernkompetenzen geschehen.

4.4.4 Weiterentwicklung von bestehenden Kernkompetenzen

Die Weiterentwicklung bestehender Kompetenzen zielt auf die Erhöhung der Kompetenzstärke ab. Als unterstützendes Instrument kann das Koordinatensystem Hinweise auf zur Weiterentwicklung geeignete Kernkompetenzen geben. Im genannten Beispiel haben die Netzwerkpartner den Glasfaserkabelmarkt als attraktives Nutzenpotential identifiziert. Die benötigte Stärke der Kernkompetenz 'Bau von Optik- und Linsen-

---

89 Vgl. auch Kapitel 6.1.2.

90 Vgl. Klein, Hiscocks (Competition), S.184.

91 Vgl. Binder, Kantowsky (Technologiepotentiale), S.149ff.

systemen' für die Produktion von Glasfaserkabel wird von den Netzwerkpartnern zwischen einer starken und der weltbesten Kernkompetenz bestimmt. Die Stärke der Kompetenz 'Miniaturisierung' muss etwa durchschnittlich sein. Aus der Positionierung der erforderlichen Kompetenzstärken im Koordinatensystem wird ersichtlich, dass es für das bestehende Netzwerk nicht möglich ist, dieses Produkt zu produzieren. Die Kompetenzen sind in der erforderlichen Stärke nicht im Netzwerk vorhanden (siehe Abb. 4-13).

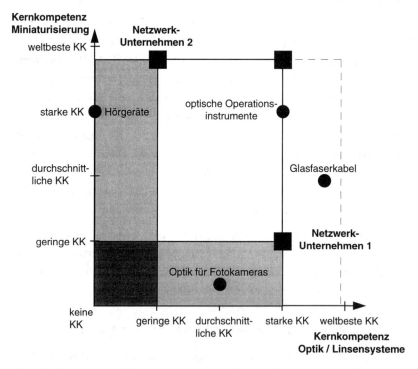

Abb. 4-13: Hinweise zur Weiterentwicklung bestehender Kernkompetenzen[92]

Die Produktion und Verarbeitung von Glasfaserkabeln kann nur erfolgversprechend aufgenommen werden, wenn das Unternehmen 1 seine Kernkompetenz 'Optik- und Linsensysteme' weiterentwickelt, bis sie annähernd die weltbeste Stärke der Kernkom-

---

92   Quelle: Eigene Darstellung in Anlehnung an Klein, Hiscocks (Competition), S.192.

petenz erreicht hat. Zur Weiterentwicklung der Kernkompetenz kann zwischen zwei Ansätzen unterschieden werden:

(1) **Stärkung der Kernkompetenzen durch mehrfache Multiplikation**: Durch die wiederholte Anwendung bestehender Kernkompetenzen in neuen Verwendungsbereichen werden weitere Lernzyklen durchlaufen und so weitere Erfahrungen gewonnen. Neue gewonnene Erfahrungen führen zu einer Weiterentwicklung der Kernkompetenzen. Durch die verbesserte Kompetenzstärke ergeben sich neue Verwendungsfelder der Kernkompetenzen. Dieser iterative Prozess des Multiplizierens und der Weiterentwicklung von Kernkompetenzen hat eine selbstverstärkende Wirkung.

(2) **Interorganisationale Lernprozesse**: Kernkompetenzen können durch Lernprozesse im Value System und in den einzelnen Netzwerkunternehmen weiterentwickelt werden. Lernprozesse bilden die Grundlage für den Aufbau von neuen Kernkompetenzen.

4.4.5 Erwerben von neuen Kernkompetenzen

Wurden bei der Identifikation von neuen Marktpotentialen für das Netzwerk potentielle Produkte entdeckt, die weder mit den bestehenden Ressourcen noch mit der gezielten Weiterentwicklung von Kernkompetenzen erstellt werden können, so müssen im Netzwerk neue, d.h. noch nirgends im Netzwerk vorhandene Kernkompetenzen aufgebaut oder beschafft werden.[93] Es gibt grundsätzlich zwei Möglichkeiten, sich Kernkompetenzen im Netzwerk anzueignen, den Kernkompetenzerwerb durch Aufnahme neuer Partner ins Netzwerk[94] und den Kernkompetenzaufbau durch interorganisationales Lernen[95].

Die Ausführungen zum Kompetenzaufbau durch organisationale Lernprozesse nach Nonaka, Takeuchi[96] sollen an dieser Stelle durch das Modell des Lernprozesses nach Jacobsen[97] ergänzt werden (siehe Abb. 4-14).

---

[93] Vgl. Klein, Hiscocks (Competition), S.192.

[94] Vgl. Kapitel 3.6.2.

[95] Zum Kompetenzaufbau in Value Systems vgl. Kapitel 6.1.3.

[96] Vgl. Kapitel 3.6.1.

[97] Jacobsen (Unternehmungsintelligenz) bezieht seine Ausführungen auf einzelne Unternehmen. Im folgenden werden einige seiner Ideen aufgegriffen und auf Value Systems adaptiert.

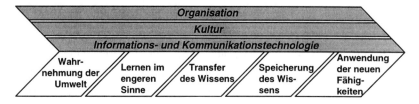

Abb. 4-14: Lernprozess zur Bildung von Kernkompetenzen[98]

Der interorganisationale Lernprozess muss auf allen fünf Stufen unterstützt werden
(siehe Abb. 4-14). Die Unterstützung des interorganisationalen Lernprozesses kann
durch eine geeignete Organisationsform, eine offene Kultur im Netzwerk und eine
unterstützende Informations- und Kommunikationstechnologie erfolgen. Im folgenden
werden die einzelnen Stufen und die unterstützenden Faktoren des interorganisationalen Lernprozesses im einzelnen vorgestellt.[99]

(1)   Wahrnehmung der Umwelt

Nach aussen und nach innen gerichtete Wahrnehmung ist eine notwendige Voraussetzung für den Kompetenzerwerb. Das Netzwerk sollte seine Umwelt sowie seine
'Innenwelt' (bestehend aus den verschiedenen Netzwerkpartnern) konstant auf Chancen und Bedrohungen absuchen und Implikationen für das Kompetenzmanagement
daraus ableiten. Rasche[100] nennt zwei Ansätze zur Umweltanalyse; die Szenario-
Analysen und das 'environmental-scanning and - monitoring'. Die Identifikation von
neuen Marktpotentialen kann dem Netzwerk Aufschluss über Kompetenzlücken im
Value System geben. Fehlende Kompetenzen können dann gemeinsam aufgebaut oder
durch die Aufnahme eines neuen Partners in das Netzwerk ergänzt werden.[101]

(2)   Lernen im engeren Sinne

Das Ziel des Lernens ist es, sich neue Fähigkeiten anzueigen, die die strategischen
Erfolgspotentiale des Value Systems verbessern. Im Value System bringen die verschiedenen Unternehmen unterschiedliche neue Betrachtungsperspektiven ein.

---

[98]   Quelle: Eigene Darstellung in Anlehnung an Jacobsen (Unternehmungsintelligenz), S.168.

[99]   Vgl. Jacobsen (Unternehmungsintelligenz), S.167ff.

[100]   Vgl. Rasche (Kernkompetenzen), S.216f.

[101]   Vgl. Kapitel 5.5.3.

Dadurch kann ein 'Tunnelblick' einzelner Unternehmen vermieden und ein breiteres Verständnis wichtiger Zusammenhänge ermöglicht werden. Das Erlernen von Fähigkeiten in Unternehmen kann sich auf alle technologischen, funktionsbezogenen und organisatorischen Aspekte beziehen. Das Netzwerk kann auf verschiedene Arten lernen:

- Eine erste Möglichkeit der Wissensakkumulation ist die 'systematische Erfahrungsanalyse'. Das Netzwerk sollte beispielsweise Misserfolge, die ein Netzwerkunternehmen einmal erfahren musste, analytisch durchdringen und die Einflussfaktoren, die zum Misserfolg geführt haben, identifizieren. Sind diese Faktoren einmal bekannt, können aus ihnen Schlüsse gezogen werden, wie das zugrundeliegende Problem zukünftig vermieden werden kann. Es geht jedoch nicht ausschliesslich darum, aus Fehlern zu lernen. Auch erfolgreiche Handlungen der Unternehmen und deren Mitarbeiter können nachträglich auf Einflussfaktoren untersucht, und die dadurch gewonnenen Erfahrungen in neuen Feldern angewendet werden (**Best Practices**).

- Eine zweite Möglichkeit ist das Lernen durch '**Lösung konkreter Probleme**'. Durch die intensive Auseinandersetzung mit bestehenden Problemstellungen versucht das Value System, eigenständige Problemlösungen zu entwickeln. Durch den Problemlösungsprozess erwirbt das Netzwerk neue Fähigkeiten durch '**Learning by doing**'.

- Eine dritte Möglichkeit ist das '**Lernen von Konkurrenten**'. Ähnlich der Analyse von eigenen Erfahrungen kann das Value System durch Erfahrungen und Fähigkeiten anderer Unternehmen, z.B. in **Benchmarking-Projekten**, lernen.

- Abschliessend sei noch das '**Lernen von Netzwerkpartnern**' erwähnt. Innerhalb des Value Systems können die beteiligten Unternehmen voneinander **in gemeinsamen Projekten** und im **Tagesgeschäft** lernen. Es ist denkbar, dass durch die Zusammenarbeit gegenseitige Synergien entstehen, die etwas völlig Neues ermöglichen.[102]

---

(3)   Transfer des Wissens

Neu-aufgebautes Wissen muss innerhalb des Netzwerks an die Orte seiner Verwendung transferiert werden. Der Transfer von Wissen heisst, Kompetenzen von Mitarbeitern auf andere Mitarbeiter zu übertragen. Das transferierte Wissen kann so zu einer neuen Kernkompetenz des ganzen Netzwerks werden.[103]

Der Transfer von Wissen kann über unterschiedliche Medien geschehen:[104]

- Formelle und informelle Begegnungen und Gespräche bei nicht physisch vorliegendem Wissen und bei **Tacit Knowledge**,

- Weitergabe von Dokumenten, Handbüchern oder Lernmaterial bei physisch gespcichertem Wissen v.a. bei **Explicit Knowledge**.

(4)   Speicherung des Wissens

Neben dem Transfer von Wissen und Kompetenzen von Mitarbeitern auf andere, ist die Speicherung des neu generierten Wissens im Netzwerk von zentraler Bedeutung. Das Wissen sollte unabhängig von einzelnen Mitarbeitern im Netzwerk gespeichert werden. Dadurch soll vermieden werden, dass mit dem Ausfall einzelner Mitarbeiter Kernkompetenzen des Value Systems verloren sind. Neben der personellen Unabhängigkeit sollte die Speicherung der Informationen auch die zeitliche Unabhängigkeit zulassen. Es muss sichergestellt werden, dass das relevante Wissen erhalten bleibt und im Zeitpunkt des Bedarfs angewendet werden kann. Während explizites Wissen auf unterschiedliche Arten gespeichert werden kann, z.B. in physischen Datenspeichern wie Dokumentationen, Akten, Korrespondenzen, Datenträgern etc., kann implizites Wissen ausschliesslich an Menschen gebunden gespeichert werden. Das Netzwerk muss jedoch eine Kultur besitzen, welche die Akkumulation von neuem Wissen zulässt und fördert. Nur so können die erworbenen Kernkompetenzen für die Netzwerkteil-

---

[103] Die individuelle Kombination der Kompetenzen im Value System kann in ihrer Gesamtheit (Netzwerkperspektive) eine neue Kernkompetenz des Netzwerks darstellen. Die im Netzwerk von Unternehmen gemeinsam aufgebauten Kompetenzen werden bei denen am Aufbau beteiligten Unternehmen organisatorisch verankert sein. Sie haben in den Kompetenzaufbau investiert (z.B. Ressourcen, Mannstunden etc.) und sind durch ihr spezifisches Umfeld am besten geeignet, die Kernkompetenzen auch zukünftig weiterzuentwickeln. Können neue Kernkompetenzen nur unter Mithilfe anderer Netzwerkpartner aufgebaut werden und nur in Kombination mit weiteren (Kern-) Kompetenzen im Netzwerk wirkungsvoll eingesetzt werden, können diese m.E. als Kernkompetenzen des Netzwerks interpretiert werden.

[104] Vgl. Kapitel 3.6.1.

nehmer dauerhaft gespeichert werden. Sowohl der Transfer, als auch die Speicherung von Wissen kann durch moderne Informations- und Kommunikationstechnologien unterstützt werden. Wichtig ist, dass das neu erworbene Wissen redundant gespeichert wird. Die redundante Speicherung erlaubt es dem Netzwerk, das Risiko des Know How-Verlustes zu reduzieren. Redundante Speicherung heisst, dass das explizierte Wissen z.b. in schriftlichen Berichten abzufassen und durch Schulungen an Mitarbeiter weiterzugeben ist.[105]

(5)   Anwendung der neu erworbenen Fähigkeiten

Zusätzlich zur Speicherung müssen die erworbenen Kompetenzen und Fähigkeiten für konkrete Handlungs- und Entscheidungssituationen im Netzwerk nutzbar gemacht werden. Durch die Anwendung des neu-erworbenen Wissens können die neuen Kompetenzen und Fähigkeiten in den Organisationen gefestigt werden.

Zwischenfazit

Zusammenfassend lässt sich sagen, dass es für das Netzwerk immanent wichtig ist, neben der Pflege und Weiterentwicklung der bestehenden Kernkompetenzen auch neue Fähigkeiten und Kompetenzen aufzubauen, damit die Wettbewerbsposition des Netzwerks in der Zukunft gesichert werden kann. Grundsätzlich muss jedes Netzwerkunternehmen für sich diesen Aufbau vornehmen, doch bietet das Value System auch die Möglichkeit, gemeinsame neue Kernkompetenzen zu entwickeln. Es ist somit denkbar, dass das Netzwerk fähig ist, Kernkompetenzen aufzubauen, zu dem ein einzelnes Netzwerkunternehmen nicht in der Lage gewesen wäre. Der Kernkompetenzaufbau im Netzwerk ist eine komplexe Aufgabe und stellt kulturell und organisatorisch hohe Anforderungen an die Partner. Gelingt es jedoch dem Netzwerk, Kernkompetenzen in diesem Sinne aufzubauen, so sind sie durch Konkurrenten praktisch nicht zu imitieren. Durch die tiefe Verwurzelung im Netzwerk wird ein Konkurrent, auch wenn er einige Schlüsselpersonen abwirbt, nicht in der Lage sein, diese Kompetenz zu imitieren, da die erforderliche organisatorische und kulturelle Einbindung fehlt.[106] Erfolgreiche Netzwerke sind in der Lage, die fünf Stufen des Lernprozesses gemeinsam zu durchlaufen, die verschiedenen Aktivitäten in den Netzwerkunter-

---

[105] Vgl. Helleloid, Simonin (Organizational Learning), S.225.

[106] Vgl. Helleloid, Simonin (Organizational Learning), S.219.

nehmen aufeinander abzustimmen und den ganzen Prozess durch eine geeignete Struktur und Kultur zu unterstützen.

4.4.6 Schützen von Kernkompetenzen

Der Schutz von Kernkompetenzen vor Imitationen durch Konkurrenten ist eine Hauptaufgabe des Kernkompetenzmanagements. In Netzwerken ist die Gefahr der Erosion von Kernkompetenzen durch Know How-Abfluss besonders gross.[107]

Unternehmen, die Partner in einem Value System werden, müssen sich des **Dilemmas** zwischen erforderlicher **Transparenz** und z.T. erwünschter **Intransparenz** bewusst sein. Transparenz ist einerseits notwendig, um die Vorteile der Kompetenzen beteiligter Unternehmen zu nutzen. Andererseits bietet **Intransparenz** einen wirkungsvollen Schutz der eigenen Kompetenzen vor unbeabsichtigtem Know How-Abfluss. Ohne ein erforderliches Mindestmass an Transparenz sind kaum Vorteile aus einer Kooperation in einem Value System zu erwarten. Folgende Möglichkeiten bestehen, die eigenen Kernkompetenzen vor Missbrauch in Value Systems zu schützen:[108]

- **Innovationsgeschwindigkeit:** Die Geschwindigkeit, mit der ein Unternehmen Innovationen hervorbringt, kann einen hohen Beitrag zum Schutze der eigenen Kernkompetenzen leisten. Sobald die Innovationsgeschwindigkeit eines Netzwerkunternehmens höher ist als die Internalisierungsgeschwindigkeiten der Partnerunternehmen, kann das Unternehmen es sich leisten, sehr offen mit den Partnern zu sein.

- **Gate Keeping:** Die Einführung einer Informationsabteilung, über die jede Informationsanfrage der Partner laufen muss, kann einen Beitrag leisten, die eigene Transparenz für andere Netzwerkunternehmen zu verringern. Damit wird versucht, den Informationsfluss zwischen den Partnern zu kontrollieren und gegebenenfalls Massnahmen zu ergreifen.

- **Beschränkung der Interaktionen:** Eine weitere Möglichkeit, den Know How-Abfluss einzudämmen, ist eine Beschränkung des Kooperationsfeldes durch eine funktional organisatorische Abgrenzung oder eine personell organisatorische Beschränkung auf einen ausgewählten Personenkreis.

---

[107] Vgl. Kapitel 6.2.2.

[108] Vgl. Hamel (Competition), S.95.

Die zwei zuletzt genannten Möglichkeiten (Gate Keeping und Beschränkung der Interaktionen) sind für die Zusammenarbeit in Value Systems nicht praktikabel. Intensives Gate Keeping und Beschränkungen führen dazu, dass der Nutzen, den die Partner aus ihrer Netzwerkzugehörigkeit ziehen können, limitiert wird.

Eine hohe Innovationsgeschwindigkeit scheint am ehesten geeignet, Ungerechtigkeiten und Asymmetrien der Know How-Akquisition im Netzwerk zu verhindern.

4.4.7 Problembereiche des Kernkompetenzmanagements in Value Systems

Wettbewerbsvorteile müssen auch für Value Systems aufgebaut und erhalten werden. Daher ist in Value Systems ein Kernkompetenzmanagement erforderlich. Folgende Tabelle gibt eine abschliessende Übersicht zum Kernkompetenzmanagement in Value Systems (siehe Tab. 4-6).

Bereich	Beschreibung
Kernkompetenz-management allgemein	Netzwerkunternehmen müssen neben der gemeinsamen Entwicklung von Kernkompetenzen auch ihre eigenen Kernkompetenzen weiterentwickeln. Anderenfalls kann die nachlassende Attraktivität ihrer Kompetenzen den Verbleib von Unternehmen im Value System gefährden.
Erkennen von Kern-kompetenzen	Kernkompetenzen sind ausserhalb eines Unternehmens schwer zu identifizieren. Das Erkennen und Bewerten von Kernkompetenzen ist eine wichtige Voraussetzung für das Identifizieren geeigneter Partner und stellt eine wichtige Aufgabe des kollektiven Kernkompetenzmanagements dar.
Kombination von Kernkompetenzen	Damit das Einsatzspektrum von Kernkompetenzen einzelner Unternehmen durch deren Kombination im Netzwerk vergrössert werden kann, ist es notwendig, dass bestimmte Kooperationskompetenzen (Rollenübernahme, Ambiguitätstoleranz und Selbstöffnung) im Netzwerk vorhanden sind.
Multiplikation von Kernkompetenzen	Ein Netzwerk muss fähig sein, sich bietende Marktchancen wahrzunehmen und durch den Einsatz von bestehenden Kernkompetenzen in neuen Geschäftsfeldern, Wettbewerbsvorteile gegenüber der Konkurrenz zu erzielen. Damit dies gelingen kann, braucht es im Netzwerk eine Kultur, die neue kreative Ideen fördert.

Tab. 4-6: Kernkompetenzmanagement in Value Systems[109]

---

[109] Quelle: Eigene Darstellung.

Bereich	Beschreibung
Weiterentwicklung von bestehenden Kernkompetenzen	Die 'Verstärkung' von Kernkompetenzen kann durch mehrfaches Multiplizieren bestehender Kernkompetenzen erfolgen oder/und durch netzwerkinterne Lernprozesse. Diese können durch eine entsprechende Netzwerkkultur, Organisation und IKT gefördert werden.
Erwerben von neuen Kernkompetenzen	Neue Kernkompetenzen können durch die Aufnahme neuer Partner oder durch die netzwerkinterne Entwicklung von neuen Kernkompetenzen aufgebaut werden. Der netzwerkinterne Aufbau von Kernkompetenzen durch gemeinsame Lernprozesse im Netzwerk sollte durch eine geeignete Netzwerkstruktur und -kultur unterstützt werden.
Schützen von Kernkompetenzen	Wirkungsvoller Schutz der eigenen Kernkompetenzen in einem Value System ist kaum möglich. Lediglich eine hohe Innovationsgeschwindigkeit und der Wille, ebenso von den anderen zu lernen, können davor schützen, eigene Kernkompetenzen zu verlieren.
Entlernen von Kernkompetenzen	Das Entlernen von Kompetenzen stellt auch in Value Systems eine Voraussetzung zum Erwerb neuer Kompetenzen dar.

Tab. 4-6: Kernkompetenzmanagement in Value Systems (Fortsetzung)[110]

4.5 Fazit

In diesem Kapitel wurde mit dem Konzept des Value Systems ein Unternehmensnetzwerk vorgestellt, das hohe organisatorische Flexibilität, hohe Reduktion der Komplexität und die Ausrichtung auf eine nachhaltige Wertgenerierung miteinander vereint. Das Management stellt eine kritische Kernkompetenz auf dem Weg zum Value System dar. Vier wichtige Aufgabenbereiche des Managements von Value Systems wurden in dem 4-K-Modell der Netzwerkkompetenz zusammengefasst und beschrieben. Der Schwerpunkt der Betrachtung lag dabei auf dem Management von Kernkompetenzen auf Netzwerkebene.

---

[110] Quelle: Eigene Darstellung.

5 Dynamische Betrachtung zum Potentialaufbau

Im folgenden wird der Aufbau strategischer Erfolgspositionen[1] zur Erschliessung eines attraktiven Nutzenpotentials aus der Sicht eines fokalen Unternehmens unter dynamischen Aspekten betrachtet. Innovative Ideen mit hohem Wertsteigerungspotential sind oftmals dadurch charakterisiert, dass einerseits kein effizienter Beschaffungsmarkt existiert, andererseits die Dynamik des Nutzenpotentials eine Integration der Leistungen durch Eigenentwicklungen oder Akquisitionen als zu riskant und ressourcenaufwendig erscheinen lässt. Das **Ziel der folgenden Betrachtung** ist es, anhand eines Modells Möglichkeiten aufzuzeigen, wie Unternehmen durch Value Systems den optimalen Zeitpunkt zum Einstieg in das Nutzenpotential steuern und somit zusätzlichen Wert generieren können.

5.1 Notwendigkeit einer dynamischen Betrachtung

Nutzenpotentiale werden als Konstellationen im Beziehungsgeflecht zwischen Umwelt, Markt und Unternehmen verstanden.[2] Sie entstehen durch Diskontinuitäten (Ungleichgewichtszustand) innerhalb des komplexen Beziehungsgeflechts zwischen den Systemelementen der Subsysteme. Diskontinuitäten und damit auch Nutzenpotentiale sind wegen der Dynamik im System ständigen Veränderungen unterworfen und grundsätzlich von begrenzter Dauer.[3] Die Systemelemente[4] und ihre Beziehungen untereinander unterliegen dynamischen Veränderungen, die von jedem der Systemelemente ausgehen können.

Basierend auf dem Modell des Produktlebenszyklus[5], in dem ein neues Produkt vier zeitlich aufeinanderfolgende Phasen, eine Einführungsphase, eine Wachstumsphase, eine Reifephase und eine Niedergangsphase durchläuft, kann davon ausgegangen werden, dass auch alle Nutzenpotentiale analog zum Marktpotential einen Lebenszyklus durchlaufen (siehe Abb. 5-1).[6]

---

1   Zur Definition der grundlegenden Begriffe vgl. Kapitel 2.4.1.

2   Vgl. Abb. 2-11 in Kapitel 2.4.1.

3   Vgl. Pümpin, Bronder (Realitäten), S.12f.

4   Vgl. Kapitel 2.4.1, insbesondere Abbildung 2-11.

5   Vgl. Meffert (Marketing), S.369ff.

6   Vgl. Pümpin (Strategische Erfolgspositionen), S.26.

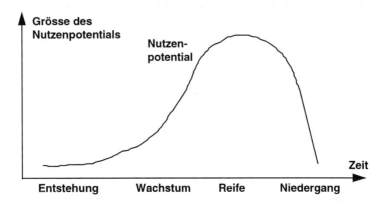

Abb. 5-1: Lebenszyklus eines Nutzenpotentials[7]

Analog zu den Produktlebenszyklen sind die Lebenszyklen von Nutzenpotentialen zeitlich begrenzt und verkürzen sich tendenziell in der heutigen Umweltsituation. Die permanente Suche nach neuen Nutzenpotentialen ist daher eine zentrale Managementaufgabe.[8]

Auch strategische Erfolgspositionen durchlaufen in ähnlicher Weise einen Lebenszyklus.[9] Der Aufbau einer strategischen Erfolgsposition ist eine längerfristige Aufgabe. Einmal aufgebaut, müssen strategische Erfolgspositionen durch dauerhaft zugeordnete Ressourcen permanent gepflegt werden, damit sie nicht verkümmern.[10] Durch eine Verschiebung der Wettbewerbsstruktur innerhalb eines Geschäfts kann die strategische Erfolgsposition eines Unternehmens durch innovative Problemlösungen eines Wettbewerbers obsolet werden. Schliesslich ist der Lebenszyklus einer strategischen Erfolgsposition durch den Lebenszyklus des Nutzenpotentials beschränkt, da mit der abnehmenden Nutzenstiftung[11] für Bezugsgruppen die diesbezüglich errungene Wettbewerbsposition (strategische Erfolgsposition) wertlos wird.[12]

---

7   Quelle: Pümpin (Strategische Erfolgspositionen), S.26.

8   Vgl. Pümpin (Strategische Erfolgspositionen), S.27.

9   Vgl. Pümpin (Strategische Erfolgspositionen), S.57.

10   Vgl. Pümpin (Strategische Erfolgspositionen), S.38f.

11   Der Begriff 'Nutzenstiftung' wird von Pümpin verwendet vgl. Pümpin (Dynamik), S.33, S.57.

12   Vgl. Binder, Kantowsky (Technologiepotentiale), S.280.

Der Aufbau und die Pflege von strategischen Erfolgspositionen bedeutet konkret, neue Fähigkeiten zu erlernen, strategische Erfolgspotentiale aufzubauen und die relevanten strategischen Positionen zu besetzen. Die hierfür erforderlichen Aktivitäten können nicht sequentiell abgearbeitet werden. Stattdessen ist der Prozess zum Aufbau einer strategischen Erfolgsposition eher durch sich gegenseitig bedingende, parallel ausgeführte Aktivitäten gekennzeichnet. Diese dienen dem Aufbau neuer Fähigkeiten, der Pflege bestehender Fähigkeiten, strategischer Erfolgspotentiale und Erfolgspositionen. Alle Aktivitäten haben die Ausrichtung auf das zu erschliessende Nutzenpotential gemeinsam.[13]

Durch die parallele, interdependente Durchführung der genannten Aktivitäten ist jede Managementdimension, vor allem die operative und strategische, in den Prozess eingebunden. Bedingt durch die dynamische, gegenseitige Beeinflussung der Systemelemente kommt es zu Veränderungen in den Subsystemen Unternehmen, Markt und Umwelt[14]. Diese Veränderungen führen wiederum zu neuen Interaktionen zwischen den Managementdimensionen. Die Interaktionen zwischen der operativen, strategischen und normativen Managementdimension sind nicht ein-direktional und laufen nicht sequentiell ab, sondern sind durch starke Interaktionen untereinander gekennzeichnet.

Die Einordnung der Begriffe des potentialorientierten Managements in die von Binder, Kantowsky[15] erarbeitete Matrix ist für die Begriffsabgrenzung sinnvoll und hilfreich. Für eine dynamische Betrachtung der Zusammenhänge ist sie jedoch nicht geeignet. Das Management des Aufbaus strategischer Erfolgspositionen und des damit verbundenen Ressourceneinsatzes ist im Zeitablauf durch permanente Interaktionen zwischen allen Managementdimensionen und zwischen den Elementen der Systemhierarchien gekennzeichnet. Daher sind diese Dimensionen im Rahmen einer dynamischen Darstellung der Zusammenhänge als parallel zur Zeitachse verlaufende Dimensionen zu betrachten, die während des Aufbaus von strategischen Erfolgspositionen im Zeitablauf ständig Relevanz haben. Im folgenden sollen anhand einer neuen Darstellung (Modell) die dynamischen Zusammenhänge des Erschliessens von Nutzenpotentialen aus der Sicht eines Unternehmens betrachtet werden. Der Schwerpunkt der Betrach-

---

[13] Vgl. Abb. 2-12 in Kapitel 2.4.1.

[14] Vgl. Kapitel 2.4.1.

[15] Vgl. Binder, Kantowsky (Technologiepotentiale), S.58ff.

tung liegt dabei auf dem Aufbau des zur Erschliessung des Nutzenpotentials notwendigen strategischen Erfolgspotentials.

5.2 Ein Modell zur Erschliessung von Nutzenpotentialen

Als Grundlage für das Modell soll die Lebenszykluskurve eines Nutzenpotentials dienen. Der gesamte Lebenszyklus kann aus Sicht des Managements in zwei relevante Abschnitte unterteilt werden: Zum einen in die Zeitspanne, die dem Unternehmen zur Verfügung steht, um die erforderlichen unternehmensinternen und -externen Voraussetzungen für die Erschliessung des Nutzenpotentials zu erfüllen, zum anderen in die Phase, in der das Nutzenpotential erschlossen wird und Nutzen stiftet (Abb. 5-2).

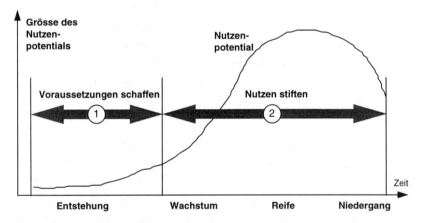

Abb. 5-2: Unterteilung der Lebenszykluskurve eines Nutzenpotentials in die Abschnitte 'Voraussetzungen schaffen' und 'Nutzen stiften'[16]

(1)   Voraussetzungen schaffen: Erfolgspotentiale aufbauen

Um die attraktiven Nutzenpotentiale erschliessen zu können, müssen vorher Voraussetzungen in einem Unternehmen geschaffen werden. Die Erschliessung von Nutzenpotentialen setzt voraus, dass ein Unternehmen strategische Erfolgspositionen besetzen kann. Dazu muss es im richtigen Zeitpunkt über geeignete strategische Erfolgspotentiale verfügen. Strategische Erfolgspotentiale entstehen nicht von selbst, sondern

---

[16]   Quelle: Eigene Darstellung.

müssen bewusst durch den Einsatz von Ressourcen gezielt aufgebaut werden.[17] Das Besetzen von strategischen Erfolgspositionen setzt also die Existenz von Erfolgspotentialen[18], Ressourcen und Fähigkeiten voraus. Das heisst, ein Unternehmen muss vielfältige Voraussetzungen schaffen, die es überhaupt erst in die Lage versetzt, attraktive Nutzenpotentiale zu erschliessen. In dem Modellabschnitt 'Voraussetzungen schaffen' baut ein Unternehmen diese strategischen Erfolgspotentiale (Kompetenzen) auf.

Das Schaffen von Voraussetzungen, insbesondere der Aufbau von Kompetenzen, kann als organisationaler Lernprozess betrachtet werden. Unter dem Begriff 'Organisationales Lernen' wird das Nutzen, Verändern und Weiterentwickeln der organisatorischen Wissensbasis verstanden.[19] Der Aufbau von Kompetenzen in einem organisatorischen Lernprozess benötigt Zeit und erfordert Ressourceneinsatz. Prinzipiell gilt, dass sich Unternehmen auf die Pflege und den Aufbau derjenigen Kompetenzen konzentrieren sollten, die sie derzeit besser als ihre Wettbewerber beherrschen (Kernkompetenzen), bzw. die sie zukünftig besser als ihre Wettbewerber beherrschen wollen (potentielle Kernkompetenzen[20]), um langfristig erfolgreich zu sein.

(2)   Nutzen stiften: Nutzenpotentiale erschliessen und ausschöpfen

Im zweiten Abschnitt des Lebenszyklus, der die Wachstums-, Reife- und Niedergangsphase eines Nutzenpotentials umfasst, besetzt ein Unternehmen strategische Erfolgspositionen und schöpft das Nutzenpotential aus. In diesem Abschnitt dient der Ressourceneinsatz vorrangig zur schnellen Besetzung strategischer Erfolgspositionen und zur Pflege, Weiterentwicklung und Multiplikation von Fähigkeiten, Erfolgspotentialen und -positionen.

Im folgenden sollen die Modellelemente und die Zusammenhänge im ersten Abschnitt, der Entstehungsphase eines Nutzenpotentials, näher betrachtet werden. Die folgenden Ausführungen gelten grundsätzlich für alle Arten von Nutzenpotentialen. Aufgrund der besonderen Bedeutung von Marktpotentialen für den unternehmerischen Erfolg bezieht

---

17   Vgl. Pümpin (Strategische Erfolgspositionen), S.36f.

18   Im Zusammenhang mit dem Schaffen von Voraussetzungen wird der Begriff 'strategisches Erfolgspotential' auch im Sinne einer zukünftigen Kernkompetenz verstanden.

19   Vgl. Servatius (Reengineering), S.82f.

20   Zum Begriff der 'potentiellen Kernkompetenz' vgl. Hinterhuber, Stahl (Unternehmensnetzwerke), S.99f.

sich die Betrachtung schwerpunktmässig auf diese Nutzenpotentiale. Auf eine Darstellung der Instrumente zur Bestimmung der genannten Modellgrössen, insbesondere zu
den unternehmensbezogenen und umweltbezogenen Analysen wird hier bewusst nicht
eingegangen und auf die Literatur verwiesen.[21]

Die folgende Abbildung zeigt das Modell mit den relevanten Modellelementen und die
Zusammenhänge zwischen ihnen. Dieses Grundmodell bildet die Grundlage für die
späteren Betrachtungen.

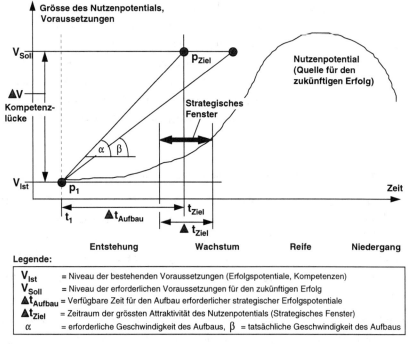

Abb. 5-3: Beschreibung der wesentlichen Zusammenhänge im Modell (Abschnitt 1)[22]

Der Einstieg in das Modell beginnt im Zeitpunkt t_1. Nach einer vorausgegangenen
Identifikation zahlreicher Nutzenpotentiale und deren Bewertung hinsichtlich ihrer

---

[21]   Zur Übersicht geeigneter Instrumente, insbesondere zu unternehmens- und umweltbezogenen
       Analysen vgl. Pümpin (Strategische Erfolgspositionen), S.87ff.

[22]   Quelle: Eigene Darstellung.

Attraktivität entscheidet sich die Geschäftsleitung eines Unternehmens für die Erschliessung eines attraktiven Nutzenpotentials.

Zu diesem Zeitpunkt verfügt das Unternehmen über bestehende Kompetenzen, die nur zum Teil für die Erschliessung des neuen Nutzenpotentials geeignet sind. Im Modell stellt V_{Ist} das Niveau der bereits bestehenden, für die Erschliessung des Nutzen-potentials geeigneten Voraussetzungen in dem Unternehmen dar. V_{Ist} ist das Ergebnis einer detaillierten Analyse der vorhandenen Kompetenzen hinsichtlich ihrer Eignung für die Erschliessung des neuen Nutzenpotentials. Der Punkt p_1 ergibt sich als Schnitt-punkt zwischen V_{Ist} und dem Zeitpunkt t_1 und stellt somit den Ausgangspunkt des Unternehmens zur Erschliessung des Nutzenpotentials dar.

Aus der Bewertung des Nutzenpotentials ergeben sich Anforderungen im Sinne von Bedingungen, die ein Unternehmen erfüllen muss, um das Nutzenpotential erschliessen zu können. Die waagerechte Linie V_{Soll} kennzeichnet somit das Niveau der erforder-lichen Voraussetzungen, die durch das Unternehmen erfüllt sein müssen, um das Nutzenpotential erschliessen und somit den zukünftigen Erfolg sicherstellen zu können.

Durch den Abgleich der bereits vorhandenen Ressourcen und Kompetenzen mit den erforderlichen Voraussetzungen ergibt sich als Differenz die zu schliessende Kompe-tenzlücke. Diese Differenz wird als 'ΔV' bezeichnet und an der Ordinate abgetragen.

Der Zeitpunkt t_{Ziel} stellt idealisiert den Zeitpunkt mit der grössten Attraktivität des Nutzenpotentials für das Unternehmen dar, da zu einem späteren Zeitpunkt i.d.R. der Konkurrenzdruck zunimmt.[23] Das Nutzenpotential befindet sich zu diesem Zeitpunkt am Ende der Entstehungsphase bzw. am Beginn der Wachstumsphase (siehe Zeitraum Δt_{Ziel} 'strategisches Fenster' in Abb. 5-3). Der Zeitpunkt t_{Ziel} ist ein Prognosewert, der auf der Bewertung des Nutzenpotentials hinsichtlich des Entwicklungsstandes und der Weiterentwicklung basiert. Wann ein Nutzenpotential den Zeitpunkt t_{Ziel} erreicht, d.h. mit welcher Dynamik es sich verändert, ist nur schwer vorherbestimmbar und dement-sprechend mit Unsicherheiten verbunden. Die wesentliche Kritik am Lebenszyklus-konzept ist, dass sich der Kurvenverlauf stets erst ex post exakt bestimmen lässt.

Aus der Differenz der beiden Zeitpunkte t_{Ziel} und t_1 ergibt sich die verfügbare Zeit, um die erforderlichen Voraussetzungen zu erfüllen und das Nutzenpotential im Zeitpunkt

---

[23] Vgl. Pümpin (Strategische Erfolgspositionen), S.110.

seiner grössten Attraktivität zu erschliessen. Als Schnittpunkt aus dem Sollniveau und dem Zeitpunkt t_{Ziel} ergibt sich der anzustrebende Zielpunkt p_{Ziel}.

Der Steigungswinkel α der Geraden zwischen p_1 und p_{Ziel} dient als Mass der 'erforderlichen Geschwindigkeit', mit der die Voraussetzungen geschaffen werden müssen, um p_{Ziel} im verfügbaren Zeitraum $\blacktriangle t_{Aufbau}$ zu erreichen. Die erforderliche Geschwindigkeit mit der Erfolgspotentiale aufgebaut werden müssen, leitet sich aus der verfügbaren Zeitspanne $\blacktriangle t_{Aufbau}$ und der Kompetenzlücke $\blacktriangle V$ ab. Der Steigungswinkel α ist ein Durchschnittswert für die erforderliche Geschwindigkeit des Aufbaus aller fehlenden Kompetenzen. In der Realität kann der Zeitbedarf für den Aufbau einzelner Kompetenzen je nach Art der Kompetenzen variieren.

Die erforderliche Geschwindigkeit α dient somit als Referenzmass oder Soll-Vorgabe für die Geschwindigkeit des Kompetenzaufbaus. Ihr gegenüber steht die 'tatsächlich mögliche Geschwindigkeit' β, mit der ein Unternehmen in der Lage ist, die Kompetenzlücke zu schliessen. Die Abweichung zwischen den Steigungswinkeln α und β kann als Indikator zur Unterstützung des Timings des Potentialaufbaus und bei der Wahl einer geeigneten Strategie zur Erschliessung eines Nutzenpotentials dienen.

Der Zeitraum $\blacktriangle t_{Ziel}$ um den Zeitpunkt t_{Ziel} wird als 'strategisches Fenster'[24] oder 'Window of opportunity' bezeichnet. 'Window of opportunity' bedeutet: „Das Treffen eines Zeitraums für Möglichkeiten der Gestaltung oder eines förderlichen Ereignisknotens."[25] Das Treffen des strategischen Fensters setzt die Existenz einer Vision voraus. In diesem Zeitfenster muss das Unternehmen das Niveau der erforderlichen Voraussetzungen V_{Soll} erreichen (z.B. im Punkt p_{Ziel}), um das Nutzenpotential im Zeitraum seiner höchsten Attraktivität zu erschliessen. Die höchste Attraktivität haben Nutzenpotentiale am Ende der Entstehungsphase bzw. zu Beginn der Wachstumsphase.[26] Im Modell beziehen sich aus Gründen der Übersichtlichkeit alle Zeit-

---

[24] Der Begriff 'window of opportunity' oder 'strategisches Fenster' geht auf Abell zurück. Vgl. Abell (Defining the Business), S.223ff. in Pümpin (Strategische Erfolgspositionen), S.59.

[25] Vgl. Bleicher (Intregriertes Management), S.479. Bleicher führt weiter aus, dass in einer ökonomisch-sozialen Welt die Festlegung dieser Zeiträume selbst hoch-komplex sein kann. Als Beispiel gibt er die frühzeitige Einführung eines neuen Produkts, die in einem Fall eine dauerhafte Marktführerschaft begründen, im anderen Fall auch zum völligen Scheitern führen kann, wenn der Abnehmer in seiner Vorstellungskraft über dieses zukunftsweisende Produkt überfordert ist. Vgl. Bleicher (Integriertes Management), S.479.

[26] Vgl. Pümpin (Strategische Erfolgspositionen), S.26f.

spannen und erforderlichen Geschwindigkeiten, die das strategische Fenster betreffen, vereinfachend auf den Zeitpunkt t_{Ziel}, in der Mitte des strategischen Fensters.

Um einen rechtzeitigen Aufbau der erforderlichen strategischen Erfolgspotentiale zu ermöglichen, muss die Unternehmensleitung über Visionen verfügen.[27]

Neben der Entwicklung von Visionen ist letztendlich der Fit zwischen der erforderlichen Geschwindigkeit zum Aufbau strategischer Erfolgspotentiale und der tatsächlichen Geschwindigkeit des Potentialaufbaus entscheidend für den zukünftigen Erfolg eines Unternehmens. Die Abstimmung der verschiedenen Einflussgrössen und Massnahmen aufeinander zum Erreichen des Fits wird als Timing bezeichnet (siehe Abb. 5-4).

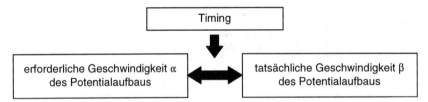

Abb. 5-4: Abstimmung zwischen erforderlicher Geschwindigkeit α und tatsächlich möglicher Geschwindigkeit β des Potentialaufbaus (Timing)[28]

Dazu ist es notwendig, zum einen die Determinanten der erforderlichen Geschwindigkeit α und Massnahmen zur Beeinflussung der tatsächlichen Geschwindigkeit des Potentialaufbaus β zu kennen und die Zusammenhänge zwischen ihnen zu verstehen.

Im folgenden wird zunächst die erforderliche Geschwindigkeit zum Aufbau strategischer Erfolgspotentiale und - positionen anhand des Modells detaillierter betrachtet. Anschliessend werden unter Kapitel 5.4 'Timing' und unter Kapitel 5.5 'Massnahmen zur Beschleunigung des Potentialaufbaus' diskutiert.

---

27 Vgl. Bleicher (Normatives Management), S.102. „Die unternehmerische Vision ist eine ganzheitliche vorausschauende Vorstellung von Zwecken und Wegen zu ihrer Erreichung. Sie generiert Ideen zur Erzielung eines Nutzens für die Gesellschaft. Die Vision nimmt eine denkbare Situation, die in der Zukunft eintreten oder herbeigerufen werden könnte, geistig vorweg. Sie entspringt der mentalen Verarbeitung zukunftsbezogener Informationen [...]." Bleicher (Normatives Management), S.102.

28 Quelle: Eigene Darstellung.

5.3 Erforderliche Geschwindigkeit α des Potentialaufbaus

Der zukünftige Erfolg eines Unternehmens hängt von der Geschwindigkeit beim Aufbau strategischer Erfolgspotentiale und der frühzeitigen Identifikation attraktiver Nutzenpotentiale ab. Diese These und die ihr zugrundeliegenden Zusammenhänge sollen anhand des Modells diskutiert werden.

Die erforderliche Geschwindigkeit α des Aufbaus strategischer Erfolgspotentiale ergibt sich aus der Grösse der bestehenden Kompetenzlücke ▲V und der verfügbaren Zeit zum Potentialaufbau ▲t_{Aufbau} (siehe Abb. 5-3 und Abb. 5-5). Die folgende Abbildung gibt einen Überblick über die Determinanten der erforderlichen Geschwindigkeit α des Potentialaufbaus, die im Anschluss daran ausführlich beschrieben werden.

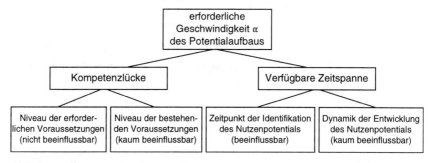

Abb. 5-5: *Determinanten der erforderlichen Geschwindigkeit α des Potential-aufbaus*[29]

5.3.1 Kompetenzlücke

Wie bereits in der Einführung des Modells dargestellt[30], resultiert die Grösse der Kompetenzlücke ▲V aus der Differenz zwischen dem Ist-Niveau der bestehenden Voraussetzungen zur Erschliessung des Nutzenpotentials V_{Ist} und aus dem Sollniveau der erforderlichen Voraussetzungen V_{Soll}.

Dabei gilt ceteris paribus, dass die erforderliche Geschwindigkeit α des Potential-aufbaus abnimmt, je kleiner die Differenz zwischen den bestehenden und den erforderlichen Voraussetzungen ist. Interessant ist nun der Aspekt, ob ein Unternehmen die

---

29   Quelle: Eigene Darstellung.

30   Vgl. Kapitel 5.2.

Grösse einer Kompetenzlücke grundsätzlich schon **vor** der Identifikation, Bewertung und Entscheidung für ein konkretes Nutzenpotential im Vorfeld bereits beeinflussen kann?

(1)   Niveau der erforderlichen Voraussetzungen

Das **Niveau der erforderlichen Voraussetzungen** zur Erschliessung eines Nutzenpotentials ergibt sich aus der Art des Nutzenpotentials selber. D.h. die Art der erforderlichen strategischen Erfolgspotentiale kann je nach identifiziertem Nutzenpotential variieren. Die Unternehmensleitung kann Nutzenpotentiale hinsichtlich ihrer Attraktivität bewerten und auswählen. Bei den erforderlichen strategischen Erfolgspotentialen eines Nutzenpotentials handelt es sich jedoch um eine 'extern' vorgegebene Grösse, die nicht durch das Unternehmen beeinflusst werden kann.

(2)   Niveau der bestehenden Voraussetzungen

Das **Niveau der bestehenden Voraussetzungen** wird abgeleitet aus der Art des Nutzenpotentials und ist durch ein Unternehmen kaum 'präventiv' beeinflussbar. Je nach Nutzenpotential kann ein Teil der bestehenden Kompetenzen in dem Unternehmen für die Erschliessung des Nutzenpotentials geeignet und ein anderer ungeeignet sein. Ein einzelnes Unternehmen kann nicht zu jedem Zeitpunkt über alle denkbaren strategischen Erfolgspotentiale verfügen. Der schnelle technologische Fortschritt und eine beschränkte Ressourcenausstattung des Unternehmens führen häufig zu Spezialisierungen auf wenige Kernkompetenzen. Diese Spezialisierung führt tendenziell zu steigenden Kompetenzlücken hinsichtlich der Erschliessung neuer Nutzenpotentiale. Anders ausgedrückt, wird das Unternehmen sich auf das Erschliessen derjenigen attraktiven Nutzenpotentiale beschränken, die vom Niveau der erforderlichen Voraussetzungen grosse Übereinstimmung mit den bereits in dem Unternehmen vorhandenen Kernkompetenzen haben. Dennoch können auch in diesen Fällen Kompetenzlücken bestehen.

Nach der Identifikation, Bewertung und Entscheidung für die Erschliessung eines konkreten Nutzenpotentials ist die Geschwindigkeit, mit der eine bestehende Kompetenzlücke geschlossen werden kann, durch das Unternehmen dagegen beeinflussbar. Massgeblich für die Beeinflussung des Niveaus der bestehenden Erfolgspotentiale in einem Unternehmen ist die Existenz von 'Organizational Slack'[31]. Organizational Slack bezeichnet Überschussressourcen, die für Anpassungsprozesse bereitstehen und ein schnelles zukunftsbezogenes Handeln bzw. den Aufbau neuer Erfolgspotentiale ermöglichen.

Auf konkrete Möglichkeiten von Unternehmen zur Reduzierung von Kompetenzlücken und der Beschleunigung des Aufbaus strategischer Erfolgspotentiale wird im Kapitel 5.5 ausführlich eingegangen.

5.3.2 Verfügbare Zeit zum Potentialaufbau

Neben der Kompetenzlücke ist die verfügbare Zeitspanne Δt_{Aufbau} die zweite Einflussgrösse auf die erforderliche Geschwindigkeit α.

Die verfügbare Zeitspanne hängt im wesentlichen von zwei Einflussgrössen ab:

(1)   Dem Zeitpunkt der Identifikation eines Nutzenpotentials (siehe Abb. 5-6), und

(2)   der Dynamik der Entwicklung des Nutzenpotentials, (siehe Abb. 5-7).

Diese Einflussgrössen werden im folgenden näher betrachtet.

(1)   Zeitpunkt der Identifikation des Nutzenpotentials

Durch die organisatorische Verankerung systematischer unternehmensinterner und -externer 'Suchmechanismen', können Unternehmen Nutzenpotentiale gezielt suchen und möglichst frühzeitig identifizieren.[32] Die Identifikation von attraktiven Nutzenpotentialen ist eine Managementaufgabe. Durch die Identifikation eines Nutzenpotentials im Zeitpunkt t_1 wird die verfügbare Zeitspanne zum Aufbau des strategischen Erfolgspotentials Δt_1 festgelegt. Bei konstanter Dynamik der Entwicklung des Nutzenpotentials ergibt sich somit die erforderliche Geschwindigkeit α_1 des Potentialaufbaus (siehe Abb. 5-6). Die Identifikation des Nutzenpotentials in einem späteren Zeitpunkt Δt_2 führt bei ansonsten gleichen Bedingungen zu einer Reduzierung der verfügbaren Aufbauzeit und somit zu einem Anstieg der erforderlichen Geschwindigkeit des Potentialaufbaus α_2.

---

31   Zum Begriff 'Organizational Slack' vgl. Scharfenkamp (Slack), S.22f. und Kapitel 1.1.

32   Zu Suchfeldern für die Identifikation von Nutzenpotentialen vgl. Müller-Stewens (Strategische Suchfeldanalyse).

Die folgende Abbildung zeigt, wie sich der Zeitpunkt der Identifikation des Nutzenpotentials auf die erforderliche Geschwindigkeit α auswirken kann.

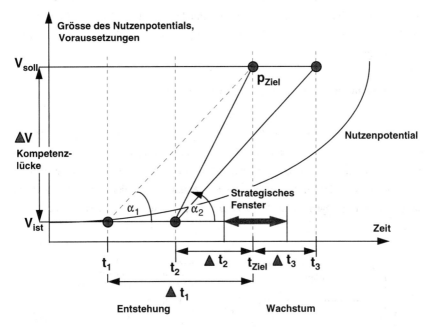

Abb. 5-6: Steigerung der erforderlichen Geschwindigkeit α infolge später Identifikation des Nutzenpotentials in t_2 [33]

Damit ergibt sich folgender Zusammenhang: Je früher ein Nutzenpotential identifiziert werden kann, desto geringer ist die erforderliche Geschwindigkeit α, d.h. desto mehr Zeit verbleibt dem Unternehmen, strategische Erfolgspotentiale aufzubauen. Ein frühzeitiges Erkennen des Nutzenpotentials ist insofern wichtig, da der Aufbau von strategischen Erfolgspotentialen ein langwieriger Prozess ist. Dieser kann häufig selbst durch erhöhten Ressourceneinsatz nicht wesentlich beschleunigt werden.[34]

Die frühe Identifikation des Nutzenpotentials für sich stellt jedoch nicht sicher, dass ein Unternehmen das strategische Fenster trifft und das Nutzenpotential erfolgreich für sich erschliessen kann (siehe Fall 1 in Abb. 5-8).

---

[33] Quelle: Eigene Darstellung.

[34] Vgl. Dierickx, Cool (Strategy), in Doz, Hamel (Alliances), S.5.

Die hinreichende Bedingung stellt das Timing des Potentialaufbaus dar. Das Timing des Aufbaus strategischer Erfolgspotentiale ist eine Managementaufgabe und betrifft die Abstimmung zwischen dem Startzeitpunkt des Potentialaufbaus, der Geschwindigkeit des Aufbaus der strategischen Erfolgspotentiale und der Dynamik der Entwicklung des Nutzenpotentials. Auf Aspekte des Timings wird unter dem Kapitel 5.4 näher eingegangen.

(2)   Dynamik der Entwicklung des Nutzenpotentials

Neben dem Zeitpunkt der Identifikation des Nutzenpotentials bestimmt auch die Dynamik der Entwicklung des Nutzenpotentials die verfügbare Zeitspanne bis zur Erschliessung des Nutzenpotentials. Dabei bestehen folgende Zusammenhänge: Je höher die Dynamik der Nutzenpotentiale ist, desto kürzer ist die verfügbare Aktionszeit zum Aufbau des strategischen Erfolgspotentials. Zusätzlich verkleinert sich mit der zunehmenden Dynamik auch der Zeitraum des strategischen Fensters (siehe Abb. 5-7).

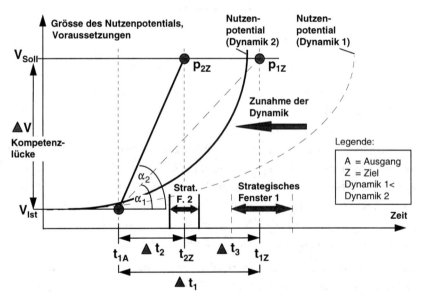

Abb. 5-7: Wirkungen gestiegener Dynamik der Entwicklung des Nutzenpotentials auf die erforderliche Geschwindigkeit α und das strategische Fenster [35]

---

[35]   Quelle: Eigene Darstellung.

Dadurch werden höhere Anforderungen an das Management hinsichtlich der Geschwindigkeit und des Timings des Potentialaufbaus gestellt. Die zunehmende Dynamik des Nutzenpotentials resultiert häufig aus einer zunehmenden Dynamik der Umwelt. Unternehmen in einem hoch-dynamischen Umfeld stehen somit vor der Herausforderung, neue strategische Erfolgspotentiale in kürzeren Zeitspannen aufzubauen und strategische Erfolgspositionen besetzen zu müssen.

Während ein Unternehmen den Zeitpunkt der Identifikation von Nutzenpotentialen durch organisatorisch verankerte systematische Suchprozesse beeinflussen kann, ist die Dynamik, mit der sich das Nutzenpotential entwickelt, massgeblich durch externe Grössen bestimmt. Sie lässt sich durch ein einzelnes Unternehmen nur gering beeinflussen. Somit bleibt festzuhalten, dass besonders die frühzeitige Identifikation von Nutzenpotentialen herausragende Bedeutung für den zukünftigen Erfolg des Unternehmens hat.

Ausgehend von der Betrachtung der beiden wesentlichen Einflussfaktoren auf die verfügbare Zeitspanne zum Potentialaufbau lassen sich folgende **Zusammenhänge zusammenfassend darstellen**:

- je früher ein Nutzenpotential identifiziert wird, desto grösser ist die verfügbare Zeitspanne des Potentialaufbaus, d.h. desto geringer ist die erforderliche Geschwindigkeit α. (bei konstanter Kompetenzlücke und Dynamik der Entwicklung des Nutzenpotentials)

- je höher die Dynamik, desto geringer ist die verfügbare Zeitspanne zum Potentialaufbau, d.h. desto höher ist die erforderliche Geschwindigkeit α.

- mit steigender Dynamik der Entwicklung des Nutzenpotentials verringert sich der Zielzeitraum (strategisches Fenster).

- der Identifikationszeitpunkt von Nutzenpotentialen ist durch organisatorisch verankerte systematische Suchprozesse beeinflussbar

- die Dynamik der Entwicklung der Nutzenpotentiale ist durch ein einzelnes Unternehmen kaum beeinflussbar.

Als Zwischenfazit lässt sich festhalten, dass die erforderliche Geschwindigkeit α zum Aufbau strategischer Erfolgspotentiale massgeblich nur durch die frühzeitige Identifikation des Nutzenpotentials beeinflusst werden kann.

5.4 Timing

Das Ziel des Managements des Unternehmens sollte es sein, durch geeignetes Timing das Niveau der erforderlichen Voraussetzungen zum Erschliessen eines attraktiven Nutzenpotentials zu einem Zeitpunkt innerhalb des strategischen Fensters zu erreichen (siehe p_{Ziel} in Abb. 5-8). **Timing** bezeichnet den zeitlich abgestimmten Aufbau der strategischen Erfolgspotentiale unter Berücksichtigung der Geschwindigkeit des Potentialaufbaus und der Dynamik der Entwicklung des Nutzenpotentials.

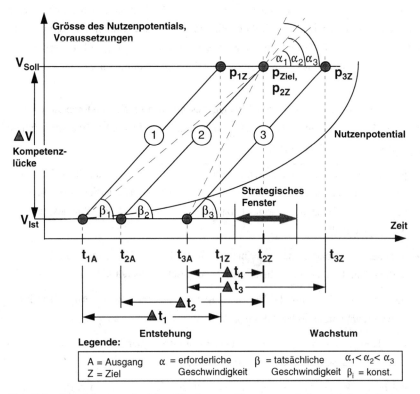

Abb. 5-8: *Auswirkungen der Identifikation von Nutzenpotentialen und des Aufbaus strategischer Erfolgspositionen in unterschiedlichen Zeitpunkten*[36]

---

36   Quelle: Eigene Darstellung.

Im folgenden soll anhand von drei Fällen die Bedeutung des Timings dargestellt werden. In jedem der Fälle wird zunächst von einer konstanten Geschwindigkeit des tatsächlichen Kompetenzaufbaus β_i und einer beliebig hohen aber konstanten Dynamik der Entwicklung des Nutzenpotentials ausgegangen.

In **Fall 1** identifiziert das Unternehmen das Nutzenpotential sehr früh. Mit dem Beginn des Aufbaus des strategischen Erfolgspotentials in t_{1A} mit der tatsächlichen Geschwindigkeit β_1 versucht das Unternehmen, das Nutzenpotential bereits vor dem Erreichen des strategischen Fensters zu erschliessen (Zeitpunkt t_{1Z}). Die tatsächliche Geschwindigkeit β_1 des Potentialaufbaus übersteigt dabei die erforderliche Geschwindigkeit α_1. Als sogenannter 'First Mover'[37] hat das Unternehmen die Chance auf überdurchschnittlich hohe Gewinne und eine marktführende Position im Wettbewerb. Gleichzeitig besteht aber auch das Risiko, ein Marktpotential zu früh zu erschliessen.

Ein Beispiel hierfür ist der gescheiterte Versuch von IBM, die 'Virtual-Mall', einen 'virtuellen Superstore' auf dem Internet, zu etablieren. Das Projekt, das mit grossem Aufwand vorangetrieben wurde, hat nach nur einem Jahr im Juni 1997 mit dem Schliessen der Mall geendet. Der Grund hierfür wurde mit 'fehlendem Interesse' seitens der potentiellen Nutzer angegeben.[38]

Fehlendes Bewusstsein seitens der potentiellen Kunden für die neue Leistung oder Fehler bei der Markterschliessung können, wie in diesem Fall, zum Scheitern der Bemühungen führen. Häufig sind nachfolgende Unternehmen (Second Mover, Follower), die aus den Erfahrungen des First Mover gelernt haben und über ein besseres Timing verfügen, erfolgreicher.[39]

In **Fall 2** beginnt das Unternehmen mit dem Aufbau des Erfolgspotentials in t_{2A} mit der Geschwindigkeit β_2 und erreicht den Zielpunkt p_{2Z}, der innerhalb des strategischen Fensters liegt. Die tatsächliche Geschwindigkeit β_2 des Aufbaus des strategischen Erfolgspotentials entspricht der erforderlichen Geschwindigkeit α_2. Dieser Fall ist unproblematisch und kann hinsichtlich des Timings als ideal angesehen werden ($\beta_2 = \alpha_2$).

Im **dritten Fall** beginnt das Unternehmen erst im Zeitpunkt t_{3A} mit dem Aufbau des Erfolgspotentials. Der Grund hierfür kann in einer späten Identifikation des Nutzen-

---

37   Zum Begriff 'First Mover' vgl. Lieberman, Montgomery (First-Mover). S.41ff.

38   Quelle: Nachrichtensendung im Deutschlandfunk, 20. Juni 1997.

39   Lieberman, Montgomery (First-Mover), S.47 nennen beispielhaft für erfolgreiche Follower die Unternehmen IBM mit Personal Computern und Matsushita mit Videorekordern (VCR).

potentials oder in einem späten Beginn des Potentialaufbaus des Unternehmens liegen. Bei identischer Geschwindigkeit des Aufbaus β_3 steht das erforderliche Erfolgspotential erst zeitlich nach dem strategischen Fenster zur Verfügung (Zeitpunkt t_{3Z}). Die tatsächlich mögliche Geschwindigkeit β_3 des Unternehmens ist geringer als die erforderliche Geschwindigkeit α_3. Falls das Unternehmen nicht über Möglichkeiten verfügt, die Geschwindigkeit des Potentialaufbaus β_3 an die erforderliche Geschwindigkeit α_3 anzupassen, steht ihr das erforderliche strategische Erfolgspotential nicht rechtzeitig für die Erschliessung des Nutzenpotentials zur Verfügung. In diesem Fall haben Wettbewerber bereits relevante Erfolgspositionen besetzt.

Die Betrachtung der drei Fälle zeigt, dass die **frühzeitige Identifikation des Nutzenpotentials eine notwendige Voraussetzung** für das erfolgreiche Erschliessen von Nutzenpotentialen ist. Nach der Identifikation des Nutzenpotentials sind die Festlegung des Startzeitpunkts und die Geschwindigkeit des Potentialaufbaus die einzigen Steuergrössen des Managements. Beide Steuergrössen sind voneinander abhängig. Ein frühzeitiger Start des Potentialaufbaus bedingt eine geringere Geschwindigkeit als ein späterer Startzeitpunkt. Als weitere Variable kommt die Dynamik der Entwicklung des Nutzenpotentials hinzu. Das Management hat die Aufgabe, durch geeignetes Timing den Fit zwischen der erforderlichen Geschwindigkeit α, die nach der Identifikation des Nutzenpotentials massgeblich durch die Dynamik seiner Entwicklung bestimmt wird, und der tatsächlichen Geschwindigkeit β des Potentialaufbaus zu erreichen.

Aus der Betrachtung der drei Fälle stellt sich die Frage, wann ein Unternehmen nach der Identifikation eines Nutzenpotentials mit dem Aufbau strategischer Erfolgspotentiale beginnen sollte?

Zur Erörterung dieser Frage werden die Restriktionen der konstanten Geschwindigkeit des tatsächlichen Kompetenzaufbaus β_i und der konstanten Dynamik der Entwicklung des Nutzenpotentials aufgehoben. Die Betrachtung der Zusammenhänge wird um die Berücksichtigung des Risikos, das ein Unternehmen bei dem Aufbau strategischer Erfolgspotentiale eingeht, erweitert. Dabei wird unterstellt, dass dieses Risiko um so grösser ist, je früher das Unternehmen mit dem Potentialaufbau beginnt. Als Mass des Risikos eignet sich daher Δt_{Aufbau}. Gleichzeitig reduziert sich mit abnehmendem Δt_{Aufbau} aber auch die Chance des Unternehmens, in einem Zeitpunkt innerhalb des strategischen Fensters Δt_{Ziel} über das erforderliche strategische Erfolgspotential zu verfügen und das Nutzenpotential als First Mover erschliessen zu können.

Aus der theoretischen Betrachtung heraus, sollte ein Unternehmen dann mit dem Aufbau des erforderlichen strategischen Erfolgspotentials beginnen, wenn das Verhältnis zwischen Risiko und Chance, also Δt_{Aufbau} zu Δt_{Ziel} optimal ist. Als Rahmenbedingungen müssen die variablen Grössen 'Geschwindigkeit des Potentialaufbaus β' und die 'Dynamik der Entwicklung des Nutzenpotentials' mit berücksichtigt werden. Dabei wird vorausgesetzt, dass diese Grössen dem Management im Zeitpunkt der Identifikation des Nutzenpotentials bekannt sind.

(1)   Risikobetrachtung bei konstanter Dynamik

Bei konstanter Dynamik der Entwicklung des Nutzenpotentials führt eine Reduzierung von Δ t_{Aufbau} zu einer Verbesserung des Verhältnisses zwischen Risiko und Chance, da das strategische Fenster aufgrund der konstanten Dynamik der Entwicklung des Nutzenpotentials unverändert bleibt.

Ein Unternehmen, das ein Nutzenpotential identifiziert und deren tatsächlich mögliche Geschwindigkeit zum Aufbau des Erfolgspotentials β über der erforderlichen Geschwindigkeit α liegt, wird aus Gründen der Risikominimierung den Start des Potentialaufbaus solange zeitlich hinausschieben, bis $\beta = \alpha$ (optimales Timing) gilt. Im Fall 1 aus Abb. 5-8 würde das bedeuten, mit dem Aufbau des strategischen Erfolgspotentials bis zum Zeitpunkt t_{2A} zu warten, und dann entsprechend dem Fall 2 den Aufbau zu beginnen. Denkbar ist auch, dass das Unternehmen den Potentialaufbau sofort, aber mit geringem Ressourcenaufwand und einer geringeren Intensität $\beta \leq \alpha$, beginnt.

Wenn im Zeitpunkt der Identifikation des Nutzenpotentials bereits $\beta = \alpha$ gilt, wird es den Potentialaufbau sofort beginnen (siehe Fall 2 in Abb. 5-8).

Im Falle, dass $\beta < \alpha$ ist, wird das Unternehmen entweder nach Möglichkeiten zur Beschleunigung des Kompetenzaufbaus suchen oder von dem Vorhaben Abstand nehmen (siehe Fall 3 in Abb. 5-8).

(2)   Risikobetrachtung bei zunehmender Dynamik

Eine zunehmende Dynamik der Entwicklung eines Nutzenpotentials führt im Zeitablauf zu einer Reduzierung sowohl von Δt_{Aufbau} als auch von Δt_{Ziel} (siehe 5.3.2). Damit bleibt das Verhältnis zwischen Risiko und Chance des Potentialaufbaus grundsätzlich konstant.

Ein Unternehmen, dessen tatsächlich mögliche Geschwindigkeit des Potentialaufbaus β im Zeitpunkt der Identifikation des Nutzenpotentials höher ist als die erforderliche Geschwindigkeit α, wird aus Gründen der Neutralität des Verhältnisses aus Risiko und Chance sofort mit dem Aufbau der erforderlichen Potentiale beginnen.

Für den Fall, dass im Zeitpunkt der Identifikation $\beta = \alpha$ gilt, wird sie mit dem Aufbau sofort beginnen und zusätzlich nach Massnahmen zur Beschleunigung der tatsächlichen Geschwindigkeit des Potentialaufbaus suchen und diese umsetzen.

Im dritten Fall $\beta < \alpha$ wird das Unternehmen nach Möglichkeiten zur Beschleunigung des Aufbaus suchen, eine Follower-Strategie verfolgen oder das Vorhaben verwerfen müssen.

Denkbar ist auch der Fall einer abnehmenden Dynamik der Entwicklung des Nutzenpotentials. Ein Beispiel hierfür ist die Fotovoltaik. Während in den 80er Jahren hohe Investitionen in die Entwicklung von Fotovoltaik-Kraftwerken getätigt wurden, haben die zwischenzeitlich sinkenden Rohölpreise vorerst die Attraktivität des Nutzenpotentials und somit auch die Dynamik seiner Entwicklung reduziert. Auf eine ausführliche Betrachtung des Falles abnehmender Dynamik der Nutzenpotentialentwicklung muss im Rahmen dieser Arbeit verzichtet werden.

Wie die obigen Ausführungen gezeigt haben, ist neben der frühzeitigen Identifikation von Nutzenpotentialen die Geschwindigkeit zur Schaffung von Voraussetzungen eine zweite Einflussgrösse auf den zukünftigen Erfolg des Unternehmens.

Pümpin[40] weist auf die zentrale Bedeutung der Geschwindigkeit zur Erschliessung von Nutzenpotentialen und zum Aufbau der erforderlichen strategischen Erfolgspotentialen (Voraussetzungen) hin. Aufgrund der heutigen Wettbewerbssituation sind die relevanten strategischen Erfolgspositionen so rasch, wie möglich zu besetzen. Häufig ist dasjenige Unternehmen bei der Erschliessung neuer Nutzenpotentiale im Vorteil, das diese als Erster identifiziert und erschliesst (First Mover Advantage, siehe Abb. 5-9).[41]

---

[40] Vgl. Pümpin (Strategische Erfolgspositionen), S.60.

[41] Insbesondere bei kürzeren Produktlebenszyklen erlangt Schnelligkeit strategische Bedeutung. Der Follower wird zum Verlierer im Wettbewerb. Vgl. Sommerlatte (Hochleistungsorganisation), S.19f. Es existieren jedoch auch 'First Mover Disadvantages', vgl. Lieberman, Montgomery (First-Mover), S.47ff.

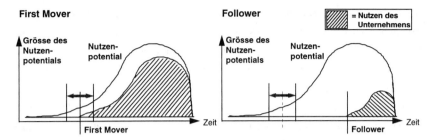

Abb. 5-9: Bedeutung des Timings: Potentielle Nutzenvorteile des First Movers gegenüber einem Follower[42]

Neben den attraktiven Nutzenpotentialen, die ein Unternehmen alleine für sich erschliessen kann, wird es eine Vielzahl weiterer geben, die zwar von einem einzelnen Unternehmen identifiziert, alleine aber nicht erschlossen werden können. Eine zu grosse Kompetenzlücke ΔV, beschränkte Ressourcenausstattung und fehlende Zeit zum Aufbau des strategischen Erfolgspotentials können mögliche Gründe dafür sein. Dieses gilt insbesondere für Unternehmen, die in hochdynamischen Umfeldern tätig sind.

Im folgenden sollen Möglichkeiten zur Beschleunigung des Aufbaus strategischer Erfolgspotentiale durch die Steigerung der tatsächlichen Geschwindigkeit des Aufbaus diskutiert werden.

5.5 Massnahmen zur Beschleunigung des Potentialaufbaus

5.5.1 Einführung und Ausgangslage

Im Wettlauf um das Besetzen relevanter Erfolgspositionen ist die Geschwindigkeit, in der strategische Erfolgspotentiale aufgebaut und strategische Erfolgspositionen besetzt werden können, von grosser Bedeutung.

Die folgenden Betrachtungen gehen von einem Unternehmen entsprechend Fall 3 aus (siehe Abb. 5-8). Dem Unternehmen steht eine verkürzte Zeitspanne zum Schliessen der Kompetenzlücke zur Verfügung. Die Ursachen hierfür können in einer späten Identifikation des Nutzenpotentials (siehe Abb. 5-6), in einer zunehmenden Dynamik

---

42   Quelle: Eigene Darstellung.

der Entwicklung des Nutzenpotentials (siehe Abb. 5-7) oder der Kombination beider Möglichkeiten liegen. Diese Ursachen führen zu einer Steigerung der erforderlichen Geschwindigkeit α, mit der der Kompetenzaufbau erfolgen muss, damit das Unternehmen das Nutzenpotential innerhalb des strategischen Fensters erschliessen kann. Dazu muss es die Kompetenzlücke in einer kürzeren Zeitspanne $\blacktriangle t_2 < \blacktriangle t_1$ schliessen. (siehe Abb. 5-10).[43] Das Ziel des Unternehmens ist es, trotz gestiegener Dynamik der Umweltentwicklungen das erforderliche strategische Erfolgspotential bis zu einem Zeitpunkt, der innerhalb des strategischen Fensters liegt, aufzubauen. Das Unternehmen muss dazu die Geschwindigkeit des Potentialaufbaus von β_1 in Richtung β_2 erhöhen und somit an die erforderliche Geschwindigkeit α_2 anpassen.

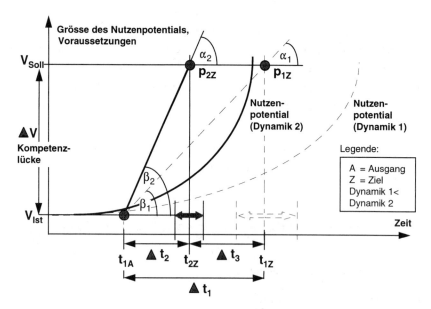

Abb. 5-10:Anforderung aus gestiegener Umweltdynamik: Steigerung der Geschwindigkeit β[44]

---

[43]   Zur Vereinfachung der Darstellung im Modell beziehen sich alle Zeitspannen, die das strategische Fenster betreffen, jeweils auf den Zeitpunkt in der Mitte des strategischen Fensters.

[44]   Quelle: Eigene Darstellung.

Im Mittelpunkt der folgenden Betrachtung steht die Frage, ob und wie ein Unternehmen in einem dynamischen Umfeld den Aufbau von strategischen Erfolgspotentialen beschleunigen kann.

Bei der Diskussion der Möglichkeiten zur Beeinflussung der Geschwindigkeit des Potentialaufbaus kann zwischen Massnahmen innerhalb des Unternehmens (1) und unternehmensübergreifende Massnahmen (2) unterschieden werden.

5.5.2 Unternehmensinterne Massnahmen

Der Aufbau von Erfolgspotentialen kann in einem organisationalen Lernprozess erfolgen. Strategische Erfolgspotentiale und Erfolgspositionen werden durch den Einsatz von Ressourcen aufgebaut.[45] Die Geschwindigkeit des Aufbaus der Erfolgspotentiale kann somit durch den Ressourceneinsatz zu einem gewissen Grad beeinflusst werden. Dabei sollte sich ein Unternehmen immer auf sehr wenige strategische Erfolgspositionen konzentrieren (**Konzentration der Kräfte, Konzentration auf Kernkompetenzen**).[46] Nach der Theorie der Erfahrungskurve kann dasjenige Unternehmen die stärkste strategische Erfolgsposition aufbauen, das der betreffenden strategischen Erfolgsposition am meisten Ressourcen zuordnet und somit durch **Lerneffekte**, auch 'SEP-Effekt'[47] genannt, die strategische Erfolgsposition gezielt aufbaut. Aufgrund der begrenzten Ressourcenverfügbarkeit in Unternehmen ist daher eine 'Konzentration der Kräfte' auf wenige strategische Erfolgspositionen zu deren wirkungsvollen Aufbau zwingend erforderlich.[48]

Nach Pümpin[49] kann die Geschwindigkeit des Aufbaus der erforderlichen strategischen Erfolgspotentiale durch **den Einsatz moderner Informations- und Kommunikationstechnologien** und durch eine **unternehmerische Grundhaltung**, die sich in einer entsprechenden Unternehmenskultur, hoher Motivation und Werthaltung der Beteiligten widerspiegelt, gesteigert werden.

---

45 Vgl. Pümpin (Strategische Erfolgspositionen), S.37.

46 Vgl. Pümpin (Strategische Erfolgspositionen), S.32.

47 Vgl. Pümpin (Strategische Erfolgspositionen), S.36f. Pümpin verwendet den Begriff 'SEP-Effekt' für die auf den Aufbau von strategischen Erfolgspositionen bezogenen Lerneffekte.

48 Vgl. Pümpin (Strategische Erfolgspositionen), S.37 und S.60.

49 Vgl. Pümpin (Strategische Erfolgspositionen), S.60.

Die folgende Abbildung (siehe Abb. 5-11) zeigt die qualitativen Wirkungen der oben genannten unternehmensinternen Massnahmen auf die jeweils benötigten Zeitspannen zum Aufbau der Kompetenzen. Ausgehend von der Geschwindigkeit β_1 als Referenz, kann durch die Ausschöpfung der Möglichkeiten zur Steigerung der Lerngeschwindigkeit innerhalb des Unternehmens die Kompetenzlücke schneller geschlossen werden (β_2). Die benötigte Zeit verringert sich um die Zeitspanne von $\blacktriangle t_{14}$ auf $\blacktriangle t_{13}$.

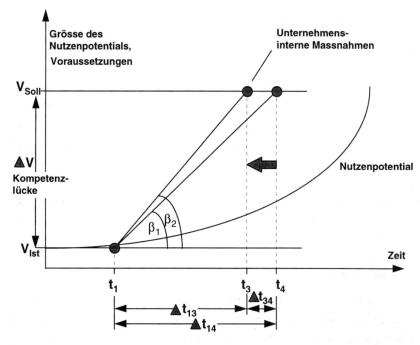

Abb. 5-11: *Wirkung unternehmensinterner Massnahmen auf die Zeitspanne des Kompetenzaufbaus*[50]

5.5.3 Unternehmensübergreifende Massnahmen

Die unternehmensübergreifenden Massnahmen zum Aufbau strategischer Erfolgspotentiale können in (1) interorganisationales Lernen und (2) die Konfiguration sich ergänzender Kompetenzen strukturiert werden.

---

[50] Quelle: Eigene Darstellung.

(1) Interorganisationales Lernen

Eine Beschleunigung des Kompetenzaufbaus kann **durch interorganisationale Lernprozesse**, z.B. im Rahmen von Kooperationen erfolgen. Interorganisationale Lernprozesse lassen sich in die 'Internalisierung fremder Kompetenzen' und den gemeinsamen 'Aufbau neuer Kompetenzen' unterscheiden.[51] Die Internalisierung fremder Kompetenzen entspricht 'Lernen von anderen', während mit dem gemeinsamen Aufbau neuer Kompetenzen 'gemeinsames Lernen' gemeint ist. Die Trennung zwischen den beiden Formen des Wissenserwerbs ist jedoch nicht scharf. In beiden Fällen werden Ressourcen der Unternehmen gepoolt.[52] Durch das **Pooling von Ressourcen** zwischen Unternehmen kann der Ressourceneinsatz eines einzelnen Unternehmens gesenkt und der **Austausch von Know How** gesteigert werden. Die Unternehmen profitieren gegenseitig von ihren Erfahrungen und dem gemeinsamen Ressourceneinsatz. Daraus resultiert eine weitere Steigerung der Lerngeschwindigkeit auf β_3 (siehe Abb. 5-12). Inwieweit sich die Lerngeschwindigkeit des Kompetenzaufbaus tatsächlich steigern lässt, ist von der Art der zu erlernenden Kompetenzen abhängig.[53]

Somit kann durch interorganisationale Lernprozesse der Aufbau von Erfolgspotentialen weiter beschleunigt werden. Dabei muss jedoch der Zeitbedarf für den Aufbau der Kooperation zusätzlich berücksichtigt werden. Ein echter Zeitvorteil ergibt sich für das Unternehmen nur dann, wenn es ihm gelingt, die Kooperation innerhalb der Zeitspanne Δt_{23} aufzubauen. Anderenfalls wird die durch den interorganisationalen Lernprozess gewonnene Zeit beim Kompetenzaufbau Δt_{23} durch die Zeitspanne für den Aufbau der Kooperation wieder vernichtet.

---

[51] Auf die Unterscheidung wird im Rahmen der generischen Strategien im Unternehmensnetzwerk ausführlicher eingegangen. Vgl. Kapitel 6.1.

[52] Der Ausdruck 'gepoolte Ressourcen' beschreibt das Einbringen von Ressourcen mehrerer Unternehmen in eine Kooperation zur Erfüllung eines gemeinsam verfolgten Ziels. Gepoolte Ressourcen können als Form der Kooperation gegenüber sequentiellen und reziproken Beziehungen zwischen Unternehmen abgegrenzt werden. Vgl. Thompson (Organizations), S.54f.

[53] Vgl. Kapitel 3.6.1.

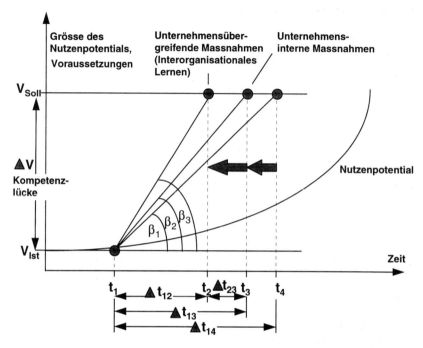

Abb. 5-12: Wirkung interorganisationalen Lernens auf die Zeitspanne des Kompetenz-aufbaus[54]

(2)   Ergänzung komplementärer Kompetenzen

Die Geschwindigkeit, mit der strategische Erfolgspotentiale aufgebaut werden können, ist auch von der Intensität des Ressourceneinsatzes und der Art der aufzubauenden Kompetenzen abhängig. Der Aufbau fehlender Kernkompetenzen kann sehr viel Zeit in Anspruch nehmen und eine rechtzeitige Erschliessung des Nutzenpotentials aus eigener Kraft unmöglich machen.[55] Durch die Ergänzung bestehender Kompetenzen mit sich komplementär ergänzenden externen kann das Unternehmen die bestehende Kompetenzlücke verkleinern. Grundsätzlich kann ein Unternehmen externe Kompe-tenzen über den Markt, über Unternehmensakquisitionen, über Kooperationen oder

---

[54]   Quelle: Eigene Darstellung.

[55]   Vgl. Doz, Hamel (Alliances), S.5f.

über mögliche Kombinationen dieser drei genannten Alternativen für sich nutzbar machen. Im folgenden soll die Wirkung der Ergänzung komplementärer Kompetenzen durch Kooperationen zu den bereits vorhandenen Kompetenzen in dem Unternehmen im Modell gezeigt werden. Dabei wird zwischen bilateralen Kooperationen und dem Value System unterschieden.

(a)   Bilaterale Kooperation

Im Fall einer bilateralen Kooperation besteht durch die Kombination vorhandener komplementärer Kompetenzen die Möglichkeit, das Niveau der bereits vorhandenen Voraussetzungen von V_{Ist} auf V_2 zu erhöhen (siehe Abb. 5-13). Zum Aufbau der Kooperation und der Konfiguration der Kompetenzen benötigt das Unternehmen die Zeitspanne Δt_{12}. Durch die Kooperation kann ein Teil ΔV_1 der bestehenden Kompetenzlücke mit der Geschwindigkeit β_2 aufgebaut werden. Die Geschwindigkeit β_2 ist höher als die Geschwindigkeit des Potentialaufbaus innerhalb des Unternehmens β_1. Die verbleibende Kompetenzlücke ΔV_2 wird durch Lernprozesse in dem Unternehmen, entsprechend seiner Möglichkeiten, mit der Geschwindigkeit β_3 entwickelt. Die Kooperation kann darüber hinaus weitere interorganisationale Lerneffekte mit sich bringen, die zu einer zusätzlichen Erhöhung der Geschwindigkeit über β_3 führen. Insgesamt verringert sich die benötigte Zeit für den Aufbau des Erfolgspotentials von Δt_{14} auf Δt_{13}. Das Unternehmen verfügt damit innerhalb des strategischen Fensters über das erforderliche strategische Erfolgspotential und kann seine strategische Erfolgspositionen gemeinsam mit dem Kooperationspartner besetzen.

Aus dem Modell geht hervor, dass sich durch die Kooperation die Zeit zum Aufbau der erforderlichen Erfolgspotentiale bei konstanter Geschwindigkeit prinzipiell verkürzt (hier um Δt_{34}). Somit können Nachteile durch eine relativ späte Identifikation eines Nutzenpotentials durch Kooperationen zumindest teilweise kompensiert werden. Gleichzeitig stellen Kooperationen in dynamischen Umfeldern ein geeignetes Instrument zum beschleunigten Aufbau von Erfolgspotentialen dar (siehe Abb. 5-13).

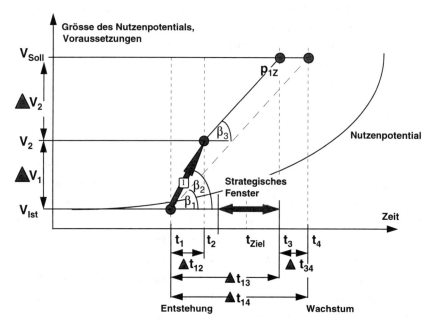

Abb. 5-13: *Erhöhung des Niveaus der bestehenden Voraussetzungen durch die Kombination komplementärer Kompetenzen*[56]

(b)   Value System

Um bestehende Kompetenzlücken nicht selber, sondern durch die Ergänzung mit komplementären Kompetenzen anderer Unternehmen zu schliessen, besteht die Möglichkeit von Kooperationen zwischen mehr als zwei Unternehmen. Diese Unternehmen bilden zusammen ein Value System.[57] Dabei ist das Unternehmen an Kooperationspartnern interessiert, die die zu ergänzenden Kompetenzen möglichst gut beherrschen, um später gemeinsam im Wettbewerb erfolgreich zu sein (Kernkompetenzen). Inwieweit ein Unternehmen seine Kompetenzen in das Value System einbringen kann, hängt von der Spezifität der Kernkompetenz, d.h. von ihrer Komplementarität zu bereits bestehenden Kompetenzen, dem Grad der Kongruenz zur bestehenden Kompetenzlücke und der Kooperationsfähigkeit aller Partner ab (siehe Abb. 5-14).

---

56   Quelle: Eigene Darstellung.

57   Zum Konzept des Value System vgl. Kapitel 4.2.2.

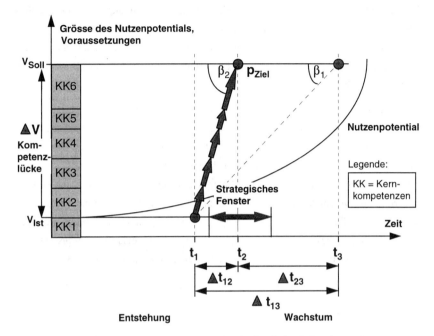

Abb. 5-14: Aufbau strategischer Erfolgspotentiale durch die Rekonfiguration von Kernkompetenzen in einem Value System[58]

Durch den Aufbau eines Value System, können weitere Zeitvorteile und qualitative Wettbewerbsvorteile gegenüber Unternehmen ausserhalb des Netzwerks erzielt werden. Nach Bellmann, Hippe[59] müssen die Unternehmen über weitere Kompetenzen, sogenannte Komplementaritätskompetenzen verfügen, die eine Realisierung der erhofften Effekte aus der Komplementarität der Kernkompetenzen ermöglichen.

Aufgrund des schnellen Aufbaus von strategischen Erfolgspotentialen sind Value Systems insbesondere in hochdynamischen Umfeldern geeignet, neue Nutzenpotentiale zu erschliessen. Entscheidend ist auch hier, ob Unternehmen generell in der Lage sind, Kooperationen einzugehen, und wie schnell sie diese Kooperationen eingehen können. Im Modell (siehe Abb. 5-14) wird die Zeitspanne, die für den Aufbau des Value System benötigt wird, exemplarisch mit Δt_{12} angenommen. Der Aufbau von bilateralen

---

58   Quelle: Eigene Darstellung.

59   Vgl. Bellmann, Hippe (Kernthesen), S.70f. und Kapitel 4.3.2.

Kooperationen und Value Systems benötigt Zeit. Die Zeitdauer des Kooperationsaufbaus $\blacktriangle t_{12}$ reduziert den angestrebten Zeitvorteil beim Aufbau von Fähigkeiten und dem Besetzen strategischer Erfolgspositionen. Aus dem Modell geht hervor, dass Unternehmen in der Lage sein müssen, Kooperationen möglichst schnell aufzubauen, um die angestrebten Zeitvorteile für sich zu realisieren.

Die folgende Abbildung fasst die Wirkungen der diskutierten Massnahmen zusammen. Als Referenz dient die Geschwindigkeit des Potentialaufbaus eines einzelnen Unternehmens. Die Zeitspanne für den Aufbau der Potentiale wird mit $\blacktriangle t_{15}$ bezeichnet. Durch unternehmensinterne Massnahmen lässt sich die benötigte Zeit auf $\blacktriangle t_{14}$ reduzieren. Weitere Beschleunigungen des Potentialaufbaus können durch unternehmensübergreifende Massnahmen erreicht werden. Bilaterale Kooperationen und Value Systems bieten die Chance, durch interorganisationale Lernprozesse und der Konfiguration komplementärer Kompetenzen die erforderlichen strategischen Erfolgspotentiale in kürzeren Zeitspannen aufzubauen ($\blacktriangle t_{13}$ bzw. $\blacktriangle t_{12}$, siehe Abb. 5-15).

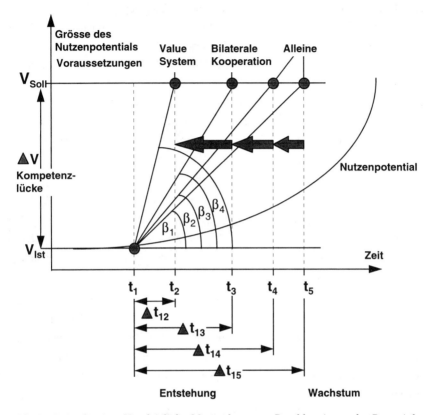

Abb. 5-15: Qualitativer Vergleich der Massnahmen zur Beschleunigung des Potential-aufbaus[60]

5.6 Fazit und kritische Würdigung

Die nachhaltige Unternehmenswertsteigerung als Unternehmensziel erfordert Visionen, die Orientierung an langfristigen Zielen und die Berücksichtigung aller strategisch relevanten Anspruchsgruppen des Unternehmens und bedingt die Ausrichtung der Aktivitäten eines Unternehmens auf attraktive Nutzenpotentiale.

---

[60] Quelle: Eigene Darstellung.

Zur Erschliessung der Nutzenpotentiale müssen Unternehmen über strategische Erfolgspotentiale (Kompetenzen) verfügen, um im richtigen Zeitpunkt strategische Erfolgspositionen besetzen zu können. Die erfolgreiche Erschliessung von Nutzenpotentialen hängt von ihrer frühzeitigen Identifikation durch das Unternehmen und der Geschwindigkeit des Aufbaus strategischer Erfolgspotentiale und -positionen ab. Die frühzeitige Identifizierung von Nutzenpotentialen wird um so bedeutender, je dynamischer sich die Umwelt des Unternehmens entwickelt. Sie kann durch systematische, organisatorisch verankerte Suchprozesse unterstützt werden. Die Geschwindigkeit des Aufbaus strategischer Erfolgspotentiale kann durch die Steigerung der Lerngeschwindigkeit und der Kombination komplementärer Kompetenzen in Kooperationen beschleunigt werden.

Die Abstimmung zwischen der Geschwindigkeit des Potentialaufbaus und der Entwicklungsdynamik des Nutzenpotentials ist Gegenstand des Timings. Ein geeignetes Timing ist neben den notwendigen Voraussetzungen die hinreichende Bedingung für den Erfolg des Unternehmens.

In Kooperationen, insbesondere in Value Systems, können Unternehmen externe Potentiale nutzen und so Kompetenzlücken schneller schliessen. Um die Vorteile der Kooperation zu nutzen, müssen Unternehmen über Fähigkeiten verfügen, die es ihnen ermöglichen, Kooperationen schnell aufzubauen. Durch den Aufbau eines Value Systems kann es einem Unternehmen gelingen, bisher unerreichbare attraktive Nutzenpotentiale zu erschliessen. Value Systems können somit im Sinne einer Erweiterung der Möglichkeiten eines einzelnen Unternehmens wirken.

Das Ziel des vorgestellten Modells ist es, das Verständnis der wesentlichen Einflussgrössen und Zusammenhänge bei der Erschliessung von Nutzenpotentialen und dem Potentialaufbau zu fördern. Das Modell beinhaltet die wesentlichen Einflussgrössen und berücksichtigt explizit deren Zusammenhang im Zeitablauf.

Der Aufbau eines Modells bedeutet, von der Realität zu abstrahieren und sich auf wenige relevante Modellelemente zu beschränken. So berücksichtigt das Modell die Art der aufzubauenden Kompetenzen nicht explizit in den erforderlichen Aufbauzeiten und Geschwindigkeiten. Stattdessen wird ein Durchschnittswert für die Zeitdauer des Potentialaufbaus verwendet. Weiterhin handelt es sich bei dem Modell um eine rein qualitative Betrachtung der Zusammenhänge. Insbesondere bleiben die zum Aufbau des Potentials erforderlichen Kosten und der tatsächlich erzielbare Nutzen unberücksichtigt.

Aus dem Modell wird der Bedarf an einer zusätzlichen Betrachtung der Instrumente für das Management zur Bestimmung der Modellgrössen ersichtlich. Auf diese Instrumente konnte im Rahmen dieser Arbeit nicht näher eingegangen werden. Das gleiche gilt für eine ausführlichere Beschreibung der weiteren Phasen des Modells wie der Pflege der Erfolgspotentiale in der Phase der Nutzenstiftung und des Potentialabbaus, am Ende des Lebenszyklusses eines Nutzenpotentials. Die genannten Aspekte und Kritikpunkte bieten interessante Ansatzpunkte für eine Erweiterung des vorgestellten Modells.

Das vorgestellte Modell stellt die potentiellen Zeitvorteile durch Value Systems im Hinblick auf die Erschliessung eines Nutzenpotentials dar. Diese Zeitvorteile führen zu Auswirkungen auf die Unternehmenswerte der am Netzwerk beteiligten Unternehmen. Im folgenden Kapitel werden die Wertwirkungen, die durch die Erschliessung und Ausbeutung attraktiver Nutzenpotentiale durch Value Systems ausgehen können, anhand von drei generischen Netzwerkstrategien dargestellt.

6 Wertwirkungen generischer Netzwerkstrategien

In dem folgenden Kapitel werden generische Strategien in Value Systems beschrieben und gegeneinander abgegrenzt. Von besonderer Bedeutung ist dabei die Frage: „Wann wird welche Strategie im Value System verfolgt?" Daran anschliessend wird der Zusammenhang zwischen den generischen Strategien und ihrer Wirkung auf den Wert der am Value System beteiligten Unternehmen betrachtet.

Generische Netzwerkstrategien sind Strategien auf Unternehmensnetzwerkebene. Der Ausdruck 'generisch' bedeutet, dass es sich bei den Strategien um grundlegende, ursprüngliche Alternativen handelt, die auf die Erzielung von nachhaltigen Wettbewerbsvorteilen ausgerichtet sind.[1] Generische Netzwerkstrategien dienen im Sinne kollektiver Strategien[2] dazu, die Aktivitäten der kooperierenden Unternehmen auf ein gemeinsames Ziel hin auszurichten. Auf der Ebene des Value Systems stellen die generischen Strategien Wege zur Überwindung bestehender Barrieren (z.B. Kompetenzlücken) einzelner Unternehmen dar. Sie verbinden somit Unternehmen mit attraktiven Nutzenpotentialen im Netzwerk oder im Markt. Weiterhin stellen sie den Zusammenhang zwischen der Erschliessung der Nutzenpotentiale und der Wirkung auf den Wert der einzelnen Netzwerkunternehmen her (Abb. 6-1).

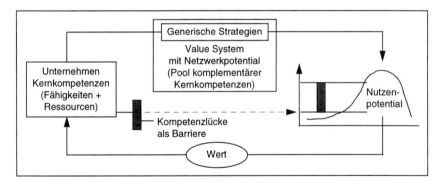

Abb. 6-1: Generische Netzwerkstrategien als neue Wege zur Erschliessung attraktiver Nutzenpotentiale[3]

---

[1]   Vgl. Porter (Competitive Advantage), S.11ff.

[2]   Zum Begriff der kollektiven Strategie vgl. Sydow (Strategische Netzwerke), S.268ff.

[3]   Quelle: Eigene Darstellung.

6.1 Einordnung der generischen Strategien

Innerhalb des TELE*flow*-Projekts[4] konnten drei generische Strategien für Value Systems identifiziert werden:[5] Die 'Effizienzsteigerungs-Strategie', die 'Kompetenz-Leveraging-Strategie' und die 'Kompetenz-Aufbau-Strategie'.[6] Die drei generischen Strategien können in einer Matrix unterschiedlicher Kompetenz-Marktpotential-Kombinationen eingeordnet und gegeneinander abgegrenzt werden. Die Achsen der Matrix sind jeweils in 'neu'[7] und 'bestehend' unterteilt (siehe Abb. 6-2).

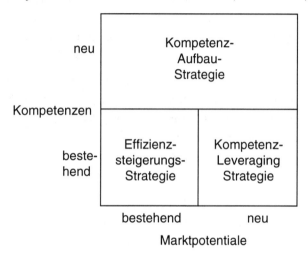

Abb. 6-2: Generische Strategien und Kompetenz-Marktpotential-Kombinationen[8]

Die Einordnung der generischen Strategien erfolgt anhand des Begriffs Marktpotential, anstelle des allgemeineren Begriffs Nutzenpotential, da alle Anstrengungen eines Unternehmens letztlich darauf ausgerichtet sind, absatzmarktgerechte Leistungen zu erbringen. Somit wird die Marktorientierung eines Unternehmens zum Hauptanliegen.[9]

---

4   Zur Beschreibung des TELE*flow*-Projekts vgl. o.V. (Technical Annex) und Kapitel 1.1.

5   Zur Herleitung der generischen Strategien vgl. die Deliverables des Workpackage 3: Riggers, Fuchs, Merkle (VS-Design), Fuchs et al. (Requirements), Merkle, Fuchs, Riggers (Concept).

6   Vgl. Riggers, Fuchs, Merkle (VS-Design), S.37ff.

7   Die Neuigkeit von Kompetenzen und Marktpotentialen soll hier aus der Sicht eines fokalen Unternehmens im Value System betrachtet werden.

8   Quelle: Eigene Darstellung.

9   Vgl. Peters, Waterman (Excellence), S.156ff., S.292ff. in Pümpin (Prinzip), S.91.

Die **Effizienzsteigerungs-Strategie** dient der Steigerung der Kosteneffizienz durch unternehmensübergreifende organisatorische und technologische Massnahmen. Effizienzsteigerungsmassnahmen beziehen sich stets auf Märkte innerhalb eines bestehenden Marktpotentials, die Unternehmen mit ihren bestehenden Kompetenzen bearbeiten. Die **Kompetenz-Leveraging-Strategie** zielt auf die Erschliessung neuer attraktiver Marktpotentiale durch die multiplikative Verwendung bestehender Kompetenzen der am Value System beteiligten Unternehmen ab. Die **Kompetenz-Aufbau-Strategie** schliesslich betrifft den gemeinsamen Aufbau neuer Kompetenzen in Value Systems. Diese können je nach Intention der Unternehmen, sowohl für die effizientere Ausbeutung bestehender Marktpotentiale, als auch für die Erschliessung neuer Marktpotentiale aufgebaut werden.

Neben dieser grundlegenden Einordnung der drei generischen Netzwerkstrategien können die Strategien anschaulich hinsichtlich ihres Wirkungsfeldes auf Produkte und Märkte abgegrenzt werden. Hierzu eignet sich als Darstellung eine um die 'Kompetenzen' als dritte Dimension erweiterte Ansoff-Matrix[10] (siehe Abb. 6-3).

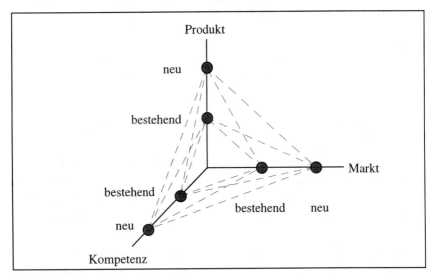

Abb. 6-3: 'Kompetenz-Produkt-Markt-Tensor'[11]

---

10   Vgl. Ansoff (Corporate Strategy).

11   Quelle: Eigene Darstellung.

Die gestrichelten Linien in Abb. 6-3 kennzeichnen alle möglichen Kompetenz-Produkt-Markt Kombinationen. Ausgehend von einem Punkt (z.B. 'Kompetenz, neu') sind die Linien durch die Punkte der anderen beiden Dimensionen zu einem Dreieck zu verbinden, um eine relevante Kombination der drei Dimensionen zu erhalten. Die generischen Strategien können in diese erweiterte Matrix eingeordnet werden. Durch die Einordnung in den Tensor lassen sich die generischen Strategien anhand der möglichen Kompetenz-Produkt-Markt-Kombinationen, die jeweils durch eine generische Strategie betroffen sein können, unterscheiden (siehe Abb. 6-4).

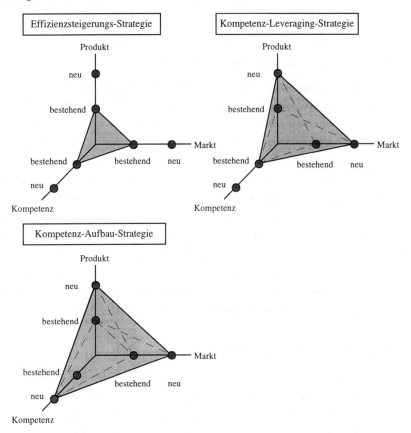

Abb. 6-4: Unterscheidung der generischen Strategien anhand möglicher Kompetenz-Produkt-Markt-Kombinationen[12]

---

12 Quelle: Eigene Darstellung.

Im folgenden werden die drei generischen Strategien ausführlicher beschrieben und anhand weiterer ausgewählter Kriterien gegeneinander abgegrenzt.

6.1.1 Effizienzsteigerungs-Strategie

Die Effizienzsteigerungs-Strategie zielt auf die Generierung von Wettbewerbsvorteilen durch die verbesserte unternehmensübergreifende Zusammenarbeit in einem Value System aus Kunden-Lieferanten-Beziehungen entlang der Wertschöpfungskette ab. Die Zusammenarbeit im Value System konzentriert sich auf die Verbesserung der Koordination und Synchronisation der Aktivitäten zwischen Kunden und Lieferanten in bestehenden Märkten mit bestehenden Produkten auf der Basis der bestehenden Kompetenzen der Partner (siehe Abb. 6-4, oben links).

Die Erschliessung des Netzwerkpotentials führt zur Steigerung der Effizienz durch abgestimmte und optimierte unternehmensübergreifende Geschäftsprozesse. Bisher waren organisatorische Massnahmen zur Prozessoptimierung meistens auf einzelne Prozesse innerhalb von Unternehmen oder Geschäftsbereichen begrenzt. Durch die Erweiterung der Betrachtung über die Unternehmensgrenzen hinaus lassen sich zusätzliche Verbesserungsmöglichkeiten erzielen. Durch die gemeinsame Gestaltung von interorganisationalen Geschäftsprozessen, wie z.b. der Auftragsabwicklung, sollen Durchlaufzeiten verkürzt, die Informationsversorgung verbessert und letztlich Kosten reduziert werden. Durch die Ausschöpfung dieses Potentials erhöht sich der Nutzen, den die Unternehmen aus bestehenden Märkten schöpfen können. Die Ausrichtung des Value Systems auf Märkte innerhalb eines bestehenden Marktpotentials erfolgt massgeblich durch das fokale Unternehmen. Dieses initiiert den Aufbau des Value Systems und bestimmt massgeblich dessen Ausrichtung auf seine Märkte.

6.1.2 Kompetenz-Leveraging-Strategie

Die Kompetenz-Leveraging-Strategie zielt auf die gemeinsame Erschliessung von weiteren Nutzenpotentialen durch die mehrfache Verwendung (Multiplikation[13]) von bereits existierenden Kompetenzen innerhalb des Value Systems ab (siehe Abb. 6-2). Der Begriff Leveraging steht für die Hebelwirkung, die von einer Kompetenz ausgehen kann, wenn sie für die Erschliessung und/oder Ausbeutung mehrerer Nutzenpotentiale verwendet wird.

---

[13]   Vgl. Pümpin (Dynamik-Prinzip).

Im Rahmen der Kompetenz-Leveraging-Strategie bringen Unternehmen ihre Kernkompetenzen in das Value System ein. Durch die Kombination verschiedenartiger
komplementärer Kompetenzen sollen weitere neue Nutzenpotentiale (z.B. Marktpotentiale 1, 2, etc.) gemeinsam erschlossen werden (siehe Abb. 6-5). Im Vordergrund
steht nicht der Aufbau neuer Kompetenzen, sondern **die Erschliessung zusätzlicher
Nutzenpotentiale durch die vielfältige Konfiguration bestehender Kompetenzen.**

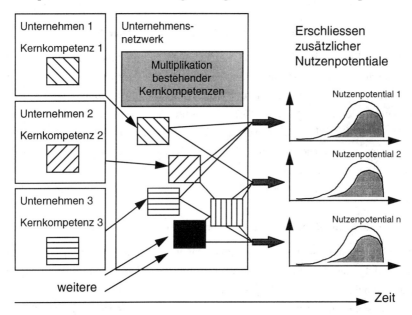

Abb. 6-5: Multiplikation von Kernkompetenzen in Value Systems[14]

Durch die Kompetenz-Leveraging-Strategie in Value Systems wird der Betrachtungs-
bereich des Managements, vergleichbar mit der Erweiterung der Betrachtung auf
unternehmensübergreifende Geschäftsprozesse in der Effizienzsteigerungs-Strategie,
auf Wissensbasen und Kompetenzen jenseits der eigenen Unternehmensgrenzen hinaus
ausgedehnt. Der Zugriff auf Kernkompetenzen anderer Unternehmen im Value System
kann den Verwendungsbereich der Kernkompetenzen des eigenen Unternehmens
durch nutzenpotentialadäquate Kombination erweitern.

---

14   Quelle: Eigene Darstellung.

Hebelwirkungen durch die Kombination der Kompetenzen sind im wesentlichen in zwei Richtungen denkbar. Zum einen kann die Hebelwirkung von Kompetenzen durch die Erschliessung neuer Märkte genutzt werden und zum anderen durch das Hervorbringen von Produktinnovationen. Beide Möglichkeiten können aber auch miteinander kombiniert werden. Im einzelnen sind folgende Kompetenz-Produkt-Markt-Kombinationen relevant (siehe Abb. 6-4, oben rechts):

(1)   Bestehende Kompetenzen, neues Produkt, bestehender Markt

Durch die Kombination bestehender Kompetenzen können neue Produkte, wie z.b. verbesserte Nachfolgeprodukte oder ergänzende Produkte hergestellt und auf bestehenden Märkten vertrieben werden. Ein Beispiel hierfür ist das SMART-Mobil, das gemeinsam von SMH, Mercedes Benz und weiteren Partnern entwickelt, produziert und vermarktet wird. In das gemeinsame Projekt brachte Mercedes Benz die Kernkompetenz im Automobilbau und SMH die Kernkompetenz im Marketing in die Kooperation ein. Das SMART-Mobil stellt für beide Unternehmen ein neues Produkt dar, das auf bereits bestehenden Märkten für Kleinfahrzeuge angeboten wird.[15]

(2)   Bestehende Kompetenzen, bestehendes Produkt, neuer Markt

Diese Kombination führt zu einer Erschliessung neuer Märkte auf der Basis bestehender Produkte und Kompetenzen. Beispielsweise können Unternehmen ihre bestehenden Produkte, durch die Nutzung bestehender Vertriebskompetenzen von Partnern im Value System, auf neuen Märkten z.B. in anderen geographischen Regionen anbieten. Ein Beispiel hierfür ist der Exklusivverkauf von Pepsi-Cola durch die Migros in der Schweiz, der zusätzliches Marktvolumen für beide Unternehmen generiert.

(3)   Bestehende Kompetenzen, neues Produkt, neuer Markt

Durch diese Kombination können mit bestehenden Kompetenzen im Value System auch neue Produkte und Leistungen für neue Märkte erstellt und angeboten werden.

In der virtuellen Fabrik[16] beispielsweise haben kooperierende Unternehmen einen Markt für Technologien und Restkapazitätenverwertung geschaffen. Dieser Markt dient als Zusatzgeschäft und existiert neben den bestehenden Märkten des Kern-

---

[15]   Vgl. Kowalsky (Clever), S.58ff.

[16]   Vgl. Kapitel 4.1.5.

geschäfts der beteiligten Unternehmen. Die Leistungen, die Unternehmen in der Kooperationsplattform anbieten, basieren auf ihren technologischen Kompetenzen. Entsprechend der einzelnen Aufträge kann jeder Auftrag auch ein neues Produkt darstellen.

Die Erweiterung des Value System durch die Aufnahme zusätzlicher Unternehmen mit weiteren komplementären Kompetenzen kann zu neuen Multiplikationsmöglichkeiten innerhalb des Netzwerks führen. Die Multiplikationsmöglichkeiten innerhalb eines Value Systems müssen daher ständig überprüft werden, um neue Wertsteigerungsmöglichkeiten, und dafür notwendige Kompetenzen zielgerichtet identifizieren zu können.

6.1.3 Kompetenz-Aufbau-Strategie

Die dritte generische Netzwerkstrategie zur Schaffung von Wettbewerbsvorteilen ist die **Kompetenz-Aufbau-Strategie**. Das Ziel dieser Strategie ist es, durch gemeinsame Anstrengungen eine für die beteiligten Unternehmen neue Kompetenz aufzubauen bzw. bestehende Kompetenzen massgeblich in Richtung Kernkompetenzen weiterzuentwickeln. Der Aufbau neuer Kompetenzen erfolgt in einem interorganisationalen Lernprozess (Inter-organizational Learning). Interorganisationale Lernprozesse erfordern eine enge Zusammenarbeit zwischen den Partnern. Diese enge Zusammenarbeit kann beispielsweise in der gemeinsamen Durchführung von Projekten mit interorganisationalen Teams oder generell durch das Pooling von Know How und Ressourcen im Value System erfolgen.

Die folgende Abbildung soll den beschriebenen Zusammenhang verdeutlichen. Die am Value System beteiligten Unternehmen verfügen über jeweils eigene Wissensbasen (Kompetenzen), die sie in die Kooperation einbringen, um gemeinsam neue attraktive Nutzenpotentiale zu erschliessen. Durch die Zusammenarbeit werden auf Basis der bestehenden Kompetenzen und weiterer gemeinsamen Anstrengungen neue Kompetenzen aufgebaut bzw. weiterentwickelt. Die neuen Kompetenzen dienen dazu, bestehende Kompetenzlücken zu schliessen und ermöglichen es, den Unternehmen gemeinsam attraktive Nutzenpotentiale zu erschliessen (siehe Abb. 6-6).

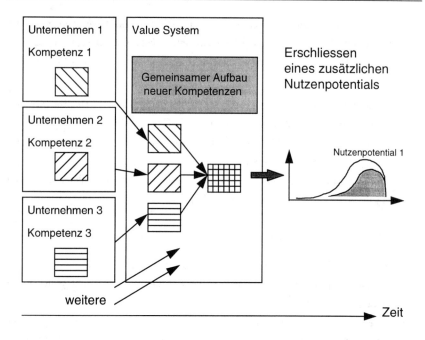

Abb. 6-6: Aufbau von Kompetenzen zur Erschliessung eines Nutzenpotentials[17]

Die neu aufzubauenden Kompetenzen können aus der Sicht der beteiligten Unternehmen für die effizientere Ausbeutung bestehender oder für die Erschliessung neuer Märkte und Marktpotentiale (Diversifikation) genutzt werden. Weiterhin können die neuen Kompetenzen zur Verbesserung von Produktionsverfahren und des Vertriebs bestehender Produkte oder zur Entwicklung, Produktion und zum Vertrieb neuer Produkte dienen (siehe Abb. 6-4, unten). Die neuen Kompetenzen können eine Ergänzung zu bestehenden Kompetenzen darstellen oder dazu dienen, bestehende Kompetenzen zu substituieren. Hinsichtlich der Art der aufzubauenden Kompetenzen kann zwischen Kompetenzen zur Erstellung neuer Marktleistungen (z.B. die technologische Kernkompetenz Laserschweissen) und Kompetenzen, die sich nicht direkt auf die Marktleistung beziehen, unterschieden werden. Beispiele für die zuletzt genannten Kompetenzen sind Logistikkompetenzen und Netzwerkmanagementkompetenzen.[18]

---

[17]   Quelle: Eigene Darstellung.

[18]   Zur Darstellung der Netzwerkmanagementkompetenzen vgl. 4.3.2.

Betrachtet man das Value System als eine Einheit (Black Box), so entsteht durch die Konfiguration der Kompetenzen der Partner im Netzwerk selber eine neue einmalige Netzwerkkompetenz. Es handelt sich hierbei nicht um eine neue Kompetenz eines einzelnen Unternehmens, sondern um eine Kompetenz auf der Ebene des Value Systems. Diese Kompetenz kann zur Kernkompetenz gegenüber Wettbewerbern ausserhalb des Value Systems werden, wie z.b. die Kompetenz einzigartige, umfassende Systeme und Leistungen anzubieten.

6.1.4 Anwendungsfelder der generischen Strategien

Im folgenden werden die drei generischen Strategien hinsichtlich ihrer vorrangigen Anwendungsfelder unterschieden. Die Anwendungsfelder ergeben sich aus einer Matrix mit den Dimensionen 'Lebenszyklusphase des Marktes' bzw. 'Lebenszyklus des Marktpotentials' und der 'Volatilität des Marktes' bzw. der 'Dynamik der Entwicklung des Marktpotentials' (Siehe Abb. 6-7).

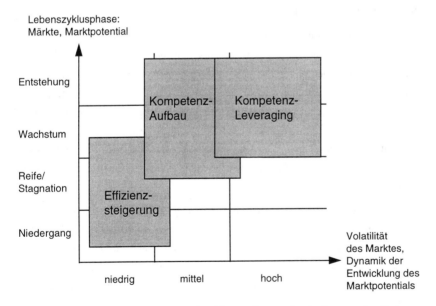

Abb. 6-7: Anwendungsfelder generischer Netzwerkstrategien (schwerpunktmässige Zuordnung)[19]

---

[19]   Quelle: Eigene Darstellung.

(1)   Effizienzsteigerungs-Strategie

Die Investitionen in die Optimierung und Abstimmung der Geschäftsprozesse und in
gemeinsame Informations- und Kommunikationsplattformen im Rahmen einer
Effizienzsteigerungs-Strategie führen tendenziell zu festeren Bindungen zwischen den
Unternehmen und somit zu Einschränkungen der unternehmerischen Flexibilität. Die
Effizienzsteigerungs-Strategie in Value Systems ist daher vor allem für relativ stabile
Märkte mit niedriger bis mittlerer Volatilität geeignet.

Effizienzsteigerungs-Strategien bewähren sich grundsätzlich für die Markt-Lebens-
zyklusphasen Wachstum, Reife und Niedergang. In wachsenden, reifen, stagnierenden
und schrumpfenden Märkten gewinnen niedrigere Kosten an Bedeutung. Die Höhe der
am Markt durchsetzbaren Verkaufspreise sinkt tendenziell und reduziert so die erzielbaren Margen. Dieser Entwicklung soll durch Effizienzsteigerungsmassnahmen in
Value Systems entgegengewirkt werden.

(2)   Kompetenz-Leveraging-Strategie

Die Kompetenz-Leveraging-Strategie unterstützt die schnelle Konfiguration erforderlicher Kompetenzen zur Erschliessung attraktiver Nutzenpotentiale. Die Konfiguration
bestehender Kompetenzen eignet sich besonders in **dynamischen Umfeldern** zur
Erschliessung neu entstehender Nutzenpotentiale. Die Multiplikation bestehender
Kompetenzen im Value System birgt die Chance zusätzlicher Nutzengenerierung durch
die mehrfache Anwendung bestehender Kompetenzen in unterschiedlichen
Anwendungsfeldern. Durch die Ausrichtung der Strategie auf attraktive Marktpotentiale eignet sich diese Strategie hauptsächlich in den frühen Lebenszyklusphasen
des Marktpotentials.

Diese Strategie ist dann sinnvoll, wenn für Kompetenzen eines Unternehmens weitere
Verwendungsmöglichkeiten identifiziert werden können, aber bestehende Kompetenzlücken für die Erschliessung dieser Nutzenpotentiale durch das Unternehmen nicht
alleine wirtschaftlich geschlossen werden können. Gründe hierfür können Zeitrestriktionen wegen einer zu hohen Dynamik der Entwicklung des Nutzenpotentials und
Eigenschaften der fehlenden Kompetenzen sein.[20]

---

[20]   Vgl. Kapitel 3.1.2 und die Ausführungen zur dynamischen Betrachtung in Kapitel 5.

Im Vergleich zu einem gemeinsamen Kompetenzaufbau ist die Bindungsintensität zwischen den Partnern vergleichsweise lose. Durch **die geringere Bindungsintensität** zwischen den Partnern im Value System zeichnet sich dieses durch eine **höhere Flexibilität** aus.

(3)   Kompetenz-Aufbau-Strategie

Die Kompetenz-Aufbau-Strategie in Value Systems ist grundsätzlich für mittel-volatile Märkte geeignet. In Märkten mit geringer Volatilität haben Unternehmen eher die Möglichkeit, Kompetenzen im Alleingang aufzubauen, da bedeutende Marktentwicklungen frühzeitig erkennbar und in ihrem Verlauf relativ stabil sind. In hochvolatilen Märkten können sich Konflikte aus der zum gemeinsamen Kompetenzaufbau erforderlichen hohen Bindungsintensität und gegebenenfalls notwendigen flexiblen Anpassungsmassnahmen der Unternehmen im Value System ergeben. Hinsichtlich des Lebenszyklusses des Marktes bzw. des Marktpotentials kann die Kompetenz-Aufbau-Strategie den Phasen Entstehung, Wachstum und Stagnation zugeordnet werden.

Ein Value System wird dann eine Kompetenz-Aufbau-Strategie verfolgen, wenn:

- Kein geeigneter Kooperationspartner mit der gesuchten Kompetenz gefunden werden konnte,

- die Ressourcenstärke, sowie das vorhandene Wissen eines Unternehmens für den Aufbau der benötigten Kompetenz nicht ausreichend ist,

- ein zu hohes Risiko für den Aufbau der Kompetenz für ein einzelnes Unternehmen besteht,

- aufgrund der Art der benötigten Kompetenz ein alleiniger Aufbau unmöglich ist,

- Zeitrestriktionen bestehen und daher interorganisational gelernt werden muss.

In den **weissen Feldern** innerhalb der Abb. 6-7 ist die Verfolgung von generischen Netzwerkstrategien grundsätzlich nicht ausgeschlossen. Jedoch werden im Fall der Entstehung eines Marktes bei niedriger Dynamik Unternehmen dahin tendieren, Marktpotentiale im Alleingang für sich zu erschliessen. In Fällen der Stagnation oder des Niedergangs bei mittlerer oder hoher Dynamik der Entwicklung des Marktpotentials verfügt das Marktpotential lediglich über eine geringe Attraktivität für die Unternehmen, verbunden mit einem hohen Risiko. Unternehmen werden sich daher grundsätzlich attraktiveren Nutzenpotentialen zuwenden.

6.2 Wirkung der Strategien auf den Unternehmenswert

Die folgende Abbildung gibt einen Überblick über die Zusammenhänge zwischen Netzwerkpotential, Strategien und Unternehmenswert. Durch die Erschliessung des Netzwerkpotentials und attraktiver Marktpotentiale kann der Wert der beteiligten Unternehmen gesteigert werden. Dazu werden geeignete Strategien im Value System verfolgt. Die Massnahmen innerhalb der Strategien wirken gleichzeitig auf die Wertgeneratoren und führen zu einer Veränderung des Unternehmenswertes (siehe Abb. 6-8).

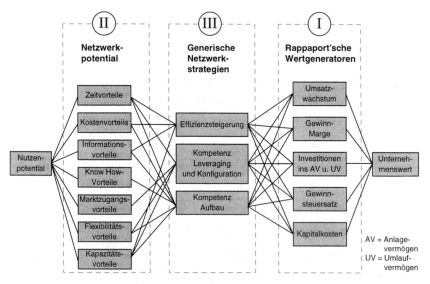

Abb. 6-8: Zusammenhang zwischen Nutzenpotential, Netzwerkpotential, generischen Strategien, Wertgeneratoren und Unternehmenswert[21]

Im folgenden werden die generischen Netzwerkstrategien und ihre positiven und negativen Effekte auf den Unternehmenswert diskutiert. Um die komplexen Zusammenhänge nachvollziehbar zu beschreiben, müssen die Wirkungen der Wertgeneratoren auf den Unternehmenswert beschrieben werden (siehe Punkt I in Abb. 6-8). In einem zweiten Schritt muss der Zusammenhang des Netzwerkpotentials zum Nutzenpotential hergestellt werden (siehe Punkt II in Abb. 6-8). Die Wirkungen der Wertgeneratoren

---

[21]   Quelle: Eigene Darstellung.

auf den Unternehmenswert und der Zusammenhang zwischen dem Netzwerkpotential und dem Nutzenpotential (hier genauer dem Marktpotential) wurden bereits beschrieben.[22] Schliesslich werden nun in einem dritten Schritt Massnahmen im Value System innerhalb jeder einzelnen generischen Strategie und deren Wirkungen auf die Wertgeneratoren beschrieben (siehe Punkt III in Abb. 6-8).

6.2.1 Wertwirkungen der generischen Netzwerkstrategien

Die generischen Strategien bilden das Verbindungsstück zwischen Markt- und Netzwerkpotential einerseits und Unternehmenswert bzw. Wertgeneratoren andererseits (siehe Abb. 6-8). Um die Wirkungen der generischen Strategien auf den Unternehmenswert detaillierter betrachten zu können, wurde jeder generischen Strategie ein Cluster der wichtigsten Massnahmen zugeordnet. Die Betrachtung der Zusammenhänge auf der Ebene ausgewählter Massnahmen erlaubt konkretere Aussagen über die Wirkungen der Strategien auf die Wertgeneratoren und stellt gleichzeitig den logischen Zusammenhang zu den generischen Strategien sicher.

6.2.1.1 Effizienzsteigerungs-Strategie

Die folgende Abbildung zeigt zum einen das Cluster wichtiger Massnahmen, die im Rahmen der Effizienzsteigerungs-Strategie durchgeführt werden können, zum anderen kennzeichnen die Pfeile die schwerpunktmässigen Wirkungen auf die Wertgeneratoren und weiter auf den Unternehmenswert. Die wichtigsten Wirkungszusammenhänge zwischen den Wertgeneratoren und den Unternehmenswert sind ebenfalls dargestellt (siehe Abb. 6-9).

---

[22] Zur Erklärung der Wirkungszusammenhänge der Wertgeneratoren auf den Unternehmenswert vgl. Kapitel 2.2.4. Zur Beschreibung des Zusammenhangs zwischen Netzwerkpotential und Marktpotential vgl. Kapitel 3.5.3.

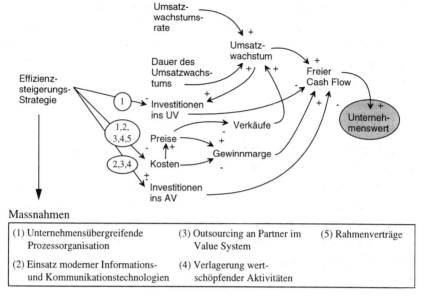

Massnahmen

(1) Unternehmensübergreifende Prozessorganisation	(3) Outsourcing an Partner im Value System	(5) Rahmenverträge
(2) Einsatz moderner Informations- und Kommunikationstechnologien	(4) Verlagerung wert- schöpfender Aktivitäten	

Abb. 6-9: Massnahmen und Wertwirkungen der Effizienzsteigerungs-Strategie[23]

Die Darstellung der Wirkungszusammenhänge in Abb. 6-9 soll exemplarisch anhand der Massnahme (3) 'Outsourcing' erläutert werden. Ausgehend von der Effizienz-steigerungs-Strategie wirkt die Massnahme 'Outsourcing von Aktivitäten an Partner im Value System' vorrangig auf die 'Kosten' und die 'Investitionen in das Anlagevermö-gen'. Aufgrund von Outsourcingmassnahmen kann bestehendes Anlagevermögen in den outgesourcten Unternehmensbereichen desinvestiert werden. Die Desinvestition des Anlagevermögens führt kurzfristig zu einer Zunahme des freien Cash Flows. Diese Zunahme erhöht den Unternehmenswert, denn je höher der freie Cash Flow ist, desto höher ist auch der Unternehmenswert. Die Wirkung des Outsourcings auf die Kosten kann in dem Wirkungsdiagramm entsprechend verfolgt werden. Im folgenden werden ausgewählte Massnahmen der Effizienzsteigerungs-Strategie und ihre Wirkungen auf die Wertgeneratoren beschrieben.

---

[23] Quelle: Eigene Darstellung.

(1) Unternehmensübergreifende Prozessorganisation

In der unternehmensübergreifenden Prozessorganisation wird der Gedanke der Gestaltung von Geschäftsprozessen über die Unternehmensgrenzen hinweg auf Beziehungen zwischen den Unternehmen im Value System ausgedehnt. Unter einem Prozess wird dabei eine definierte Abfolge von Aktivitäten, die sowohl iterativ, parallel und rekursiv durchlaufen werden können, verstanden. Ein Prozess hat einen definierten Startpunkt (Prozessanstoss, -auslöser) und ein Prozessende (Ergebnis, Output). Das Ziel der unternehmensübergreifenden Prozessorganisation ist es, sowohl die operative, als auch die strategische unternehmensübergreifende Zusammenarbeit effizient und effektiv zu gestalten. Hierzu bietet das Value System zusätzliches Potential. Vorrangig werden **Zeit-, Informations- und Kostenvorteile** durch organisatorisch aufeinander abgestimmte Prozesse mit geeigneter technischer Unterstützung ausgeschöpft. Durch die unternehmensübergreifende Prozessgestaltung wird die Transparenz hinsichtlich der Aktivitäten innerhalb der und zwischen den Unternehmen erhöht. Sie begünstigt direkte Kommunikationsverbindungen und reduziert Schnittstellen zwischen den Aktivitäten. Transparenz und direkte Kommunikationsverbindungen führen zu einer qualitativ verbesserten Informationsversorgung und zu reduzierten Prozessdurchlaufzeiten, z.B. in der Auftragsabwicklung. Weiterhin können Doppeltätigkeiten, z.B. doppelte Qualitätskontrollen (Warenausgangs- und Wareneingangskontrolle) eliminiert werden. Die verbesserte Informationsversorgung und Koordination zwischen den Unternehmen bilden zusammen die Basis für fundiertere betriebliche Planungen. Puffer- und Sicherheitslagerbestände können reduziert werden. Dies führt zu einer Verringerung der **Investitionen in das Umlaufvermögen und in das Anlagevermögen**, z.B. beim Wegfall ganzer Lager. Zusätzlich zu der Wirkung auf die Investitionen, hat die unternehmensübergreifende Prozessorganisation, durch Reduktion der Kosten, Vermeidung doppelter Qualitätskontrollen, Abbau von Lagerbeständen (Kapitalbindungskosten) und optimierte Prozessabwicklung hauptsächlich Einfluss auf den Wertgenerator **Gewinnmarge.**

Die Durchführung der Prozessgestaltung im Value System erfolgt in interdisziplinären, interorganisatorischen Projektteams. Die Projektteams setzen sich aus Mitarbeitern der beteiligten Unternehmen und gegebenenfalls weiteren netzwerkexternen Experten, wie z.B. Organisationsberatern, Teammoderatoren oder Mitarbeitern aus Forschungsinstituten zusammen. Entscheidend für den Erfolg ist, dass unternehmensübergreifende Prozessorganisationsprojekte durch die Unternehmensleitungen der beteiligten Unternehmen unterstützt werden, und hierfür in ausreichendem Umfang Top-Management-Kapazitäten verfügbar sind.

(2) Einsatz moderner Informations- und Kommunikationstechnologien

Der Einsatz moderner Informations- und Kommunikationstechnologien (IKT) steht in engem Zusammenhang mit den organisatorischen Lösungen der unternehmensübergreifenden Prozessorganisation. Gemeinsame Informations- und Kommunikationsplattformen, wie z.b. Video-Conferencing, Inter- und Intranet, Sysman (CORBA) und Datenbanken unterstützen die unternehmensübergreifende Prozessabwicklung und ermöglichen eine verbesserte Informationsversorgung im Value System. Durch den Einsatz von Informations- und Kommunikationstechnologien können im wesentlichen Informations- und Zeitvorteile realisiert werden, die sich in **Kostenvorteilen** und verbesserter Markt- und Kundennähe ('Customer Responsiveness') widerspiegeln. Im wesentlichen wird der Wertgenerator **Gewinnmarge** durch die IKT-bedingte Kostenreduktion in Richtung Unternehmenswertsteigerung beeinflusst. Demgegenüber wirken die erforderlichen **Investitionen** in die Informations- und Kommunikationstechnologien kurzfristig unternehmenswertsenkend.

(3) Outsourcing an Partner im Value System

Unter Outsourcing wird die Ausgliederung von Unternehmensaktivitäten bzw. Funktionen aus dem eigenen Unternehmen an externe Unternehmen verstanden. Die Leistungen der outgesourcten Funktionen werden durch das outsourcende Unternehmen bei Bedarf fremdbezogen. Outsourcing wirkt kostensenkend und beeinflusst den Wertgenerator Gewinnmarge. Weiterhin kann Outsourcing zu **Desinvestitionen** des Anlage- und Umlaufvermögens führen. Durch Outsourcing können Investitionen in Funktionsbereiche, die nicht zum Kerngeschäft gehören, vermieden werden. Häufig können Leistungen outgesourcter Funktionen von Unternehmen, die auf diese Funktionen spezialisiert sind, kostengünstiger und qualitativ hochwertiger fremdbezogen werden. Outsourcing wirkt somit unternehmenswertsteigernd auf die Wertgeneratoren **Gewinnmarge und Investitionen in das Anlage- und Umlaufvermögen.** Neben den positiven Werteffekten ist Outsourcing mit Risiken verbunden. Outsourcing kann zu höherer Abhängigkeit des Unternehmens von Zulieferunternehmen oder Service-Providern führen. Diese Abhängigkeit nimmt in dem Masse zu, in dem das Know

How, das mit der ausgelagerten Funktion oder Aktivität verbunden ist, dem auslagernden Unternehmen verloren geht.

(4) Verlagerung wertschöpfender Aktivitäten

Unter **Verlagerung von Wertschöpfungsaktivitäten** im Rahmen der Effizienzsteigerungs-Strategie wird die geographische Verlagerung wertschöpfender Aktivitäten an andere Standorte verstanden. Die Verlagerung wertschöpfender Aktivitäten zielt auf die Erschliessung des Standortpotentials durch die am Value System beteiligten Unternehmen ab. Das Standortpotential ist definiert als „Vorteile aus dem Besitz von Verkaufspunkten in attraktiven Lagen, einer Verlagerung von Produktionsstätten in Länder mit unternehmensfreundlicher Gesetzgebung oder niedrigen Lohnkosten, die Wahl des Firmensitzes an einem steuergünstigen Ort, die Sicherung eines Standbeins in einem nach aussen protektionistischen Wirtschaftsraum usw., die die Wertschöpfung entscheidend unterstützen."[24] Neben dem Wertgenerator **Gewinnmarge**, z.B. durch die Verlagerung von Produktionsstätten in Billiglohnländer, können die Wertgeneratoren **Umsatzwachstum und Gewinnsteuersatz** durch diese Massnahme beeinflusst werden.

(5) Rahmenverträge

Rahmenverträge, auch Rahmenvereinbarungen genannt, sind längerfristige Vereinbarungen (z.B. mit einem Zeithorizont von einem Jahr) über Art und Umfang des Leistungsaustauschs zwischen Unternehmen. Ein Rahmenvertrag beinhaltet Artikelgruppen, Gesamtmengen, Qualität der Leistungen und weitere Vertragskonditionen. Rahmenverträge ermöglichen dem Zulieferunternehmen eine verbesserte Kapazitätsplanung[25] und vereinfachen den Beschaffungsprozess in den beteiligten Unternehmen durch die Bündelung vieler einzelner Beschaffungsvorgänge zu einem Rahmenvertrag. Somit können Transaktionskosten zwischen Unternehmen gesenkt und die **Gewinnmarge** positiv beeinflusst werden.

Die beschriebenen Wirkungen der Massnahmen innerhalb der Effizienzsteigerungs-Strategie betreffen die Wertgeneratoren **Gewinnmarge** und **Investitionen in das Anlage- und Umlaufvermögen.** Aus der Sicht des fokalen Unternehmens eignet sich

---

[24] Pümpin (Strategische Erfolgspositionen), S.22.

[25] Vgl. Eversheim, Schuh (Betriebshütte), S.15-21f.

die Effizienzsteigerungs-Strategie vorrangig für die Unterstützung einer Unternehmensstrategie der Kostenführerschaft[26]. Dabei ergeben sich neben den genannten Vorteilen auch folgende **Trade-offs**:

• Die beteiligten Unternehmen müssen **Zeit** und **Kapital** für die Koordination gemeinsamer Aktivitäten und Projekte investieren, und

• sie müssen in ausreichendem Masse Ressourcen für unternehmensinterne und unternehmensübergreifende, organisatorische und technische **Umsetzungs- und Anpassungsmassnahmen** bereitstellen.

• Die angestrebte Effizienzsteigerung führt zu einer festeren Bindung zwischen den Unternehmen im Value System und somit zu einer Reduzierung ihrer strategischen Flexibilität.

6.2.1.2 Kompetenz-Leveraging-Strategie

Die folgende Abbildung zeigt die Massnahmen der Kompetenz-Leveraging-Strategie und ihre Wirkungen auf die Wertgeneratoren (siehe Abb. 6-10). Daran anschliessend werden die Massnahmen (1-3) beschrieben.

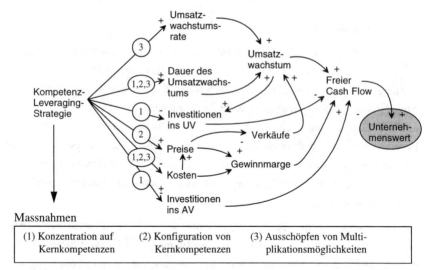

Abb. 6-10: Massnahmen und Wertwirkung der Kompetenz-Leveraging-Strategie[27]

---

[26] Zur Unternehmensstrategie der Kostenführerschaft vgl. Porter (Wettbewerbsstrategien).

(1)   Konzentration auf Kernkompetenzen

Am Value System beteiligte Unternehmen konzentrieren sich auf ihre Kernkompetenzen. Durch die Konzentration auf die Kernkompetenzen der einzelnen Partner in der
Ausführung der Wertschöpfungsaktivitäten können komparative Spezialisierungsvorteile genutzt werden. Unternehmen können ihre Kosten durch Outsourcing von
Bereichen, in denen andere Partner im Value System höhere Wertsteigerungen
erzielen, senken. Umlauf- und Anlagevermögen in den outgesourcten Bereichen kann
veräussert werden (Desinvestition). Unternehmen im Value System können geplante
Investitionen in Anlagevermögen in Bereichen ausserhalb der eigenen Kernkompetenzen vermeiden. Gleichzeitig steigt jedoch das Risiko einer höheren Abhängigkeit
des Unternehmens von seinen Kooperationspartnern und die Gefahr des Know How-
bzw. Kompetenzverlusts.

(2)   Konfiguration von Kernkompetenzen

Wettbewerbsvorteile werden durch den **Aufbau von Markteintrittsbarrieren** erzielt.
Markteintrittsbarrieren können durch die einzigartige und intelligente **Konfiguration
von bestehenden Kernkompetenzen der Partner** innerhalb des Value Systems entstehen. Kernkompetenzen können durch Wettbewerber nicht oder nur sehr langfristig
imitiert bzw. internalisiert werden. Durch die Konfiguration von Kernkompetenzen
innerhalb des Value Systems wird es Unternehmen ausserhalb des Netzwerks nahezu
unmöglich, diese Kompetenzen zu imitieren.

Die **einzigartige Kombination von Kompetenzen** im Value System führt zu
Imitations- und Markteintrittsbarrieren gegenüber Wettbewerbern ausserhalb des
Value Systems. **Imitationsbarrieren** bieten die Chance supranormaler Gewinne der
Netzwerkunternehmen und beeinflussen so **Gewinnmarge** und **Wachstumsdauer**
positiv.

Die **Konfiguration komplementärer Kompetenzen und Lerneffekte** im Value
System können zu **Zeitvorteilen** führen, wenn es gelingt, die Kompetenzen schnell zu
einer neuen Leistung zu konfigurieren. Diese Zeitvorteile bei der Erschliessung neuer
Marktpotentiale ermöglicht den Netzwerkunternehmen als **First Mover** wegen fehlender Wettbewerber die Durchsetzung höherer Verkaufspreise am Markt. Ausserdem
ermöglicht die frühe Marktpräsenz, dass grössere Mengen der angebotenen Leistungen

---

27   Quelle: Eigene Darstellung.

abgesetzt werden können (Absatz-Mengeneffekt). Die Produktionskosten pro Einheit sinken dadurch. Die auf dem Markt durchsetzbaren höheren Verkaufspreise führen zusammen mit den abnehmenden Stückkosten zu steigenden **Gewinnmargen.**

Weiterhin können Unternehmen im Value System durch die gegenseitige Ergänzung von Ressourcen und Fähigkeiten als Systemanbieter für Kundenprobleme auftreten und ihren Kunden komplette und individuelle Lösungen anbieten (**Systemlösungen und Leistungssysteme**[28]). Die Ausweitung des Leistungsspektrums zu Systemlösungen wirkt sich positiv auf das **Umsatzwachstum** aus.

(3)   Ausschöpfen von Multiplikationsmöglichkeiten

Umfangreiche Unternehmenswertsteigerungen können sich aus dem Ausschöpfen der Multiplikationsmöglichkeiten von Kompetenzen ergeben. Insbesondere gilt das für die gemeinsame Erschliessung neuer Marktchancen. Die Erschliessung neuer Märkte und attraktiver Nutzenpotentiale wirkt positiv auf die **Wachstumsrate.**

6.2.1.3 Kompetenz-Aufbau-Strategie

Die Massnahmen der Kompetenz-Aufbau-Strategie und ihre Wertwirkungen sind in der folgenden Abbildung dargestellt (siehe Abb. 6-11).

---

[28]   Vgl. Belz (Leistungssysteme).

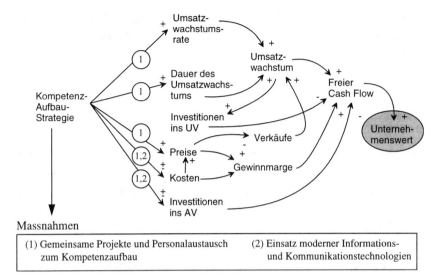

Massnahmen

(1) Gemeinsame Projekte und Personalaustausch zum Kompetenzaufbau	(2) Einsatz moderner Informations- und Kommunikationstechnologien

Abb. 6-11: Massnahmen und Wertwirkung der Kompetenz-Aufbau-Strategie[29]

(1)   Gemeinsame Projekte

Im Value System vorhandenes Know How kann in gemeinsam durchgeführten Projekten genutzt werden. Im Vordergrund steht dabei der Aufbau von Kompetenzen für die Erschliessung eines Marktpotentials oder die gemeinsame Erschliessung von internen bzw. quasi-internen Nutzenpotentialen (Ausschöpfung von Kostensenkungs- potentialen) innerhalb des Netzwerks bzw. innerhalb einzelner Unternehmen. Die beteiligten Unternehmen streben mit den gemeinsamen Projekten Lerneffekte und die Realisierung von Kostensenkungsmöglichkeiten an. Zusätzlich resultiert aus der Multiplikation der gemeinsamen Projektmanagement-Erfahrungen eine effizientere Abwicklung zukünftiger Projekte innerhalb des Value Systems.

Neue Kompetenzen zur Substitution bestehender Kompetenzen werden häufig aus Kostenüberlegungen aufgebaut. Die mit der neuen Kompetenz verbundenen Kosten- vorteile wirken positiv auf die **Gewinnmarge.**

Der gemeinsame Kompetenzaufbau im Value System zur Entwicklung neuer Produkte oder Marktpotentiale wirkt vorrangig auf das **Umsatzwachstum** durch die Steigerung

---

[29]   Quelle: Eigene Darstellung.

der Innovationsrate und auf die **Investitionen in das Anlagevermögen**, die geringer als bei einer Entwicklung der Kompetenz im Alleingang ausfallen. Durch die geringeren Investitionsbelastungen einzelner Unternehmen wird das finanzielle Risiko, das mit dem Kompetenzaufbau verbundenen ist, für das einzelne Unternehmen reduziert. Den geringeren Investitionen in das Anlagevermögen beim Kompetenzaufbau stehen jedoch die erforderlichen Initialisierungsinvestitionen in den Netzwerkaufbau gegenüber.

Der Kompetenzaufbau kann innerhalb gemeinsamer anwendungsbezogener Pilotprojekte, durch regelmässigen Erfahrungsaustausch und Benchmarkingprojekte erfolgen. Um gemeinsam auf der Basis der bestehenden Kompetenzen in den Unternehmen neues Wissen zu generieren, müssen die Unternehmen eng zusammenarbeiten. Dieses kann einerseits in gemeinsamen Projekten, andererseits aber auch durch gegenseitigen zeitlich befristeten Personalaustausch zwischen Unternehmen erfolgen. Die ausgetauschten Mitarbeiter werden so zu Know How- und Kompetenzträgern. Sie können anschliessend den Wissenstransfer in geeignete Anwendungsgebiete innerhalb des Value System erleichtern.

(2)   Einsatz moderner Informations- und Kommunikationstechnologien

Zur Unterstützung interorganisationaler Lernprozesse im Value System sind geeignete Informations- und Kommunikationsinfrastrukturen hilfreich. Informations- und Kommunikationstechnologien unterstützen den Lernprozess hinsichtlich des Aufbaus, Transfers und der Speicherung von Wissen über räumliche Entfernungen und Unternehmensgrenzen hinweg. Insbesondere explizites Wissen kann somit schneller im Value System diffundieren und gelangt an die nutzungsrelevanten 'Orte' des Netzwerks. Ein Beispiel sind multimediale Groupware-Systeme (z.B. Lotus Notes, Intranet-Anwendungen, Video-Conferencing etc.) und Datenbanken, welche die Mitarbeiter im Value System miteinander verbindet und Informationen bereitstellen. Die Wirkungen des Einsatzes moderner IKT auf den Unternehmenswert entsprechen der Wirkungsweise, wie sie im Rahmen der Effizienzsteigerungs-Strategie dargestellt worden ist (siehe Kapitel 6.2.1.1).

Die Wirkungen der Strategien auf die Wertgeneratoren sind in der folgenden Valcor-Matrix nochmals zusammengefasst dargestellt. Die Zuordnung der Strategien bzw. Massnahmen zu den Wertgeneratoren erfolgte in der Tabelle schwerpunktartig (siehe Tab. 6-1).

Wertgeneratoren	Netzwerkpotential (Zeit-, Kosten-, Kompetenz-, Informations-, Flexibilitäts- Marktzutritts- und Kapazitätsvorteile)	Gen. Strategie
Umsatzwachstum (Wachstums -rate, Wachstumsdauer)	• **Einzigartige Kombination von Kompetenzen** führt zu Imitations- und Markteintrittsbarrieren gegenüber Wettbewerbern.	2
	• **Aufbau neuer Kompetenzen und Internalisierung von Kompetenzen** durch **interorganisationales Lernen** beschleunigt den Aufbau von Wissen und Kompetenzen.	3
	• Gemeinsame Erschliessung neuer Marktchancen durch **Ausschöpfung der Multiplikationsmöglichkeiten von Kompetenzen.**	2
	• Frühe Marktpräsenz (First Mover-Effekte) durch **Konzentration auf Kernkompetenzen** führt zu Mengeneffekten (Absatz).	2,3
Gewinnmarge	• **Unternehmensübergreifende Prozessorganisation** führt zu Kosten und Zeitvorteilen, z.B. Abbau doppelter Qualitätskontrollen, Reduzierung von DLZ, geringere Lagerhaltung, verbesserte Informationsversorgung und Planung).	1
	• **Einsatz moderner IKT** ermöglicht schnellere Kommunikation und senkt Informationsbeschaffungszeiten und Kosten.	1,2,3
	• **Vereinbarung von Rahmenverträgen** führt zur Senkung der Transaktionskosten und zu verbesserten Kapazitätsplanungen.	1
	• **Gemeinsame Projekte** (Erfahrungsaustausch und Benchmarking) führen zu Lerneffekten und Kostensenkungen.	3
	• **Konfiguration von Kompetenzen, Multiplikation und Lerneffekte** führen zu Zeitvorteilen (**First Mover Effekte**), die sich in der Durchsetzung höherer Verkaufspreise am Markt und geringere Stückkosten widerspiegeln (Mengeneffekt).	2
	• **Kombination von Fähigkeiten und Ressourcen** im Value System führen zu höheren **Imitationsbarrieren** und bieten die Chance supranormaler Gewinne durch höhere Verkaufspreise.	2
	• **Verlagerung wertschöpfender Aktivitäten** an Orte, an denen sie optimal ausgeführt werden können, führt zur Reduktion der Kosten.	1
Investitionen ins AV und UV	• **Desinvestitionen** von Anlagen, **Vermeidung und Verlagerung von Investitionen** in Anlagen, die nicht zum Kerngeschäft gehören (Outsourcing).	1,2,3

Tab. 6-1: Positive Werteffekte generischer Netzwerkstrategien in Value Systems auf den Unternehmenswert (Zuordnung erfolgte schwerpunktmässig)[30]

---

30 Quelle: Eigene Darstellung.

Durch die **Effizienzsteigerungs-Strategie** können die Gewinnmarge erhöht und Investitionen in das Umlaufvermögen reduziert werden. Diese Wirkungen erhöhen den Unternehmenswert. Kurzfristig unternehmenswertsenkend wirken dagegen die erforderlichen Investitionen in das Anlagevermögen. Die Umsatzwachstumsrate und die Wachstumsdauer werden nicht direkt durch die Strategie beeinflusst (siehe Tab. 6-2).

Die **Kompetenz-Leveraging-Strategie** beeinflusst alle Wertgeneratoren direkt (siehe Tab. 6-2). Die Umsatzwachstumsrate wird durch die Multiplikation bestehender Kompetenzen in neue Märkte stark erhöht. Durch die Konfiguration der Kernkompetenzen im Value System ergeben sich Imitationsbarrieren gegenüber Wettbewerbern, die sich positiv auf die Wachstumsdauer auswirken. Die Gewinnmarge wird durch First Mover-Vorteile erhöht.

Hinsichtlich der Investitionen ergibt sich eine gegenläufige Wirkung: Erforderlichen Investitionen in die Infrastruktur und den Netzwerkaufbau stehen Desinvestitionen in Anlagen ausserhalb der Kernkompetenzen gegenüber. Gleiches gilt für das Umlaufvermögen. Während in den Wachstumsbereichen auch in das Umlaufvermögen investiert werden muss, kann in Nicht-Kernbereichen durch Outsourcing desinvestiert werden.

Die **Kompetenz-Aufbau-Strategie** ist von ihren Wirkungen mit der Kompetenz-Leveraging-Strategie vergleichbar. Die Wirkung auf die Wachstumsrate fällt tendenziell etwas geringer aus, da sich der Kompetenzaufbau lediglich auf die Erschliessung eines Nutzenpotentials bezieht.[31] Die Wirkung auf die Wachstumsdauer ist stärker, da die Neuigkeit der Kompetenz die Imitationsbarriere gegenüber Wettbewerbern nochmals erhöht. Die Gewinnmarge wird durch erzielbare First Mover-Vorteile erhöht. Unternehmenswertsenkend dagegen wirken zum einen die Investitionen in erforderliche Infrastrukturen und den Personalbedarf und zum anderen die durch das erhöhte Umsatzwachstum bedingten Investitionen in das Umlaufvermögen.

Die folgende Tabelle fasst die qualitativen Wirkungen der Strategien auf die Wertgeneratoren und den Unternehmenswert zusammen (siehe Tab. 6-2).

---

[31]   Von dem Wertvolumen der einzelnen Nutzenpotentiale als weitere Einflussgrösse auf die Stärke der Wertwirkungen soll an dieser Stelle abstrahiert werden.

Nutzen-potentiale \ Wertgene-ratoren	Umsatz-wachstums-rate	Umsatz-wachstums-dauer	Gewinn-marge	Investition ins Anlage-vermögen	Investition ins Umlauf-vermögen
Effizienz-steigerungs-Strategie	O	O	+ +	+	−
Kompetenz-Leveraging-Strategien	+ +	+	+ +	$\pm$	$\pm$
Kompetenz-Aufbau-Strategie	+	+ +	+	+ +	+

Legende:	+ +	starker erhöhender Einfluss	O	keinen direkten Einfluss
	+	erhöhender Einfluss	−	reduzierender Einfluss
	$\pm$	gegenläufiger Einfluss, wobei der obere überwiegt		

Tab. 6-2: Wirkungen der generischen Strategien (Zusammenfassung)[32]

6.2.2 Risiken in Value Systems

Das Engagement eines Unternehmens in einem Value System birgt neben den Chancen auch vielfältige Risiken. Die folgenden Risiken konnten identifiziert werden (siehe Abb. 6-12).

Potentielle Risiken
• Kompetenzverlust　　　　• Ausscheiden von Partnern • Vertrauensmissbrauch　　• Übernahmerisiko • Wertverteilungskonflikte

Abb. 6-12: Potentielle Risiken in Value Systems[33]

---

32   Quelle: Eigene Darstellung.

33   Quelle: Eigene Darstellung.

(1)   Kompetenzverlust

Ein hohes Risiko für ein Unternehmen im Value System entsteht aus der Notwendigkeit, dass es im Netzwerk seine Kernkompetenzen zu einem gewissen Grad offenlegen und teilen muss. Dies widerspricht dem Prinzip des Schutzes von Kernkompetenzen[34] zur Wahrung nachhaltiger Wettbewerbsvorteile. Kernkompetenzen dürfen nicht im Zuge von Partnerschaften preisgegeben werden. Da die Unternehmen im Value System voneinander lernen können, entsteht eine gegenseitige Substitutionsbedrohung, d.h. mit der Zeit werden die Partner fähig sein, sich Kernkompetenzen der anderen Unternehmen teilweise oder ganz durch Internalisierung anzueignen. Durch die Möglichkeit der gegenseitigen Internalisierung von Kompetenzen in Value Systems erfahren die Kernkompetenzen einzelner Unternehmen eine beschleunigte Entwertung.[35] Je stärker eine Kernkompetenz organisatorisch eingebunden ist, desto schwieriger ist deren Internalisierung durch die Netzwerkpartner. Die Verankerung der Kernkompetenzen ist beispielsweise in japanischen Unternehmen ungleich stärker als in westlichen. Das ist u.a. auch ein Grund für die oft ungleiche 'Ausbeute' an internalisierten Kernkompetenzen in japanisch-westlichen Allianzen.[36]

Ein Unternehmen muss von Fall zu Fall entscheiden, ob bei einem Eintritt in ein Value System die allgemeinen Vorteile oder die Nachteile des Know How-Abflusses an die Partner überwiegen. Ein möglicher Ansatz zur Lösung des obengenannten Problems ist der Aufbau einer Vertrauensbasis, die den beteiligten Unternehmen Sicherheit gibt. Inwieweit sich die Internalisierung der eigenen Kompetenzen durch Partner tatsächlich verhindern lässt, bleibt fraglich.

In bezug auf die generischen Strategien bewegen sich die beteiligten Unternehmen in einem Spannungsfeld zwischen Transparenz und Nachhaltigkeit ihres kompetenzbasierten Wettbewerbsvorteils. Zum einen müssen Unternehmen ihren Netzwerkpartnern Einblick in die eigenen Fähigkeiten und Kompetenzen gewähren, um die Vorteile des Value Systems durch z.B. Leveraging der eigenen Kompetenzen zu nutzen. Andererseits kann vollständige Transparenz zur Erosion des eigenen Wettbewerbsvorteils und zur Vernichtung supranormaler Gewinne führen. Die Intransparenz

---

[34]   Vgl. Kapitel 2.4.4.2.

[35]   Vgl. Bellmann, Hippe (Kernthesen), S.68.

[36]   Vgl. Rasche (Kernkompetenzen).

der Unternehmen bezüglich ihrer Kompetenzen ist ein Schutz zur Bewahrung bestehender Wettbewerbsvorteile.

Das Risiko des Kompetenzverlusts besteht grundsätzlich bei allen Netzwerkstrategien. Der Grad der erforderlichen Transparenz ist für die generischen Strategien unterschiedlich. Die Strategie des gemeinsamen Aufbaus und der Internalisierung von Kompetenzen setzt grundsätzlich ein höheres Mass an Transparenz voraus als die Strategien zur Konfiguration und zur Multiplikation von Kompetenzen. Unternehmen, die nicht in dem Bewahren von Bestehendem verharren, sondern neue Chancen durch Value Systems nutzen wollen, müssen sich zu Offenheit und Transparenz gegenüber Kooperationspartnern bekennen. Inwieweit Öffnung und Transparenz im Value System sinnvoll ist, hängt massgeblich von den potentiellen Chancen und der Partnerunsicherheit ab. Konkretere Aussagen hierzu sind nicht pauschal möglich, sondern hängen vom jeweiligen Einzelfall ab.

(2)   Vertrauensmissbrauch

Vertrauensmissbrauch durch einen Partner beschreibt das Risiko, dass Unternehmen andere Netzwerkpartner gezielt übervorteilen. Beispielsweise können Partner neu erworbene Kompetenzen oder Informationsasymmetrien verwenden, um selbst auf dem Markt des Kooperationspartners als neuer Wettbewerber aktiv zu werden. In diesem Risiko spiegelt sich das Spannungsverhältnis zwischen opportunistischem Verhalten der Partner einerseits, und Vertrauen auf Reziprozität, also auf das Vertrauen für eine Leistung eine Gegenleistung zu erhalten, andererseits wider.

In der Literatur finden sich viele spieltheoretische Überlegungen zu Kooperationen und zu den gewinnbringenden Verhaltensweisen.[37] Axelrod[38] zieht seine Schlüsse aus einem von ihm durchgeführten Computerturnier, für das man beliebige Strategien einschicken konnte. Das Turnier wurde über 200 Runden gespielt, da man bei einem einmaligen Zug das Gefangenendilemma[39] eine Kooperation als sehr unwahrscheinlich erscheinen lässt. Auf eine ausführlichere Herleitung sei an dieser Stelle verzichtet. Der Sieger des Turniers war eine der einfachsten aller eingesandten Strategien. In der ersten Runde kooperierte diese Strategie und in den nächsten Zügen kopierte sie das

---

37   Vgl. Teichert (Erfolgspotential), S.67ff., Kösel (Technologiekooperation), S.44ff., Bierhoff (Motivation), S.21ff., Axelrod (Evolution).

38   Vgl. Axelrod (Evolution).

39   Zum Gefangenendilemma vgl. Axelrod (Evolution), S.7ff.

Verhalten des Partners im vorangegangenen Zug. Die Strategie wurde 'Tit for Tat' genannt.[40] Im allgemeinen waren Programme, die auf Kooperationsbereitschaft programmiert waren und für unkooperative Züge des Partners im nächsten Zug Vergeltung übten, erfolgreicher als solche, die die Kooperationsbereitschaft des Partners auszunutzen versuchten, weil diese Strategie meistens in eine gegenseitige Blockade führte. Axelrod führt den Erfolg von 'Tit for Tat' auf „[...] a combination of being nice, retaliatory, forgiving, and clear" zurück.[41] Als Fazit aus seinen Erkenntnissen leitete Axelrod vier Ratschläge für die Bewältigung eines iterativen Gefangenendilemmas ab: „Sei nicht neidisch!", „sei nicht der erste, der betrügt!", „erwidere beides, Kooperation und Betrug!" und „sei nicht zu schlau!".[42]

(3) Wertverteilungskonflikt

Die Wahrscheinlichkeit von Wertsteigerungen durch die Kooperation ist u.a. von den einzelnen Geschäfts- und Unternehmensstrategien der Partner abhängig (Strategic Intent). Die Bereitschaft des einzelnen Partners, Ressourcen und Kompetenzen in die Kooperation einzubringen, hängt stark von der Komplementarität der Nutzenpotentiale (Marktpotentiale) ab, die zusammen erschlossen werden sollen. Sind diese aufgrund eines ähnlichen Strategic Intent gleicher Natur, nimmt die Gefahr von Wertverteilungskonflikten zu.[43] Dieses gilt somit insbesondere für Nutzenpotentiale, die von Unternehmen gemeinsam erschlossen werden sollen. Um das Risiko von Wertverteilungskonflikten zu reduzieren, werden häufig Gesellschaften zur gemeinsamen Erschliessung des Nutzenpotentials gegründet, z.B. Joint Venture Gesellschaften. An diesen Gesellschaften hält jede der beteiligten Unternehmen einen bestimmten Gesellschaftsanteil. Durch die organisatorische Abgrenzung des Joint Ventures können Aufwände und Erträge auf der Basis des Gesellschaftsanteils den Partnern einfacher zugeordnet werden. In Value Systems werden keine eigenständigen Gesellschaften

---

[40]   Erfolgreicher als 'Tit for Tat' ist eine Weiterentwicklung, die mit einer bestimmten Wahrscheinlichkeit ein vielleicht versehentliches Betrügen des Partners vergab. Zusammenfassend zeigten alle Simulationen, dass es für den wahren Egoisten am gewinnbringendsten ist zu kooperieren und auch mal einen Fehltritt des Partners zu verzeihen. Vgl. Wedekind, Camenzind-Künzli (Stichlinge), S.46f.

[41]   Axelrod (Evolution), S.54.

[42]   Vgl. Axelrod (Evolution), S.110.

[43]   Vgl. Zettel (Organisation), S.186.

gegründet. Die Kooperation erfolgt auf der Basis von Kooperationsverträgen zwischen rechtlich selbständigen Unternehmen.

Um Wertverteilungskonflikte in Value Systems zu vermeiden, sollten im Vorfeld klare vertragliche Regelungen über den Kooperationsgegenstand, die Verteilung von Aufwand und Ertrag etc. vereinbart werden. Gleichzeitig verursacht die Vereinbarung der vertraglichen Grundlagen Kosten und ist häufig zeitintensiv. Die Herausforderung besteht darin, ein sinnvolles Mass zwischen vertraglicher Absicherung und dem damit verbundenen Aufwand zu finden. Weiterhin erfordert die Zusammenarbeit zwischen Unternehmen gegenseitiges Vertrauen der Partner. Reziprozität (das Vertrauen durch die erbrachte Vorleistung eine Gegenleistung zu erhalten) ist eines der wesentlichen Prinzipien in Value Systems. Für die erfolgreiche Zusammenarbeit im Value System ist es entscheidend, win-win-Situationen für alle beteiligten Partner zu schaffen.

Für Unternehmen, die die Strategie des gemeinsamen Aufbaus von Kompetenzen durch die Zusammenarbeit im Value System verfolgen, gibt es eine weitere Facette dieses Risikos. Im Falle der Beendigung der Kooperationsbeziehung besteht die Gefahr, dass ein Partner die Kompetenzen aufgrund der Angehörigkeit von Kompetenzträgern zu seinem Unternehmen für sich nutzen kann, während andere Unternehmen den Zugriff auf die Kompetenzen verlieren. Ähnlich gelagert ist das Risiko, dass Mitarbeiter, insbesondere hochqualifizierte Spezialisten, durch Kooperationspartner abgeworben werden.

(4)   Ausfall von Partnern

Kooperationspartner können aus einem Value System vor dem Erreichen der angestrebten Ziele ausscheiden. Ursachen hierfür können z.B. wirtschaftliche Gründe des Unternehmens, wie die Verschlechterung der Geschäftskonditionen, Konflikte zwischen den Partnern oder Naturkatastrophen und Unglücke sein.

Investitionen in den Aufbau des Value Systems und in gemeinsame Projekte können im Falle einer Auflösung des Netzwerks oder des Ausscheidens eines Partners teilweise verloren sein. Dieses Risiko ist besonders hoch bei grosser Umwelt-, Partnerund Aufgabenunsicherheit sowie bei hohen transaktionsspezifischen Investitionen.[44]

---

[44]   Vgl. Williamson (Institutionen).

(5)   Übernahmerisiko

Das Eingehen von Kooperationen in Value Systems begründet zwar keine rechtliche Abhängigkeit, kann aber die wirtschaftliche Abhängigkeit eines Unternehmens erhöhen und somit zu einem Verlust an Autonomie führen. Insbesondere bedingt die Konsensfindung im Value System das Eingehen von Kompromissen und Zugeständnissen. Dem Verlust an Autonomie steht der Nutzen aus dem Value System gegenüber. Das Regulativ für dieses Dilemma ist die Verteilung des Aufwands und des Nutzens (Aufwandsverrechnung und Margenverteilung) zwischen den Partnern. Weiterhin besteht die Gefahr eines totalen Verlustes an Autonomie durch die Übernahme des Unternehmens durch einen Partner aus dem Value System. Inwieweit das Risiko einer Übernahme in Value Systems grösser oder geringer ist als in bilateralen Kooperationen, bleibt offen. Entscheidend für die Höhe dieses Risikos ist weniger die Art der Kooperation, als eher die Grössenunterschiede zwischen den Unternehmen und die Höhe der finanziellen Ressourcen, die ein Unternehmen zum Zwecke einer Unternehmensübernahme mobilisieren kann.

Abschliessend werden die Charakteristika der drei generischen Netzwerkstrategien in einer Übersicht zusammenfassend dargestellt (siehe Tab. 6-3).

6.2.3 Abgrenzung der generischen Strategien (Übersicht)

Kriterien	Effizienzsteigerungs-Strategie	Kompetenz-Leveraging-Strategie	Kompetenz-Aufbau-Strategie
Ziele aus der Sicht eines Unternehmens	• Steigerung der Effizienz unternehmens-übergreifender Geschäftsprozesse	• Erschliessung von Nutzenpotentialen durch die multiplikative Anwendung bestehender (Kern-) Kompetenzen	• Aufbau und Weiterentwicklung von Kernkompetenzen
Marktpotentiale	• Ausbeutung bestehender Marktpotentiale	• Erschliessung neuer und verbesserte Ausbeutung bestehender Marktpotentiale	• Erschliessung neuer und verbesserte Ausbeutung bestehender Marktpotentiale
Phasen im Lebenszyklus der Märkte / Marktpotentiale	• Reife- bzw. Niedergangsphase von bestehenden Marktpotentialen	• Entstehungs- und Wachstumsphase	• Entstehungs-, Wachstums- und Reifephase
Zugrunde-liegende Unternehmensstrategie	• Abschöpfungsstrategie, Kostenführerschaft, Konsolidierung	• Wachstumsstrategie	• Wachstumsstrategie, • Risk-Sharing
Nachhaltigkeit des Wettbewerbsvorsprungs	• gering bis mittel, (basiert hauptsächlich auf technologischen Lösungen)	• hoch, (basiert auf der einzigartigen Konfiguration der Kernkompetenzen)	• hoch, (basiert auf dem Aufbau einzigartiger Kernkompetenzen)
Strategische Flexibilität	• gering bis mittel, erhöhte Bindungsintensität aufgrund organisatorisch-technologischer Lösungen	• hoch, abhängig von der Qualität der kollektiven Komplementaritätskompetenzen	• gering bis mittel, je nach der Art der aufzubauenden Kompetenzen
Marktvolatilität	• niedrig bis mittel	• hoch	• mittel
Risiko	• gering	• mittel	• hoch
Grad der Wissensteilung	• gering	• mittel	• hoch

Tab. 6-3: Abgrenzung der drei generischen Netzwerkstrategien anhand ausgewählter Kriterien[45]

---

[45] Quelle: Eigene Darstellung.

6.3 Fazit

Value Systems stellen zum einen ein Nutzenpotential zur Steigerung des Wertes der am Netzwerk beteiligten Unternehmen dar. Zum anderen dienen sie zur Erschliessung attraktiver Marktpotentiale. Zur Erschliessung dieser Nutzenpotentiale in und durch Value Systems wurden drei generische Strategien identifiziert, beschrieben und gegeneinander abgegrenzt.

Um die wertsteigernden Wirkungen der generischen Strategien darzustellen, wurden die Zusammenhänge zwischen Unternehmenswert, Wertgeneratoren, Nutzenpotentialen und den generischen Strategien beschrieben.

Die generischen Strategien dienen als logische Verbindung zwischen attraktiven Nutzenpotentialen und den Wertgeneratoren. Mit Hilfe von Wirkungsdiagrammen, die die Wirkungen strategiezugehöriger Massnahmen zeigen, kann der qualitative Zusammenhang zwischen Nutzenpotential und Unternehmenswert hergestellt werden.

Als Fazit kann festgehalten werden, dass die kompetenzbasierten Strategien 'Kompetenz-Leveraging' und 'Kompetenz-Aufbau' in Value Systems, vorrangig Wachstumsstrategien der beteiligten Unternehmen, unterstützen. Die Effizienz-steigerungs-Strategie, als dritte generische Netzwerkstrategie, unterstützt dagegen eher die Unternehmensstrategie der 'Kostenführerschaft'. Durch die Netzwerkstrategien kann der Wert eines Unternehmens gesteigert werden, wobei die tatsächlichen Wertsteigerungsmöglichkeiten stets vom Einzelfall abhängig sind. Weiterhin sind quantitative Aussagen über die Höhe der Wertsteigerung nicht möglich.

Den Chancen durch Value Systems stehen aber auch Risiken für die beteiligten Unternehmen gegenüber. Diese Risiken sind um so grösser, wenn das Denken der Netzwerkpartner auf die opportunistische Vorteilnahme für das eigene Unternehmen ausgerichtet ist, ohne dabei das Netzwerk als Einheit im Wettbewerb zu betrachten. Risiken lassen sich im Vorfeld einer Kooperation nicht völlig ausräumen, jedoch unterstützt die Sensibilisierung für mögliche Gefahren die Chance, negative Entwicklungen frühzeitiger zu erkennen und gegebenenfalls steuernd einzugreifen.

In dem folgenden Kapitel sollen die Ausgangssituation, Ziele und eingeleitete Massnahmen der Huber+Suhner AG exemplarisch beschrieben werden, die zum Aufbau eines Value Systems führen. Der Case beschreibt das frühe Stadium des Aufbaus eines Value Systems in der Huber+Suhner Pilot Site. Er dient zur Illustration der bisherigen Ausführungen in dieser Arbeit.

7 Fallstudie Huber+Suhner AG und Pilot Site

7.1 Huber+Suhner AG

Die Huber+Suhner AG (H+S) ist ein Schweizer Industrieunternehmen mit Hauptsitz in Herisau und in Pfäffikon (ZH). Die H+S AG ist ein weltweit aktiver, innovativer Nischenanbieter in den Geschäftsfeldern Kommunikationstechnik, Energieübertragung und Werkstofftechnik. Neben ganzen Lagersortimenten (z.B. Hochfrequenz-Verbinder) werden in erster Linie Systemlösungen und Spezialanfertigungen nach Kundenanforderungen entwickelt und angeboten. H+S verfügt über Tochtergesellschaften in Deutschland, Frankreich, USA, Kanada, Großbritannien, Australien, Hongkong und Singapur, die hauptsächlich Vertriebs- und Marketingfunktionen ausüben. Die genannten Tochtergesellschaften bilden zusammen mit dem Stammhaus der H+S AG die H+S Gruppe. Die Globalisierung ihrer Kunden führt bei H+S zur globalen Ausweitung der eigenen Aktivitäten, insbesondere von Vertrieb und Produktion. Das Produktionsnetzwerk der H+S Gruppe besteht derzeit aus vier Produktionsunternehmen mit zwei Standorten in der Schweiz und jeweils einem in England und den USA. Geplant ist ein fünfter Standort in Fernost (siehe Abb. 7-1). Die Koordination der Aktivitäten innerhalb des Netzwerks erfolgt derzeit noch zentral von der Schweiz aus.

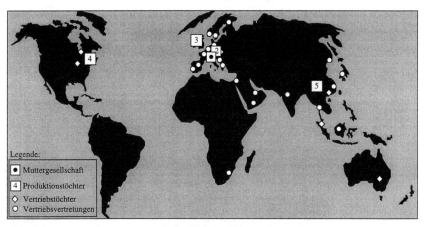

Abb. 7-1: Unternehmensnetzwerk der Huber+Suhner Gruppe[1]

---

[1]   Quelle: Eigene Darstellung.

Zusammen mit den Partnerunternehmen verfügt H+S somit über ein umfassendes Netzwerk mit Niederlassungen in über 30 Ländern. Die ca. 25-30 Partnerunternehmen, Vertretungen und Repräsentanzen sind rechtlich unabhängig und agieren somit weitgehend selbständig.

Die Huber+Suhner AG entstand 1969 durch den Zusammenschluss der R. u. E. Huber AG (Pfäffikon, gegründet 1882) und der Suhner AG (Herisau, gegründet 1864) und beschäftigte 1996 ca. 3000 Mitarbeiter, davon rund 2100 in der Schweiz. Die Mitarbeiter der H+S Gruppe[2] erzielten 1996 einen Umsatz von ca. 600 Mio. Sfr. und somit einen Umsatzzuwachs von 9,6% gegenüber dem Vorjahresumsatz. Im Stammhaus stieg der Umsatz 1996 gegenüber 1995 um 7,6% auf ca. 488 Mio. Sfr. Der Exportanteil am Umsatz beträgt 70% in 1996 gegenüber 67% in 1995. Der Ertrag der H+S Gruppe belief sich für 1995 auf ca. 35,8 Mio. Sfr. 7-8% ihres jährlichen Umsatzes investiert die H+S AG in die Entwicklung von Produkten und Verfahren sowie die Erschliessung neuer Anwendungsbereiche.

Die H+S AG ist nach Fachbereichen und Geschäftsbereichen organisiert. Die Fachbereiche sind F&E, Finanz- und Rechnungswesen, Logistik, Personalwesen und der strategische Einkauf. Der Produktionsbereich ist in fünf Geschäftsbereiche (GB) aufgegliedert: Energie- und Signalübertragung, Nachrichtenübermittlung - Hochfrequenzverbindungstechnik, Nachrichtenübermittlung - Funk- und optische Übertragung, Werkstofftechnik - Spezialwerkstoffe Herisau und Pfäffikon. Alle Geschäftsbereiche verfügen jeweils über ihren eigenen Einkauf. Die Geschäftsbereiche Hochfrequenzverbindungstechnik und Funk- und optische Übertragung machen mehr als die Hälfte des Umsatzes aus. Im folgenden wird der Geschäftsbereich Hochfrequenzverbindungstechnik (GB2) wegen seiner derzeitigen und zukünftigen hohen wirtschaftlichen Bedeutung ausführlicher vorgestellt.

7.2 Geschäftsbereich Hochfrequenzverbindungstechnik

Historische Entwicklung

Bis 1980 konzentrierten sich die Aktivitäten der Huber+Suhner AG an den beiden traditionellen Produktionsstandorten (Pfäffikon und Herisau) auf die Produktion von Kabeln, vornehmlich für den Schweizerischen Markt. 1980 startete eine Gruppe neue

---

2   Quelle: Geschäftsbericht der Huber+Suhner AG 1996.

Geschäftsaktivitäten im Markt für Hochfrequenzkabel und -stecker. Im Jahr 1987 erreichte das Geschäftsvolumen ca. 60 Mio. Sfr. Jahresumsatz, und es wurden 200 Angestellte beschäftigt.

- **GB2 in 1987**

1987 wurde innerhalb der Huber+Suhner AG der Geschäftsbereich Hochfrequenz-verbindungstechnik gegründet (GB2). Dieser Geschäftsbereich produziert neben Hochfrequenzkabeln und -verbindern auch HF-Systeme, die sich durch ein optimiertes Zusammenwirken von Verbindern und Kabeln für spezielle Verwendungszwecke auszeichnen. Der GB2 investierte dazu in aufwendige Mess- und Testeinrichtungen, Fertigungstechnik und in den Know How Aufbau bezüglich Hochfrequenzkabeln und -verbindern.

- **GB2 in 1992**

1992 erreichte der Jahresumsatz im GB2 ca. 100 Mio. Sfr. Ca. 40% dieses Umsatzes entfielen auf Aktivitäten im Bereich Mikrowellentechnik und Fiberoptik. Das hohe Wachstumspotential der Hochfrequenztechnik (HF) wurde deutlich. Im selben Jahr wurden diese Aktivitäten aus dem GB2 ausgesondert und als eigenständiger Geschäftsbereich weitergeführt. Huber+Suhner wurde bekannt für seine qualitativ hochwertigen und zuverlässigen Lösungen für Anwendungsfälle im HF-Bereich mit besonderen Anforderungen. Aufgrund der hochwertigen Leistungen konnten zunehmend global agierende Kunden wie z.b. HP, Motorola und Nokia gewonnen werden.

- **GB2 in 1996**

Der Geschäftsbereich Hochfrequenzverbindungstechnik ist hinsichtlich Umsatz und Ertrag zu einem bedeutenden Standbein in der H+S Gruppe geworden. Die Geschäfts-tätigkeit ist durch eine hohe Marktdynamik geprägt. Der Umsatz wächst jährlich mit zweistelligen Wachstumsraten. Für die nächsten Jahre wird mit einem Marktwachstum von ca. 25-30% gerechnet. Dem GB 2 kommt daher eine hohe Bedeutung für den aktuellen und zukünftigen wirtschaftlichen Erfolg der H+S AG zu. Der Anteil der zugekauften Teile und Materialien beträgt ca. 60-70% der Herstellkosten der Verbinder. Die Fertigung und die Montage im GB 2 machen die restlichen ca. 30-40% der Herstellkosten aus. Der Exportanteil im Hochfrequenz-Bereich (GB2) beträgt über 95%. Ein Schwerpunkt wird auf die Entwicklung des asiatischen Marktes gelegt. Die

H+S AG verfügt über eine Mission, die auch das zukünftige Handeln im GB2 leiten soll: „H+S will in anspruchsvollen Marktnischen mit Wachstumspotential weltweit zu den drei Besten gehören."[3]

Produktprogramm

Zum Produktprogramm des GB2 gehören Koaxial-Verbinder aus der gesamten Palette standardisierter Verbinder, aber auch kundenspezifische Lösungen. Derzeit umfasst das Verbinder-Programm ca. 25.000 Varianten. Die riesige Typenvielfalt im Koaxial-Verbinder-Bereich stellt hohe Anforderungen an die Logistik. Die Koaxialverbinder können sich z.b. nach Frequenzbereich, Impedanz, Kopplungsmechanismus und Gestaltung der Kabelfesthaltung unterscheiden. Der durchschnittliche Lebenszyklus eines Koaxialverbinders beträgt ca. 20-25 Jahre. Neben den Koaxialverbindern werden im GB2 auch Koaxialkabel gefertigt, wobei zwischen Festmantel (semi-rigid) und flexiblen Koaxialkabeln unterschieden wird. Durch die Produktion von Verbindern und Kabeln im GB2 ergibt sich für H+S der Vorteil der Konfektionierung von Verbindern und Kabeln. Somit können in HF-Systemen technische Anforderungen optimal aufeinander abgestimmt werden und für eine optimierte Übertragungsstrecke Kundenwünsche erfüllt werden.

Die Anwendungsgebiete der Koaxialverbinder sind sehr vielfältig. Vorrangig werden die Koaxialverbinder in folgenden Märkten verwendet: Mobilfunktelefone, Sende- und Empfangsstationen (Daten- und Signalübertragung), Luft- und Raumfahrt (Satelliten, Ortungs- und Radarsystemen), Meß- und Laborgeräte und im militärischen Bereich. Für die meisten Kunden der H+S AG, hauptsächlich OEM-Hersteller, stellen diese Produkte typische C-Artikel dar, die lediglich einen geringen Anteil an den Herstellkosten ihrer Produkte ausmachen.

Wertschöpfungsaktivitäten

Die **primären Wertaktivitäten** von H+S sind:

- Beschaffungslogistik: Die Beschaffungslogistik ist durch den Trend zum Global Sourcing geprägt,

- Produktion: Die Produktion der Koaxialverbinder findet derzeit in Herisau (SG) und in England statt,

---

3   Quelle: Marc C. Cappis, Präsident und Delegierter des Verwaltungsrates der Huber+Suhner AG.

- Konfektionierung: Die Konfektionierung der Verbinder mit den Kabeln erfolgt an kundennahen Standorten, z.b. in den USA, England, Deutschland, Schweden und Kanada,

- Absatzlogistik: Fertigartikel-Lager existieren bei den Tochtergesellschaften und Vertretungen,

- Vertrieb: Der Vertrieb ist durch die Globalisierung und die steigenden Anforderungen der Kunden geprägt,

- Kundendienst/Services.

Die Wertschöpfung **unterstützende Aktivitäten** sind Unternehmensinfrastruktur, Informatik, Personalwirtschaft, Technologie-Entwicklung (F&E) und Beschaffung.

Situation und Herausforderungen

Die Situation des GB2 kann folgendermassen beschrieben werden:

(1) **Globalisierung**: Durch die starken Globalisierungstendenzen der Schlüsselkunden im Telekommunikationsbereich (wie z.B. HP, Nokia, Ericsson, Motorola etc.) und die daraus resultierende neue Marktsituation ist der GB 2 gezwungen, einen weltweiten technischen und logistischen Service anzubieten,

(2) **Hohes Marktwachstum**: ca. 25-30%/p.a. im Telekommunikationsmarkt,

(3) **Hohes internes Wachstum** mit abnehmenden Zuwachsraten, das gekennzeichnet ist durch die Globalisierung der Produktionsstandorte,

(4) **C-Teileproblematik**: Huber+Suhner wird von seinen Kunden als C-Artikel-Lieferant betrachtet. Dadurch werden Bestellungen durch die Kunden häufig sehr kurzfristig aufgegeben. Ein dringender Bedarf wegen unzureichender oder fehlender Planung der Artikel durch die Kunden erfordert eine schnelle Reaktionsfähigkeit auf Kundenbestellungen und Änderungswünsche.

Ziele

Ausgehend von dieser Situation verfolgt H+S das Ziel, eine globale Produktion aufzubauen, um dadurch:

- Auf internationalen Wachstumsmärkten im Telekommunikationsbereich präsent zu sein und mitzuwachsen, da das Wachstum weltweit 'enorm' ist,

- den Kunden durch grössere Kundennähe einen umfassenden 'wertschöpfenden' Service vor Ort bieten zu können,

- ungünstige Rahmenbedingungen, wie hohe Kosten, strenge behördliche Auflagen und standortbedingte lange Reaktionszeiten zu umgehen,

- bestehende Handelshemmnisse (Zölle) zwischen z.b. der Schweiz, der EU und den USA zu überwinden und

- Kostensenkungspotentiale auszuschöpfen.

Um die vereinbarten Ziele zu erfüllen, plant H+S, ein Value System aufzubauen. Dieses Value System soll aus den Unternehmen der H+S-Gruppe und geeigneten, rechtlich unabhängigen Kooperationspartnern bestehen. Das Value System soll in der Vision von H+S ein 'Symphonieorchester von spezifischen Lieferanten, Design-, Montage-, Logistik- und Verkaufszentren' darstellen. Damit bewegt sich H+S vom Halbzeughersteller weiter in Richtung zu einem umfassenden Systemhersteller mit umfangreichen Serviceleistungen. Zusätzlich zu den derzeit vereinbarten Zielen soll das Value System nach der Vision von H+S folgende Eigenschaften aufweisen:

- Es soll einen Aktivitätsvorsprung im Zugang zu Märkten und Ressourcen ermöglichen,

- schnelle Informationen über Marktchancen und Trends liefern und

- neben schnellen Anpassungen auf soziale, technische, wirtschaftliche und politische Änderungen auch die pro-aktiven Möglichkeiten zur Gestaltung des unternehmerischen Umfelds bieten.

Massnahmen vor 1995

Die Massnahmen zur Steigerung der Wettbewerbsfähigkeit der H+S AG vor 1995 betrafen in erster Linie die Reduzierung der Fertigungstiefe durch konsequentes Outsourcing. Huber+Suhner verfolgt die Philosophie, verstärkt in die Markt- und Produktentwicklung zu investieren und weniger in den Aufbau von Produktionskapazitäten. Hierin liegt ein wesentlicher Unterschied zu den wichtigsten Konkurrenten in Europa.

Massnahmen nach 1995

Ab 1995 sind die Massnahmen der H+S durch eine stärkere Ausrichtung auf die Erhöhung des Kundennutzens geprägt. Diese Entwicklung wurde insbesondere durch die veränderte Wettbewerbssituation und die Globalisierung der Kunden ausgelöst. Die Geschäftstätigkeit der H+S AG und insbesondere des GB2 ist durch folgenden Leitsatz geprägt: „Alle Aktivitäten sollen dem Kundennutzen dienen". Die übergeordnete Mission (Zielsetzung) lautet: „In anspruchsvollen Nischenmärkten zu den weltweit besten drei Anbietern zu gehören." Zur Erfüllung der Mission werden folgende Strategien verfolgt:

- Unternehmensübergreifende Prozeßgestaltung: H+S AG möchte die bisher selbständig agierenden Tochtergesellschaften stärker in eine prozessorientierte Ablauforganisation einbinden,

- Entwicklung eines neuen Logistik-Konzepts mit mehreren Produktionsstandorten weltweit, die eine effiziente Distribution vom Standort zum Kunden sicherstellen,

- Implementierung globaler Kommunikationsnetzwerke, z.B. die Baan-Software als zukünftige Software-Plattform zur Abwicklung der Logistik-Prozesse,

- Aufbau und Koordination globaler Produktionen,

- Aufbau einer Pilot Site als Untersuchungsfeld für ein strategisches, flexibel konfigurierbares Value System.

Die von Lorenzoni, Ornati[4] identifizierten Stufen[5] können anhand der Entwicklung der Huber+Suhner AG bestätigt werden. Die Huber+Suhner AG befindet sich derzeit in der Stufe 3 der internen polyzentrischen Vernetzung und am Beginn der Stufe 4 'Externe Vernetzung'. Die Stufe 3 ist gekennzeichnet durch den Aufbau neuer direkter Beziehungen zwischen den einzelnen Tochtergesellschaften. Durch die interne Vernetzung soll der Informationsaustausch verbessert und die Transparenz z.B. bezüglich verfügbarer Lagerbestände innerhalb des Netzwerks erhöht werden. Gleichzeitig soll durch direkte Kommunikation die Reaktionsfähigkeit gegenüber den Kunden und Umweltveränderungen gesteigert werden. Die Muttergesellschaft gibt mit der polyzentrischen Vernetzung einen Teil ihres Einflusses auf die Tochtergesellschaften ab. Während früher alle Informationen zwischen den Tochtergesellschaften über die zen-

---

4   Lorenzoni, Ornati (Constellations).

5   Vgl. Kapitel 3.3.3.

trale Muttergesellschaft liefen, wird jetzt verstärkt zwischen den Tochtergesellschaften direkt kommuniziert. Dadurch werden insbesondere die Kontrollmöglichkeiten der Muttergesellschaft und z.T. die Möglichkeiten direkter Einflussnahme auf die Aktivitäten der Tochtergesellschaften zu Gunsten höherer Autonomie und Handlungsfreiräume eingeschränkt.

Mit der schrittweisen Implementierung einer netzwerkeinheitlichen Software (Baan) zur Produktions-, Logistik- und Auftragsabwicklung sollen die Informationsvorteile, insbesondere aus der einheitlichen abgestimmten Datenbasis, gewonnen werden. Das Ziel der polyzentrischen Vernetzung ist ein globales Unternehmensnetzwerk zur Steigerung der Reaktionsfähigkeit auf Kundenwünsche und zur Verbesserung der Marktbearbeitung. Hierfür sind vier Projekte zur Veränderung der Huber+Suhner AG angedacht worden.

Das Projekt 'Internationale Logistik' verfolgt das Ziel der Gestaltung und Harmonisierung globaler Geschäftsprozesse, um durch global beherrschte Logistikprozesse einen optimalen Kundenservice zu gewährleisten.

Im Projekt 'Koordination globaler Produktionen' werden Produktionsstandorte festgelegt, Produktionsprogramme für die Standorte definiert und Strategien zur Beherrschung der Variantenvielfalt erarbeitet.

In einem dritten Projekt 'Informations- und Kommunikationswerkzeuge' werden geeignete Technologien zur unternehmensübergreifenden Kommunikation und Informationsversorgung, wie EDI, Internet, Intranet, Hyperlinks, CORBA und Java, getestet und implementiert. Die geeigneten Technologien bilden die Grundlage für die Gestaltung innovativer Geschäftsprozesse.

Letztlich werden diese drei Projekte durch das Projekt TELE*flow* ergänzt, in dem Ansätze zur ganzheitlichen Gestaltung von Unternehmensnetzwerken und Werkzeuge zur Managementunterstützung entwickelt werden sollen.

Frühzeitig ist von der Unternehmensleitung erkannt worden, dass durch die interne Vernetzung nur ein Teil des möglichen Verbesserungspotentials erschlossen werden kann. Daher wird parallel zur internen polyzentrischen Vernetzung die externe Vernetzung mit ausgewählten Zulieferern, Vertriebspartnern, Logistikdienstleistern und Kunden vorangetrieben. Im Verlauf des Projekts wurde deutlich, dass der Sicherheitsaspekt in der unternehmensübergreifenden Kommunikation von herausragender Bedeutung ist. Moderne Informations- und Kommunikationstechnologien und gesetzliche Bestimmungen bilden die Plattform für sichere Lösungen.

In dieser ersten Phase der externen Vernetzung werden Effizienzsteigerungen durch die Optimierung unternehmensübergreifender Geschäftsprozesse, wie z.B. der Auftragsabwicklung, verfolgt. Alle Aktivitäten sind Teilschritte auf dem Weg zu einer Vision eines globalen Value Systems, in dem die jetzige Muttergesellschaft lediglich noch eine Koordinationsfunktion von Unternehmen übernimmt, die sich auf ihre Kernkompetenzen konzentriert haben (siehe Abb. 7-2).

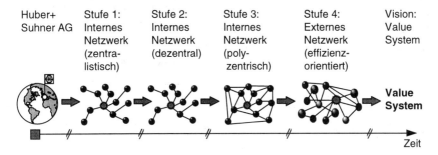

| Huber+
Suhner AG | Stufe 1:
Internes
Netzwerk
(zentra-
listisch) | Stufe 2:
Internes
Netzwerk
(dezentral) | Stufe 3:
Internes
Netzwerk
(poly-
zentrisch) | Stufe 4:
Externes
Netzwerk
(effizienz-
orientiert) | Vision:
Value
System |

Value System

Zeit

Abb. 7-2: Evolution des Unternehmensnetzwerks der H+S AG[6]

7.3 Huber+Suhner Pilot Site

Innerhalb des TELEflow-Projekts wird in der Huber+Suhner Pilot Site ein Value System exemplarisch aufgebaut. Die Pilot Site dient dabei als **Lernfeld** für das Management von Value Systems und als **Kristallisationskeim** für weitere zukunftsweisende Entwicklungen innerhalb und zwischen den beteiligten Unternehmen.

Die Abb. 7-3 zeigt den derzeitigen Aufbau der im Tagesgeschäft kooperierenden Unternehmen innerhalb der H+S Pilot Site. Zum eigentlichen **Value System** gehören derzeit die Unternehmen **Huber+Suhner AG** (CH, Produktion), **H+S GmbH** (D, Vertrieb) und die **Carl Leipold Metallwarenfabrik GmbH** als Zulieferer. Weiterhin sind an der Pilot Site zum Aufbau des Value Systems folgende Unternehmen direkt beteiligt: Die Firma **ATM-Computer GmbH** ist Experte für IKT und Sicherheitsaspekte und gleichzeitig ein Endkunde. Ein weiterer Endkunde ist die Firma **Intracom S.A.** (GR). Als Experte für das Transport- und Lagerwesen ist **Danzas Logistics** (CH) beteiligt. Die **GPS Prof. Schuh Komplexitätsmanagement GmbH** (D) bringt ihr Know How zur Gestaltung der Geschäftsprozesse ein. Das **Institut für Technologie-**

---

6   Quelle: Eigene Darstellung.

management (CH) unterstützt den Aufbau des Value Systems konzeptionell und methodisch.[7]

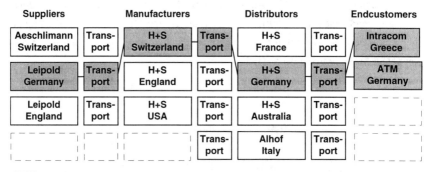

Abb. 7-3: *Value System der Huber+Suhner Pilot Site*[8]

Die Ziele der **H+S AG**[9] für den Aufbau des Value Systems in der Pilot Site sind zum einen, Kompetenz in der Gestaltung und Optimierung von Unternehmensnetzwerken aufzubauen und zum anderen, Netzwerkkompetenz für das Management globaler Value Systems in dynamischen Märkten und im Hinblick auf die Erschliessung neuer Märkte zu erwerben.

Die Geschäftsleitung der **Carl Leipold Metallwarenfabrik GmbH** betrachtet die Teilnahme an der Pilot Site als eine grosse Chance zu lernen („**das Unternehmensnetzwerk als Lernfeld'**). Mit dem Aufbau des Value Systems verfolgt sie die Ziele, innovative organisatorische Strukturen für ein unbegrenztes Wachstum und eine stärkere Markt- und Kundenorientierung („Der Kunde ist entscheidend") zu schaffen.[10]

Die **H+S GmbH** verfolgt das Ziel, die standortübergreifende Zusammenarbeit zwischen Vertrieb und Produktion zu verbessern, die Kosteneffizienz zu steigern und neue Wege zur Generierung von Added Value für die Kunden zu implementieren.

Die Pilot Site befindet sich derzeit in der Design-Phase. Folgende Aktivitäten sind zur Gestaltung des Value Systems durchgeführt worden:

---

7   Zur ausführlicheren Beschreibung der Unternehmen vgl. o.V. (Technical Annex), S.51ff.

8   Quelle: Riggers et al. (Strategies), S.15.

9   Zu den Zielen der H+S AG vgl. auch Abschnitt 7.2.

10   Interview mit Herrn Dr. Schiefer, Vorstandsvorsitzender der Carl Leipold Metallwarenfabrik GmbH am 24.6.1996.

- Unternehmensübergreifende Prozessgestaltung,

- Implementierung von Video-Konferenz-Anlagen und die Einrichtung eines Internet-Servers,

- Identifikation der Informationsbedürfnisse im Value System,

- Erhebung der Kundenanforderungen durch strukturierte Interviews.

Wirkung und Ausblick

Die geplanten und teilweise bereits initiierten Massnahmen der H+S AG dienen dazu, mit der Wachstumsentwicklung der Märkte mitzuhalten und damit der Zukunftssicherung der Gruppe. Eine isolierte Bewertung der bereits ergriffenen Massnahmen ist nicht möglich. Die Massnahmen tragen jedoch zu der Entwicklung des Unternehmenswertes bei. Die Entwicklung des Cash Flows der gesamten H+S Gruppe ist in der folgenden Abbildung dargestellt (siehe Abb. 7-4).

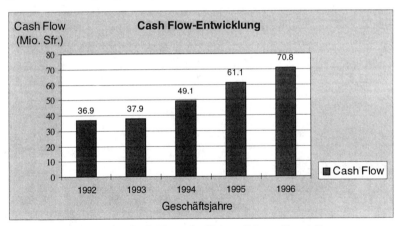

Abb. 7-4: Entwicklung des Cash Flows der Huber+Suhner Gruppe[11]

Die Steigerung des Cash Flows in 1996 gegenüber 1995 kann durch einen höheren Gewinn, höhere Abschreibungen und die Abnahme des Umlaufvermögens erklärt werden. Insbesondere aufgrund einer prozessorientierten Lagerbewirtschaftung konnten 1996 trotz des Umsatzwachstums Lagervorräte abgebaut werden. Somit konnte ein Beitrag zur Reduzierung der Investitionen ins Umlaufvermögen geleistet werden.

---

11   Quelle: Eigene Darstellung in Anlehnung an den Geschäftsbericht der Huber+Suhner AG 1996.

Diese Reduzierung des Umlaufvermögens wirkte sich 1996 positiv auf die Entwicklung des Cash Flows aus.

Die bisherigen Erfahrungen in der Pilot Site machen deutlich, dass der Aufbau eines Value Systems viel Zeit- und Ressourceneinsatz, insbesondere an Managementkapazitäten erfordert. Weiterhin hat sich gezeigt, dass neben den eher organisatorisch technischen Aspekten, wie Prozessgestaltung, Logistik, Informations- und Kommunikationstechnologien, vor allem kulturelle Aspekte für eine erfolgreiche Zusammenarbeit bedeutsam sind.

8 Zusammenfassung und Ausblick

Die Dynamisierung der Umwelt stellt das Management produzierender Unternehmen vor neue Herausforderungen. Sie führt zu Veränderungen der Wertschöpfung dieser Unternehmen und zwingt sie zu strukturellen Anpassungsmassnahmen.

Aus der Situation heraus wurden in der vorliegenden Arbeit Anforderungen und Bausteine für ein innovatives Konzept zur Begegnung dieser Herausforderungen identifiziert. Basierend auf diesen Anforderungen wurde als Lösungsansatz das Konzept eines kompetenzbasierten, strategischen Unternehmensnetzwerks (Value System) entwickelt und dessen Wirkung auf den Wert der beteiligten Netzwerkunternehmen untersucht.

Dabei hat sich gezeigt, dass:

- Unternehmensnetzwerke das Ressourcenpotential der am Netzwerk beteiligten Unternehmen erweitern können;

- Unternehmensnetzwerke selber ein Nutzenpotential (Netzwerkpotential) darstellen und als Instrument zur Erschliessung attraktiver Nutzenpotentiale dienen können;

- Unternehmen ihren Unternehmenswert sowohl durch effizienzorientierte als auch durch kompetenzbasierte Strategien steigern können;

- die Unternehmenswertsteigerung bei den kompetenzbasierten Strategien nachhaltiger ist, als bei rein effizienzorientierten Strategien;

- Unternehmensnetzwerke in dynamischen Umfeldern allen anderen Alternativen zur Erschliessung und Ausbeutung attraktiver Nutzenpotentiale überlegen sind, wenn sie schnell aufgebaut werden können;

- Netzwerkkompetenz eine wichtige Voraussetzung zum schnellen Aufbau von Value Systems ist;

- zur Realisierung des Potentials, das Unternehmensnetzwerke bieten, ein Kompetenzmanagement auf Netzwerk- und Unternehmensebene erforderlich ist.

Wie die oben genannten Aspekte zeigen, stellt der Aufbau und das Betreiben von Value Systems hohe Anforderungen an das Management von Netzwerken (Netzwerkkompetenz). Die Netzwerkkompetenz umfasst dabei Kooperations-, Konfigurations-, Koordinations- und Kompetenzmanagementkompetenz.

Den Chancen durch das Value System stehen aber auch Risiken für die beteiligten Unternehmen gegenüber. Diese Risiken sind um so grösser, wenn das Denken der Netzwerkpartner auf die opportunistische Vorteilnahme für das eigene Unternehmen ausgerichtet ist, ohne dabei das Netzwerk als Einheit im Wettbewerb zu betrachten. Risiken lassen sich im Zusammenhang mit Kooperationen nicht völlig ausräumen, jedoch unterstützt die Sensibilisierung auf mögliche Gefahren die Chance, negative Entwicklungen frühzeitiger zu erkennen und gegebenenfalls steuernd einzugreifen.

Die Verlagerung des Fokus weg von dem einzelnen Unternehmen hin zu Netzwerken und unternehmensübergreifenden Prozessen bietet zahlreiche zusätzliche Wertsteige-rungspotentiale, die bisher weitestgehend sowohl in der Praxis als auch in der Wissen-schaft unberücksichtigt geblieben sind. Die Bedeutung von Kooperationen als Antwort auf die Herausforderungen an das Management produzierender Unternehmen wird daher weiter zunehmen. Die Erforschung des Themengebietes in Richtung umsetzbarer Handlungsanweisungen ist erst am Anfang. Ausgehend von den Ergebnissen dieser Arbeit sind insbesondere folgende Forschungsaspekte noch offen und von hoher Relevanz:

• Das Management von Spannungsfeldern (Dichotomien) bei der Gestaltung von Value Systems.

• Das Projektmanagement als Umsetzungs- und Entwicklungsinstrument auf dem Weg zum Value System.

• Das Management von Wissen hinsichtlich der kompetenzbasierten Strategien auf Unternehmens- und Netzwerkebene.

Die bisherigen Erfahrungen im Rahmen des Projekts-TELE*flow* und in der Huber+Suhner Pilot Site weisen darauf hin, dass das Thema auf vielseitiges Interesse in der Praxis stösst. Weiterhin hat sich gezeigt, dass neben den eher organisatorisch technischen Aspekten, wie Prozessgestaltung, Logistik, Informations- und Kommuni-kationstechnologien, vor allem kulturelle Aspekte für eine erfolgreiche Zusammen-arbeit bedeutsam sind. Die bisherigen Erfahrungen machen deutlich, dass der Aufbau eines Value Systems erheblichen Zeit- und Ressourceneinsatz erfordert.

Literaturverzeichnis

Abell, D.F. (Defining the Business): Defining the Business. The starting point of Strategic Planning, Englewood Cliffs, NJ., 1980.

Alchian, A., Demsetz, H. (Economic Organization): Production, Information Costs and Economic Organization. In: American Economic Review, 72, 1972, S.777-795.

Anderson, J.C., Håkansson, H., Johanson, J. (Relationships): Dyadic Business Relationships Within a Business Network Context. In: Journal of Marketing, Vol. 58, October 1994, S.1-15.

Ansoff, I. (Corporate Strategy): Corporate Strategy. McGraw-Hill, New York 1965.

Aoki, M., Gustafsson, B., Williamson, O.E. (Nexus): The firm as a nexus of treaties. Sage, London 1990.

Axelrod, R. (Evolution): The Evolution of Cooperation. New York 1984.

Badaracco, J.L. (Knowledge link): The knowledge link. How firms compete through strategic alliances. Harvard Business School, Boston, Mass. 1991.

Bain, J.S. (Barriers): Barriers to new Competition, Cambridge, Mass. 1956.

Band, W.A. (Werte): Werte für den Kunden schaffen: Besonderer Kundenservice durch ganzheitliche Unternehmensstrategie. Ueberreuter Verlag, Wien 1992.

Barney, J.B. (Resources): Firm Resources and Sustained Competitive Advantage. In: Journal of Management, 17, 1991, S.99-129.

Bartlett, G, Ghosal, S. (Globalisation): Managing across Borders. The Transnational Solution. Harvard Business School Press, Boston MA. 1989.

Bea, F.X., Haas, J. (Strategisches Management): Strategisches Management. G. Fischer Verlag, Stuttgart, Jena 1995.

Beecker, R. (Speed-Management): Speed-Management zur Steigerung des Unternehmenswertes. Dissertation Nr. 1798 der HSG, Verlag Paul Haupt, Bern, Stuttgart, Wien 1996.

Beer, S. (System): Diagnosing the System for Organizations. John Wiley & Sons, Chichester, New York 1985.

Beglinger, V., Bloch, W., Rühli, E. (Multiplikation): Multiplikation von Know-how in fragmentierten Geschäftsbereichen. In: Die Unternehmung, 46 (3), 1992, S.153-163.

Bellmann, K., Hippe, A. (Kernthesen): Kernthesen zur Konfiguration von Produktionsnetzwerken. In: Bellmann, K., Hippe, A. (Hrsg.), Management von Unternehmensnetzwerken: Interorganisationale Konzepte und praktische Umsetzung. Gabler, Wiesbaden 1996, S.55-85.

Bellmann, K., Hippe, A. (Netzwerkansatz): Netzwerkansatz als Forschungsparadigma im Rahmen der Untersuchung interorganisationaler Unternehmensbeziehungen. In: Bellmann, K., Hippe, A. (Hrsg.), Management von Unternehmensnetzwerken: Interorganisationale Konzepte und praktische Umsetzung. Gabler, Wiesbaden 1996, S.3-18.

Belz, C. (Leistungssysteme): Leistungssysteme. In: Belz, C. (Hrsg.), Leistungs- und Kundensysteme. Thexis, St. Gallen, 1997, S.12-39.

Belz, C. (Marketing): Vom De- zum Konstruktiven: Strategisches Kunden-Marketing. In: Disch, W.K.A., Wilkes, W. (Hrsg.), Alternatives Marketing, Ideen - Erkenntnisse - preisgekrönte Beispiele. Verlag Moderne Industrie, Landsberg/Lech 1993, S.73-107.

Bensaou, M., Venkatraman, N. (Relationships): Interorganizational Relationships and Information Technology: A conceptual synthesis and a research framework. In: Baets, W.R.J. (Hrsg.), 2. European Conference on System Science (ECIS), Breukelen, Netherland, May 30-31, Vol. III, University Press, Nijenrode 1994, S.450-462.

Bierhoff, H.W. (Motivation): Soziale Motivation kooperativen Verhaltens. In: Wunderer, R. (Hrsg.), Kooperation. Gestaltungsprinzipien und Steuerung der Zusammenarbeit zwischen Organisationseinheiten. Poeschel, Stuttgart 1991, S.21-38.

Binder, V.A., Kantowsky, J. (Potentialorientiertes Management): Potentialorientiertes Management. Eine Standortbestimmung. Diskussionsbeiträge Nr. 15, Institut für Betriebswirtschaft an der Universität St. Gallen (HSG), St. Gallen 1995.

Binder, V.A., Kantowsky, J. (Technologiepotentiale): Technologiepotentiale. Neuausrichtung der Gestaltungsfelder des Strategischen Technologiemanagements.

Gemeinschaftsdissertation Nr. 1799 der HSG, Deutscher Universitätsverlag, Wiesbaden 1996.

Blankenagel, M. (Unternehmensentwicklung): Ein funktionen- und objektorientierter Bezugsrahmen als Ansatzpunkt für das Management der Unternehmensentwicklung. Dissertation Nr. 1236 der HSG, St. Gallen 1991.

Bleeke, J., Bull-Larsen, Th., Ernst, D. (Wertsteigerung): Wertsteigerung durch Allianzen. In: Bronder, C., Pritzl, R. (Hrsg.), Wegweiser für strategische Allianzen. Gabler, Wiesbaden 1992, S.103-125.

Bleicher, K. (Change Management): Change Management - Das Prinzip Vertrauen als neue Herausforderung. In: Burckhardt, W. (Hrsg.), Schlank, intelligent und schnell. So führen Sie Ihr Unternehmen zur Hochleistung. Gabler, Wiesbaden 1992, S.185-204.

Bleicher, K. (Integriertes Management): Das Konzept Integriertes Management. 2. revidierte und erweiterte Auflage, Campus-Verlag, Frankfurt/Main, New York 1992.

Bleicher, K. (Kernkompetenz): Management - Kritische Kernkompetenz auf dem Weg zur virtuellen Unternehmung. In: Schuh, G., Wiendahl, H.P. (Hrsg.), Komplexität und Agilität. Festschrift zum 60. Geburtstag von Professor Walter Eversheim. Springer, Berlin, 1997, S.12-24.

Bleicher, K. (Management): Management - Kritische Kernkompetenz auf dem Weg zur virtuellen Unternehmung. In: Schuh, G., Wiendahl, H.-P. (Hrsg.), Komplexität und Agilität. Springer, Berlin 1997, S.12-24.

Bleicher, K. (Normatives Management): Normatives Management, Politik, Verfassung und Philosophie des Unternehmens. Campus-Verlag, Frankfurt/Main, New York 1994.

Bleicher, K. (Organisationsformen): Neue Arbeits- und Organisationsformen: Der Weg zum virtuellen Unternehmen. In: Office Management, 44 (1-2), 1996, S.10-15.

Bleicher, K. (Vertrauen): Vertrauen als kritischer Faktor. In: Müller-Stewens, G., Spickers, J. (Hrsg.), Unternehmerischen Wandel erfolgreich bewältigen. Change Management als Herausforderung; St. Galler Executive Forum. Gabler Verlag, Wiesbaden 1995, S.207-220.

Boddy, D., Gunson, N. (Network): Organizations in the Network Age. Routledge, London 1996.

Bodmer, C.E. (Produktivitätssteigerungen): Erhöhung der Wettbewerbsfähigkeit schweizerischer Industrieunternehmen durch Produktivitätssteigerungen. Dissertation Nr. 1867 der HSG, Difo-Druck GmbH, Bamberg 1996.

Boos, F. Jarmai, H. (Kernkompetenzen): Kernkompetenzen - gesucht und gefunden. In: Harvard Business Manager, 16 (4), 1994, S.19-26.

Boos, F., Exner, A., Heitger, B. (Netzwerke): Soziale Netzwerke sind anders. In: Organisationsentwicklung, 11 (1), 1992, S.54-61.

Booz, Allen & Hamilton (Wettbewerb): Gewinnen im Wettbewerb. Erfolgreiche Unternehmensführung in Zeiten der Liberalisierung. Schäffer-Poeschel Verlag, Stuttgart 1994.

Boutellier, R., Peter, M. (Beziehungsmanagement): Beziehungsmanagement - Kernkompetenz der Zukunft. In: Technica, 1/2, 1995, S.15-18.

Brauchlin, E., Gross, P., Kurtzemann T. (Strategische Entscheidungen): Strategische Entscheidungen. Die prozessorientierte Sicht. Ergebnisse einer Pilot-Untersuchung. Universitäts-Verlag Konstanz, Konstanz 1994.

Bromann, P., Piwinger, M. (Unternehmenskultur): Gestaltung der Unternehmenskultur. Schäffer-Poeschel, Stuttgart 1992.

Bronder, C. (Unternehmensdynamisierung): Unternehmensdynamisierung durch Strategische Allianzen. Ein konzeptioneller Ansatz zum Kooperationsmanagement. Dissertation Nr. 1362 der HSG, Roschbuch, Hallstadt 1992.

Bronder, C., Pritzl, R. (Leitfaden): Leitfaden für Strategische Allianzen. In: Harvard Manager, 13, 1, 1991, S.44-53.

Bronner, T. (Wertsteigerung): Wertsteigerung durch strategische Entscheidungen, Analyse anhand eines strategischen Unternehmensmodells, Schäffer-Poeschel Verlag, Stuttgart 1995.

Bühner, R. (Management-Wert-Konzept): Das Management-Wert-Konzept. Strategien zur Schaffung von mehr Wert in Unternehmen. Schäffer Verlag, Stuttgart 1990.

Burns, T., Stalker, M. (Innovation): The Management of Innovation. Tavistock, London 1961.

Cen, I.N. (Kernkompetenzprozesse): Produktionsstrategien auf Basis von Kernkompetenzprozessen. Dissertation Nr. 1649 der HSG, Roschbuch, Hallstadt 1995.

Coase, R.H. (Firm): The nature of the firm. In: Economica, 4, 1937, S.396-405.

Collis, D.J., Montgomery, C.A. (Ressourcen): Wettbewerbsstärke durch hervorragende Ressourcen. In: Harvard Business Manager, 2, 1996, S.47-57.

Commons, J.R. (Economics): Institutionional Economics. University of Wisconsin Press, Madison Wisc. 1934.

Copeland, T., Koller, T., Murrin, J. (Valuation): Valuation - Measuring and Managing the Value of Companies. New York 1990.

Corfield, K., et al. (Intangible Assets): Intangible Assets: Their Value and how to Report it. Corfield Report. Coopers & Lybrand Deloitte, London 1990.

Corsten, H., Will, Th. (Rekonfiguration): Rekonfiguration von Wertketten durch Aufbau 'netzwerkfähiger Strukturen' - Zur Komplementarität innerbetrieblicher Center-Konzepte und unternehmensübergreifender Kooperationsformen. In: Corsten, H., Will, Th. (Hrsg.), Unternehmensführung im Wandel, Verlag W. Kohlhammer, Stuttgart 1995, S.11-32.

Dangelmaier, W. (Logistik): Vision Logistik. Logistik wandelbarer Produktionsnetzwerke zur Auflösung ökonomisch ökologischer Zielkonflikte. Karlsruhe, Wissenschaftliche Berichte, 181, 1996.

Davis, M. (Goodwill): Goodwill Accounting: Time for an Overhaul. In: Journal of Accountancy, Vol. 173, No. 6, June 1992, S.73-83.

Diericks, I., Cool, K. (Advantage): Competitive Advantage: A Resource Based Perspective. Working Papers, INSEAD 88/07, Fontainebleau, 1988.

Diericks, I., Cool, K. (Strategy): Competitive Strategy, Asset Accumulation and Firm Performance. In: Daems, H., Thomas, H. (Hrsg.), Strategic Groups, Strategic Moves and Performance. Pergamon Press, Oxford 1994.

Doz, Y., Hamel, G. (Alliances): The Use of Alliances in Implementing Technology Strategies. Insead Working Paper 95/22/SM, Fontainebleau 1995.

Dülfer, E. (Hrsg.), (Organisationskultur): Organisationskultur. Phänomen - Philosophie - Technologie. Poeschel Verlag, Stuttgart 1988.

Dyllick, T. (Forschungsmethodik): Qualitative Forschungsmethodik. Unveröffentlichter Vortrag am Doktorandenseminar „Neue Entwicklungen in der internationalen Marketingforschung" vom 16. Dezember 1994, Hochschule St. Gallen, St. Gallen 1994.

Eschenbach, R., Kunesch, H. (Strategische Konzepte): Strategische Konzepte. Management-Ansätze von Ansoff bis Ulrich. 3. Auflage, Schäffer-Poeschel Verlag, Stuttgart 1996.

Eversheim, W., Schuh, G. (Hrsg.), (Betriebshütte, Teil 1): Betriebshütte. Produktion und Management. Teil 1, 7., völlig neu bearbeitete Auflage, Springer-Verlag, Berlin, Heidelberg, New York 1996.

Eversheim, W., Schuh, G. (Hrsg.), (Betriebshütte, Teil 2): Betriebshütte. Produktion und Management. Teil 2, 7., völlig neu bearbeitete Auflage, Springer-Verlag, Berlin, Heidelberg, New York 1996.

Fessmann, K.-D. (Effizienz): Organisatorische Effizienz in Unternehmungen und Unternehmungsteilbereichen. Mannhold, Düsseldorf 1980.

Frese, E. (Grundlagen): Grundlagen der Organisation. Gabler Verlag, Wiesbaden 1988.

Friedrich, S.A., Hinterhuber, H.H. (Kernkompetenzen): Führung um Kernkompetenzen: Gewinnen im Wettbewerb der Zukunft. In: Gablers Magazin, 9 (3), 1995, S.37-41.

Fruhan, W.E. (Financial Strategy): Financial Strategy. Homewood, Georgetown 1979.

Fuchs, M., et al. (Project Management): Handbook: Project Management for VS-Integration. Unpublished Deliverable 7.1, Version 2.0 of EU-Project TE2011, TELEflow, St. Gallen 1997.

Fuchs, M., et al. (Requirements): Requirements on VS-Design. Unpublished Deliverable 3.1, Version 2.2 of EU-Project TE2011, TELEflow, St. Gallen 1996.

Gaitanides, M., et al. (Prozessmanagement): Prozessmanagement - Grundlagen und Zielsetzungen. In: Gaitanides, M., Scholz, R., Vrohlings, A., Raster, M. (Hrsg.), Prozessmanagement: Konzepte, Umsetzungen und Erfahrungen des Reengineering. Hauser, München, Wien 1994, S.1-19.

Gälweiler, A. (Divisionalisierung): Grundlagen der Divisionalisierung. In: Zfo, 40. Jg., 2, 1971, S.55-60.

Gälweiler, A. (Unternehmensführung): Strategische Unternehmensführung. Campus Verlag, Frankfurt/Main, New York 1987.

Gassmann, O. (F&E-Management): Internationales F&E-Management. Oldenbourg, München, Wien 1997.

Gerybadze, A. (Management und Netzwerke): Strategic Alliances and Process Redesign. Effective Management and Restructuring of Cooperative Projects and Networks. Walter de Gruyter Verlag, Berlin, New York 1995.

Ghemawat, P. (Advantage): Sustainable Advantage. In: Harvard Business Review, 64, 5, 1986, S.53-58.

Gibson, R. (Future): Rethinking the future. Rethinking business, principles, competition, control & complexity, leadership, markets and the world. Nicholas Brealey Publishing, London 1997.

Glesti, J. (Wertmanagement): Wertmanagement in den verschiedenen Lebensphasen der Unternehmung. Dissertation Nr. 1658 der HSG, Difo-Druck GmbH, Bamberg 1995.

Goldman, S.L., Nagel, R.N., Preiss, K. (Virtual Organizations): Agile Competitors and Virtual Organizations. Strategies for Enriching the Customer. Van Nostrand Reinhold, New York 1995.

Gomez, P. (Organisation): Führung und Organisation. Teil 2: Organisation. Vorlesungsunterlagen, Universität St. Gallen, Skriptenkommission, St. Gallen 1996.

Gomez, P. (Shareholder Value): Shareholder Value. In: Handwörterbuch des Bank- und Finanzwesens. 2. Auflage, Schäffer-Poeschel, Stuttgart 1995, S.1720 -1728.

Gomez, P. (Wertmanagement): Wertmanagement. Vernetzte Strategien für Unternehmen im Wandel. ECON Verlag, Düsseldorf, Wien, New York, Moskau 1993.

Gomez, P., et al. (Hrsg.), (Unternehmerischer Wandel): Unternehmerischer Wandel. Konzepte zur organisatorischen Erneuerung. Gabler Verlag, Wiesbaden 1994.

Gomez, P., Probst, G. (Problemlösen): Die Praxis des ganzheitlichen Problemlösens. Vernetzt denken, Unternehmerisch handeln, Persönlich überzeugen. Haupt Verlag, Bern, Stuttgart, Wien 1995.

Gomez, P., Rüegg-Stürm, J. (Wertsteigerung): Controlling im Dienste der Wertsteigerung der Unternehmung. Diskussionsbeiträge Nr. 3, Institut für Betriebswirtschaft an der Universität St. Gallen (HSG), St. Gallen 1993.

Gomez, P., Weber, B. (Akquisitionsstrategie): Akquisitionsstrategie. Wertsteigerung durch Übernahme von Unternehmungen. Bd. 3 der ifb-Schriften: Entwicklungstendenzen im Management. Verlag Neue Zürcher Zeitung, Zürich 1989.

Gomez, P., Zimmermann, T. (Unternehmensorganisation): Unternehmensorganisation. 2. Auflage, Campus Verlag, Frankfurt 1993, S.20-31.

Grenier, R., Metes, G. (Virtuality): Going Virtual. Moving Your Organization into the 21st Century. Prentice Hall PTR, Upper Saddle River, New Jersey 1995.

Gross, P. (Abschied): Abschied von der monogamen Arbeit. Gdi-impuls, 13. Jahrgang, Nr. 3, 1995, S.31-39.

Gumin, H., Mohler, A. (Hrsg.), (Konstruktivismus): Einführung in den Konstruktivismus. Schriften der Carl Friedrich von Siemens Stiftung, Oldenbourg, München 1985.

Gussmann, B. (Unternehmenskultur): Innovationsfördernde Unternehmenskultur: Die Steigerung der Innovationsbereitschaft als Aufgabe der Organisationsentwicklung. Erich Schmidt Verlag, Berlin 1988.

Hachmeister, D. (Discounted Cash Flow): Der Discounted Cash Flow als Mass der Unternehmenswertsteigerung. Ballwieser, W., Ordelheide, D. (Hrsg.), Betriebswirtschaftliche Studien Rechnungs- und Finanzwesen, Organisation und Institution, Band 26, Lang, Frankfurt am Main, Berlin, Bern, New York, Wien 1995.

Hagedorn, J. (Alliances): Changing Patterns of Inter-Firm Strategic Alliances in Information Technologies and Telecommunications. Wissenschaftliches Institut für Kommunikation, Diskussionsbeiträge Nr. 72, Bad Honnef 1991.

Håkansson, H. (Behaviour): Corporate Technological Behaviour. Co-operation and networks. Routledge, New York 1989.

Håkansson, H., Snehota, I. (Island): No business is an island: The network concept of business strategy. In: Scandinavian Journal of Management, 5, 3, 1989, S.187-200.

Hamel, G. (Competition): Competition for Competence and Inter-partner Learning within International Strategic Alliances. In: Strategic Management Journal Special Issue Summer, 12, 1991, S.83-103.

Hamel, G. (Core Competence): The Concept of Core Competence. In: Hamel, G, Heene, A. (Hrsg.), Competence based Competition, John Wileys & Sons, Chichester 1994.

Hamel, G., Heene, A. (Hrsg.), (Competence): Competence Based Competition. John Wiley & Sons, New York 1994.

Hamel, G., Prahalad, C.K. (Competing): Competing for the Future. Boston 1994.

Hamel, G., Prahalad, C.K. (Imagination): Corporate imagination and expeditionary marketing. In: Harvard Business Review, 69, 1991, S.81-92.

Hamel, G., Prahalad, C.K. (Märkte): So spüren Unternehmen neue Märkte auf. In: Harvard Manager 2, 1992, S.45-55.

Hanan, M., Cribbin, J., Donis, J. (Systeme): Systeme verkaufen - Die neue Strategie für grössere Verkaufserfolge durch Steigerung des Kundennutzens. Heidelberg 1980.

Harrigan, K.R. (Strategie): Strategies for Joint Ventures. Lexington Books, Lexington, Mass. 1985.

Hedberg, B. (Organizations): How organizations lern and unlern. In: Nystrom, P.C., Starbuck, W.H. (Hrsg.), Handbook of Organizational Design. Oxford University Press, London 1981.

Helbling, C. (Unternehmensbewertung): Unternehmensbewertung und Steuern. 6. Auflage, IDW-Verlag, Düsseldorf 1991.

Helleloid, D., Simonin, B. (Organizational Learning): Organizational Learning and a Firm's Core Competence. In: Hamel, G, Heene, A. (Hrsg.), Competence based Competition, John Wiley & Sons, Chichester 1994, S.213-239.

Hermann, U. (Ressourcenmanagement): Wertorientiertes Ressourcenmanagement. Neuausrichtung der Kostenrechnung aus ressourcenorientierter Sicht. Deutscher Universitätsverlag, Wiesbaden 1996.

Hillig, A. (Kooperation): Die Kooperation als Lernarena in Prozessen fundamentalen Wandels. Ein Ansatz zum Management von Kooperationskompetenz. Verlag Paul Haupt, Bern, Stuttgart, Wien 1997.

Hinterhuber, H.H., Stahl, H.K. (Unternehmensnetzwerke): Unternehmensnetzwerke und Kernkompetenzen. In: Bellmann, K., Hippe, A. (Hrsg.), Management von Unternehmensnetzwerken. Interorganisationale Konzepte und praktische Umsetzung. Gabler, Wiesbaden 1996.

Hippe, A. (Betrachtungsebenen): Betrachtungsebenen und Erkenntnisziele in strategischen Unternehmensnetzwerken. In: Bellmann, K., Hippe, A. (Hrsg.), Management von Unternehmensnetzwerken: Interorganisationale Konzepte und praktische Umsetzung. Gabler, Wiesbaden 1996, S.21-53.

Hirzel, Leder & Partner (Synergie Management): Synergie Management. Komplexität beherrschen, Verbundvorteile erzielen. Gabler Verlag, Wiesbaden 1993.

Höfner, K., Pohl, A. (Wertsteigerungsmanagement): Wertsteigerungs-Management. Das Shareholder Value-Konzept: Methoden und erfolgreiche Beispiele. Campus Verlag, Frankfurt, New York 1994.

Jacobsen, A. (Unternehmungsintelligenz): Unternehmungsintelligenz und Führung 'intelligenter' Unternehmen. In: Technologie & Management, 45 (4), 1996, S.164-170.

Jacobsen, N. (Unternehmenskultur): Unternehmenskultur. Entwicklung und Neugestaltung aus interaktionistischer Sicht. Peter Lang Verlag, Frankfurt am Main, Berlin, Bern, New York, Paris, Wien 1996.

Janisch, M. (Anspruchsgruppenmanagement) Das strategische Anspruchsgruppenmanagement. Vom Shareholder Value zum Stakeholder Value. Dissertation an der Hochschule St. Gallen (HSG), Diss.-Nr.: 1332, Difo-Druck, Bamberg 1992.

Jarillo, J.C. (Networks): On strategic networks. In: Strategic Management Journal, Vol. 9, 1988, S.31-41.

Johnston, R., Lawrence, P.R. (Value-Adding Partnership): Beyond Vertical Integration - the Rise of the Value-Adding Partnership. In: Harvard Business Review, July/August 1988, S.94-101.

Kanter, R.M. (Weltklasse): Weltklasse: Im globalen Wettbewerb lokal triumphieren. Überreuter, Wien 1996.

Kasper, H. (Organisationskultur): Organisationskultur: über den Stand der Forschung. Service-Fachverlag an der Wirtschaftsuniversität, Wien 1987.

Katzy, B.R., Riggers, B. (Value System): Value System Redesign: System oriented management and enterprise integration in globally distributed manufacturing networks. Forschungsartikel präsentiert auf der Konferenz DIISM (Conference at the Design of Information Infrastructure Systems for Manufacturing) in Eindhoven im September 1996, Eindhoven 1996.

Kleebach, S. (Technologieentwicklung): Strategische Allianzen zur Technologieentwicklung. Dissertation Nr. 1495 der HSG, Difo-Druck, Bamberg 1994.

Klein, J.A., Hiscocks, P.G. (Competition): Competence-based Competition: A practical Toolkit. In: Hamel, G., Heene, A. (Hrsg.), Competence-based Competition, John Wiley & Sons, Chichester 1994, S.183-212.

Klein, S. (Configuration): The configuration of inter-organizational relations. In: European Journal of Information Systems, 5, 1996, S.92-102.

Klein, S. (Informationstechnologie): Informationstechnologie und Unternehmensnetzwerke. In: Bellmann, K., Hippe, A. (Hrsg.), Management von Unternehmensnetzwerken: Interorganisationale Konzepte und praktische Umsetzung. Gabler, Wiesbaden 1996, S.157-190.

Klein, S. (Organisation): Virtuelle Organisation. In: WiSt, Heft 6, Juni 1994, S.309-311.

Klemm, M. (Synergetische Potentiale): Die Nutzung synergetischer Potentiale als Ziel strategischen Managements unter besonderer Berücksichtigung von Konzernen. Verlag Josef Eul, Bergisch Gladbach, Köln 1990.

Knyphausen, D. zu (Firms): Why are Firms different? Der Ressourcenorientierte Ansatz im Mittelpunkt einer aktuellen Kontroverse im Strategischen Management. In: DBW, 53, 6, 1993, S.771-792.

Kodama, F. (Technologiefusion): Technologiefusion - der Weg zum Erfolg auf Zukunftsmärkten. In: Harvard Business Manager, 15, 1, 1993, S.41-49.

Kogelheide, B. (Entwicklung): Entwicklung reale Organisationsstrukturen - eine lebenszyklus-orientierte Analyse. Deutscher Universitätsverlag, Wiesbaden, 1992.

Kösel, M.A. (Technologiekooperation): Technologiekooperation und -verflechtung von kleinen und mittleren Unternehmen, Dissertation Nr. 1375 der HSG, St. Gallen 1992.

Kowalsky, M. (Clever): Clecer & Smart? In: Bilanz, September 1997, S.58-64.

Kralicek, P. (Kennzahlen): Kennzahlen für Geschäftsführer. 3., aktualisierte und erweiterte Auflage, Ueberreuter Verlag, Wien 1995.

Kremmel, D. (Unternehmenskultur): Das Verhältnis zwischen Unternehmensstrategie und Unternehmenskultur unter besonderer Berücksichtigung des organisatorischen Lernens. Dissertation Nr. 1897 der HSG, Roschbuch, Hallstadt 1996.

Krogh, G. von (Forschungsmethodik): Forschungsmethodik. Vorlesungsunterlagen, Universität St. Gallen, Skriptenkommission, St. Gallen 1996.

Kuhn, A. (Untenehmungsführung): Unternehmungsführung. 2. Auflage, Vahlen Verlag, München 1990.

Lammek, S. (Sozialforschung, Bd.1): Qualitative Sozialforschung, Bd. 1, Methodologie. 3. korrigierte Auflage, Beltz, Weinheim 1995.

Lammek, S. (Sozialforschung, Bd.2): Qualitative Sozialforschung, Bd. 2, Methoden und Techniken. 3. korrigierte Auflage, Beltz, Weinheim 1995.

Lehmann, R. (Diversifikation): Kann Diversifikation Wert schaffen? Dissertation der Universität Zürich, Verlag Paul Haupt, Bern, Stuttgart, Wien 1993.

Lewis, T.G., et al. (Unternehmenswert): Steigerung des Unternehmenswertes. Total Value Management. Verlag Moderne Industrie, Landsberg/Lech 1994.

Lieberman, M.B., Montgomery, D.B. (First-Mover): First-Mover Advantages. In: SMJ, Vol. 9, 1988, S.41-58.

Linné, H. (Wahl): Wahl geeigneter Kooperationspartner: ein Beitrag zur strategischen Planung von F&E-Kooperationen. Lang, Bern 1993.

Lipnack, J., Stamps, J. (Network): The Age of the Network. Organizing Principles for the 21st Century. John Wiley & Sons, Inc., New York, Chichester, Brisbane, Toronto, Singapore 1994.

Löhr, D. (Ertragswertverfahren): Die Grenzen des Ertragswertverfahrens - Kritik und Perspektiven. Lang, Frankfurt am Main, Berlin, Bern, New York, Wien 1994.

Lorange, P., Chakravarthy, B., Roos, J., Van de Ven, A. (Strategic Processes): Implementing Strategic Processes: Change, Learning and Co-operation. Basil Blackwell, Oxford 1993.

Lorenzoni, G., Ornati, O.A. (Constellations): Constellations of firms and new ventures. In: JBV, 3, 1988, S.41-57.

Luczak, H. (Arbeitsorganisation): Arbeitsorganisation. In: Eversheim, W., Schuh, G. (Hrsg.), (Betriebshütte, Teil 2): Betriebshütte. Produktion und Management. Teil 1, 7., völlig neu bearbeitete Auflage, Springer-Verlag, Berlin, Heidelberg, New York 1996, S.12-39-S.12-74.

Martiny, L., Klotz, M. (Informationsmanagement): Strategisches Informationsmanagement. Bedeutung und organisatorische Umsetzung. Oldenbourg Verlag, München 1989.

Mayring, P. (Sozialforschung): Einführung in die qualitative Sozialforschung. 2. Aufl., Beltz Psychologie Verlags Union, Weinheim 1993.

Meffert, H. (Flexibilität): Grössere Flexibilität als Unternehmenskonzept. In: ZfbF, 37 (2), 1985, S.121-137.

Meffert, H. (Marketing): Marketing. Grundlagen der Absatzpolitik. 7. Auflage, Gabler, Wiesbaden 1986.

Merkle, M., Fuchs, M., Riggers, B. (Concept): The Value System Concept. Unpublished Deliverable 3.3, Version 2.0 of EU-Project TE2011, TELEflow, St. Gallen 1997.

Mertens, P., Faisst, W. (Organisationsstruktur): Virtuelle Unternehmen - eine Organisationsstruktur für die Zukunft? In: Technologie & Management, 44. Jg., Heft 2, 1995, S.61-68.

Michel, U. (Kooperation): Kooperation mit Konzept. Wertsteigerung durch strategische Allianzen. In: Controlling, Heft 1, Januar-Februar 1994, S.20-28.

Michelotti, P. (Kompetenzen): Verstärkung von Kompetenzen in Interorganisationssystemen. Diplomarbeit an der HSG. Referent: Schuh, G. St. Gallen 1997.

Miles, R.E., Snow, C.C. (Spherical): The New Network Firm: A Spherical Structure Built on a Human Investment Philosohpy. In: Organizational Dynamics, Spring 1995, S.5-18.

Miles, R.E., Snow, C.C., Coleman, H. (Network): Managing 21th century network organizations. In: Organizational Dynamics, Winter 1992.

Mintzberg, H. (Strategic Planning): The Rise and Fall of Strategic Planning. Prentice Hall, New York, London, Toronto, Sydney, Tokyo, Singapore 1994.

Mintzberg, H. (Strategy): Strategy Formation: Schools of Thought. In: Fredrickson, J.W. (Hrsg.), Perspectives on Strategic Management. New York 1990, S.105-236.

Moser, H. (Aktionsforschung): Methoden der Aktionsforschung, München 1977.

Müller, K. (Kooperation): Kooperation bei Klein- und Mittelbetrieben - Gründe, Formen, Voraussetzungen und Hemmnisse. In: Pfohl, H.-C. (Hrsg.), Betriebswirtschaftslehre der Mittel- und Kleinbetriebe. 2. Aufl., Schmidt, Berlin 1990, S.349-374.

Müller-Stewens, G. (Strategische Suchfeldanalyse): Strategische Suchfeldanalyse. Die Identifikation neuer Geschäfts zur Überwindung struktureller Stagnation. 2. Auflage, Gabler, Wiesbaden 1990.

Müller-Stewens, G. (Virtualisierung): Virtualisierung von Organisationen. Seminarunterlagen zum Vortrag im Rahmen des Seminars Produktionsmanagement 1997 'Virtuelle Fabrik' am 13./14. Februar 1997 in St. Gallen, St. Gallen 1997.

Müller-Stewens, G., Hillig, A. (Motive): Motive zur Bildung strategischer Allianzen: Die aktivsten Branchen im Vergleich. In: Bronder, C., Pritzl, R. (Hrsg.), Wegweiser für strategische Allianzen. Gabler, Wiesbaden 1992, S.65-101.

Müller-Stewens, G., Spickers, J. (Hrsg.), (Wandel): Unternehmerischen Wandel erfolgreich bewältigen. Change Management als Herausforderung. St. Galler Executive Forum. Gabler Verlag, Wiesbaden 1995.

Nohria, N. (Network Perspective): Is a Network Perspective a Useful Way of Studying Organizations? In: Nohria, N., Eccles, R.G. (Hrsg.), Networks and Organizations. Structure, Form, and Action. Harvard Business School Press, Boston 1992.

Nonaka, I., Konno, N. (Organization): Chisiki Besu Soshiki (Knowledge-Based-Organisation). Business Review, 41, 1, 1993, S.59-73.

Nonaka, I., Takeuchi, H. (Knowledge): The Knowledge Creating Company. How Japanese Companies Create the Dynamics of Innovation. New York, Oxford 1995.

Nystrom, P.C., Starbuck, W.H. (Unlearn): To avoid organizational crises, unlearn. In: Organizational Dynamics, 12, 4, 1994, S.53-65.

o.V. (Anschlag): Am Anschlag. In: Handelszeitung, Nr. 32, 7. August 1997, S.9.

o.V. (Netz): Wachsen im Netz. In: Manager-Magazin, Juli 1997, S.102-113.

o.V. (Technical Annex): TELEflow - Telematics supported workflow analysis and business process enhancement. Appendix B, Annex I - Project Programme, TE 2011 (Telematics Engineering), Revised Version, St. Gallen 10.2.1997, S.1-121.

Ohmae, K. (Alliances): The Global Logic of Strategic Alliances. In: Harvard Business Review, March-April 1989, S.143-154.

Österle, H. (Entwurfstechniken): Business Engineering: Prozess- und Systementwicklung, Band 1, Entwurfstechniken. 2. Aufl., Springer, Berlin 1995.

Osterloh, M. (Ansätze): Neue Ansätze im Technologiemanagement: Vom Technologieportfolio zum Portfolio der Kernkompetenzen (1). In: io Management Zeitschrift 63, 5, 1994, S.47-50.

Osterloh, M. (Organisationstheorie): Organisationstheorie und Transaktionskostentheorie. Kann der Transaktionskostenansatz die neoklassische Theorie der Firma mit der Organisationstheorie verbinden? Lehrstuhl für allgemeine Betriebswirtschaftslehre und Unternehmungsführung der Universität Erlangen - Nürnberg. Diskussionsbeiträge, Heft 40, Nürnberg 1988.

Pedler, M., Burgoyne, J., Boydell, T. (Unternehmen): Das lernende Unternehmen. Potentiale freilegen - Wettbewerbsvorteile sichern. Campus Verlag, Frankfurt/Main, New York 1994.

Penrose, E. (Theory): The Theory of the Growth of the Firm. Basil Blackwell, Oxford 1968.

Perilleux, R., Wittkemper, G. (Innovationsmanagement): Ziele und Module eines integrierten Technologie- und Innovationsmanagements. In: Booz-Allen & Hamilton (Hrsg.), Integriertes Technologie- und Innovationsmanagement. Berlin 1991, S.13-20.

Perridon, L., Steiner, M. (Finanzwirtschaft): Finanzwirtschaft der Unternehmung. 6. völlig überarbeitete und erweiterte Auflage, Vahlen Verlag, München 1991.

Peters, T.J., Waterman, R.H. (Excellence): In Search of Excellence. New York 1982.

Picot, A. (Transaktionkostenansatz): Transaktionskostenansatz in der Organisations-theorie: Stand der Diskussion und Aussagewert. In: DBW, 42, 2, 1982, S.267-284.

Picot, A., Dietl, H. (Transaktionskostentheorie): Transaktionskostentheorie. Wirtschaftswissenschaftliches Studium, 19, 4, 1990, S.178-184.

Polanyi, M. (Personal Knowledge): Personal Knowledge: Toward a Post Critical Philosophy. New York 1962.

Polanyi, M. (Tacit): The Tacit Dimension. London 1966.

Porter, M. (Competitive Advantage): Competitive Advantage. Creating and Sustaining Superior Performance. The Free Press, New York 1985.

Porter, M. (Patterns): Changing patterns of international competition. In: California Management Review, Nr. 2, Winter, 1986, S.9-40.

Porter, M. (Wettbewerbsstrategie): Wettbewerbsstrategie. Campus Verlag, Frankfurt 1983.

Porter, M. (Wettbewerbsvorteile): Spitzenleistungen erreichen und behaupten. 3. Auflage, Campus Verlag, Frankfurt/Main, New York 1992.

Porter, M.E., Fuller, M.B. (Koalition): Koalition und globale Strategie. In: Porter, M.E. (Hrsg.), Globaler Wettbewerb. Gabler, Wiesbaden 1989, S.363-399.

Powell, W.W. (Network): Neither market nor hierarchy: Network forms of organization. In: Staw, B.M, Cummings, L.L. (Hrsg.), Research in organizational behaviour. Vol. 12 JAI. Greenwich, Conn., 1990, S.295-336.

Prahalad, C.K., Hamel, G. (Kernkompetenzen): Nur Kernkompetenzen sichern das Überleben. Harvard Manager, 13, 2, 1991, S.66-78.

Prahalad, C.K., Hamel, G. (Strategy): Strategy as stretch and leverage. In: Harvard Business Review, 71, 2, 1991, S.75-84.

Probst, G., Raub, S. (Action Research): Action Research. Ein Konzept angewandter Managementforschung. In: Die Unternehmung, 1, 1995, S.3-19.

Pümpin, C. (Dynamik-Prinzip): Das Dynamik-Prinzip. Zukunftsorientierung für Unternehmer und Manager. 2. Auflage, Econ Verlag, Düsseldorf, Wien, New York 1990.

Pümpin, C. (Erfolgspositionen): Strategische Erfolgspositionen. Methodik der dynamischen strategischen Unternehmensführung. Paul Haupt Verlag, Bern, Stuttgart, Wien 1992.

Pümpin, C. (Prinzip): Das Dynamik-Prinzip. Zukunftsorientierung für Unternehmer und Manager. Econ Taschenbuch Verlag, Düsseldorf, Wien 1992.

Pümpin, C. (SEP): Das Management strategischer Erfolgspositionen. 3. Auflage, Haupt-Verlag, Bern, Stuttgart 1986.

Pümpin, C. (Unternehmungs-Dynamik): Unternehmungs-Dynamik DO, Bern 1991.

Pümpin, C., Bronder, C. (Realitäten): Neue Realitäten für das Management. In: Gablers Magazin, 5, 1, 1991, S.10-17.

Pümpin, C., Kobi, J.-M., Wüthrich, H. A. (Unternehmenskultur): Unternehmenskultur. Basis strategische Profilierung erfolgreicher Unternehmen. In: Schweizerische Volksbank (Hrsg.), Die Orientierung Nr. 85, Bern 1985.

Quinn, J.B. (Strategy): Strategies for Change. Logical Incrementalism. Irwin Homewood, IL 1980.

Rappaport, A. (Shareholder Value): Creating Shareholder Value. The new Standard for Business Performance. The Free Press, New York 1986.

Rappaport. A. (Wertsteigerung): Shareholder Value. Wertsteigerung als Mass-Stab für die Unternehmensführung. Schäffer-Poeschel Verlag, Stuttgart 1995.

Rasche, C. (Kernkompetenzen): Wettbewerbsvorteile durch Kernkompetenzen. Ein ressourcenorientierte Ansatz. Deutscher Universitäts-Verlag, Wiesbaden 1994.

Reed, R., DeFillipi, R. (Competitive Advantage): Causal ambiguity, barriers to imitation, and sustainable competitive advantage. In: Academy of Management Review 15, 1, 1990, S.88-102.

Reglin, B. (Fundierung): Managementsysteme - Eine organisationstheoretische Fundierung. In: Kirsch (Hrsg.), Münchner Schriften zur angewandten Führungslehre. Bd. 73, Kirsch, Herrsching 1993.

Reiss, M. (Grenzen): Grenzen der grenzenlosen Unternehmung. Perspektiven der Implementierung von Netzwerkorganisationen: In: Die Unternehmung, Nr. 3, 1996, S.195-206.

Reiss, M. (Grenzen): Personelle und organisatorische Grenzen der virtuellen Unternehmung. In: ZWF - Zeitschrift für wirtschaftlichen Fabrikbetrieb, 91. Jg., Heft 6, 1996, S.268-272.

Reiss, M. (Unternehmung): Virtuelle Unternehmung: Organisatorische und personelle Barrieren. In: Office Management, 44. Jg., Heft 5, 1996, S.10-13.

Reiss, M., Beck, C.B. (Kernkompetenzen): Kernkompetenzen in virtuellen Netzwerken: Der ideale Strategie-Struktur-Fit für wettbewerbsfähige Wertschöpfungssysteme? In: Corsten, H., Will, Th. (Hrsg.), Unternehmensführung im Wandel, Verlag W. Kohlhammer, Stuttgart 1995, S.33-60.

Riggers, B., et al. (Strategies): Agile manufacturing strategies for networks. Forschungsartikel präsentiert auf der 'Conference on Agile and Intelligent Manufacturing Systems 1996' am Rensselaer Polytechnic Institute vom 2.-3. Oktober 1996, Troy, New York 1996.

Riggers, B., Fuchs, M., Merkle, M. (VS-Design): Viable Process Reengineering Approaches for VS-Design. Unpublished Deliverable 3.2, Version 1.0 of EU-Project TE2011, TELEflow, St. Gallen 1996.

Ring, P.S., Van de Ven, A.H. (Relationships): Structuring Cooperative Relationships between Organizations. In: Strategic Management Journal, 13, 1992, S.483-498.

Rühli, E. (Ressourcenmanagement): Ressourcenmanagement: Strategischer Erfolg dank Kernkompetenzen. Die Unternehmung, 49 (2), 1995, S.91-105.

Rütte v., M., Hoenes, R.C. (Immaterielle Werte): Rechnungslegung immaterieller Werte. Gemeinschaftsdissertation Nr. 1643 an der HSG, Difo-Druck GmbH, Bamberg 1995.

Scharfenkamp, N. (Slack): Organisatorische Gestaltung und wirtschaftlicher Erfolg: organizational slack als Ergebnis und Einflussfaktor der formalen Organisationsstruktur. In: Staehle, W.H. (Hrsg.), Mensch und Organisation, Band 13. De Gruyter, Berlin, New York 1987.

Scholz, C. (Organisation): Strategische Organisation. Prinzipien zur Vitalisierung und Virtualisierung. Verlag moderne Industrie, Landsberg/Lech 1997.

Scholz, C. (Strukturkonzept): Die virtuelle Organisation als Strukturkonzept der Zukunft. Ausdruck aus dem Internet: http://www.orga.uni-sb.de/allgvo.html. Arbeitspapier Nr. 30, September 1994, S.1-56.

Scholz, C. (Unternehmen): Virtuelle Unternehmen - Organisatorische Revolution mit strategischer Implikation. In: Management & Computer, 4. Jg., Heft 1, 1996, S.27-34.

Scholz, C. (Vision): Das virtuelle Unternehmen - Schlagwort oder echte Vision? In: Manager Bilanz, Heft 1, 1997, S.21-19.

Schoppe, S.G., et al (Theorie): Moderne Theorie der Unternehmung. Oldenbourg, München, Wien 1995.

Schubert, K. (Netzwerke): Netzwerke und Netzwerkansätze: Leistungen und Grenzen eines sozialwissenschaftlichen Konzeptes. In: Kleinaltenkamp, M., Schubert, K. (Hrsg.), Netzwerkansätze im Business-to-Business-Marketing, Beschaffung, Absatz und Implementierung neuer Technologien. Gabler, Wiesbaden 1994.

Schuh, G. (Produktionsmanagement): Produktionsmanagement heute: Expansion durch Konzentration. In: Thommen, J.-P. (Hrsg.), Management Kompetenz: Die Gestaltungsansätze des NDU/Executive MBA der Hochschule St. Gallen. Versus Verlag, Zürich 1995, S.429-446.

Schuh, G. (Wettbewerb): Fit für den Wettbewerb. In: Fördertechnik, 7, 1996, S.3-10.

Schuh, G., Katzy, B., Millarg, K. (Netzwerk): Die virtuelle Fabrik - Produzieren im Netzwerk: Neue Märkte erschliessen durch dynamische Netzwerke. TR Transfer, 43, 1996, S.30-34.

Schuh, G., Millarg, K., Göransson, A. (Virtuelle Fabrik): Das Konzept der virtuellen Fabrik. Seminarunterlagen zum Vortrag im Rahmen des Seminars Produktionsmanagement 1997 'Virtuelle Fabrik' am 13./14. Februar 1997 in St. Gallen, St. Gallen 1997.

Schwaninger, M. (Systemtheorie): Systemtheorie eine Einführung für Führungskräfte, Wirtschafts- und Sozialwissenschaftler. Diskussionsbeiträge Nr. 19, Institut für Betriebswirtschaft an der Universität St. Gallen (HSG), St. Gallen 1995.

Schwaninger, M. (Unternehmungen): Lernende Unternehmungen - Strukturen für organisationale Intelligenz und Kreativität. St. Gallen, Oktober 1995,

Scott Morton, M.S. (Hrsg.), (Corporation): The Corporation of the 1990s. Information Technology and Organizational Transformation. Oxford University Press, New York, Oxford 1991.

Servatius, H.G. (Reengineering): Reengineering-Programme umsetzen. Von erstarrten Strukturen zu fliessenden Prozessen. Schäffer-Poeschel Verlag, Stuttgart 1994.

Sommerlatte, T. (Hochleistungsorganisation): Unternehmen zu Hochleistungsorganisationen entwickeln - wie und warum? In: Burckhardt, W. (Hrsg.), Schlank, intelligent und schnell. So führen Sie Ihr Unternehmen zur Hochleistung. Gabler, Wiesbaden 1992, S.11-36.

Stalk, G., Evans, Ph., Shulman, L.E. (Capabilities): Competing on Capabilities: The new Rules of Corporate Strategy. In: Harvard Business Review, March-April, 1992, S.57-69.

Stalk, G., Hout, Th.M. (Zeitwettbewerb): Zeitwettbewerb: Schnelligkeit entscheidet auf den Märkten der Zukunft. Campus Verlag, Frankfurt, New York 1992.

Sydow, J, Windeler, A., Krebs, M., Loose, A., van Well, B. (Organisation): Organisation von Netzwerken: Strukturationstheoretische Analyse der Vermittlungspraxis in Versicherungsnetzwerken. Westdeutscher Verlag, Opladen 1995.

Sydow, J. (Strategische Netzwerke): Strategische Netzwerke. Evolution und Organisation. Gabler Verlag, Wiesbaden 1992.

Sydow, J. (Virtuelle Unternehmung): Virtuelle Unternehmung: Erfolg als Vertrauensorganisation? Office Management, 44, 7/8, 1996, S.10-13.

Sydow, J., Windeler, A. (Hrsg.), (Interorganisationssysteme) Management Interorganisationaler Beziehungen. Vertrauen, Kontrolle und Informationstechnik. Westdeutscher Verlag, Opladen 1994.

Teece, D.J. (Innovation): Profiting from Technological Innovation: Implications for Integration. In: Teece, D., J. (Hrsg.), The Competitive Challenge: Strategies for Industrial Innovation and Renewal. Ballinger, Cambridge, Ma. 1987.

Teichert, T.A. (Erfolgspotential): Erfolgspotential internationaler F&E-Kooperationen, Deutscher Universitätsverlag, Wiesbaden 1994.

Thommen, J.-P. (Betriebswirtschaftslehre): Managementorientierte Betriebswirtschaftslehre. 2., überarbeitete Auflage, Haupt, Bern, Stuttgart 1990.

Thompson, J.D. (Organizations): Organizations in Action. New York et al. 1967.

Thorelli, H.B. (Networks): Networks: Between Markets and Hierarchies. In: Strategic Management Journal, Vol. 7, 1986, S.37-51.

Tichy, N.M. (Networks): Networks in Organizations. In: Nystrom, P., Starbuck, W. (Hrsg.), Handbook of Organizational Design. Oxford University Press, Oxford 1981, S.225-249.

Tomczak, T. (Forschungsmethoden): Forschungsmethoden in der Marketingwissenschaft. In: Marketing ZFP, Heft 2, 1992, S.77-87.

Tomczak, T. (Kundenbeziehungen): Relationship-Marketing - Grundzüge eines Modells zum Management von Kundenbeziehungen. In: Tomczak, T., Belz, C. (Hrsg.), Kundennähe realisieren. Thexis, St. Gallen 1994, S.193-215.

Ulrich, H. (Management): Management. Bern, Stuttgart 1984.

Ulrich, H. (Managementlehre): Von der Betriebswirtschaftslehre zur systemorientierten Managementlehre. In: Wunderer (Hrsg.), Poeschel, Stuttgart 1988, S.173-190.

Ulrich, H. (Sozialwissenschaft): Die Betriebswirtschaftslehre als anwendungsorientierte Sozialwissenschaft. In: Geist, N.; Köhler, R. (Hrsg.), Die Führung des Betriebs. Festschrift für Curt Sandig, Stuttgart 1981, S.1-26.

Ulrich, H. (System): Die Unternehmung als produktives soziales System. Grundlagen der allgemeinen Unternehmungslehre. 2., überarbeitete Auflage, Verlag Paul Haupt, Bern, Stuttgart 1970.

Ulrich, H. (Systembegriff): Der allgemeine Systembegriff. In: Die Anwendung des Systemansatzes in den Wirtschafts- und Sozialwissenschaften. Seminarunterlagen, Bd.1, HSG Weiterbildungsstufe, St. Gallen 1975.

Ulrich, H. (Systemorientiertes Management): Systemorientiertes Management. In: Die Anwendung des Systemansatzes in den Wirtschafts- und Sozialwissenschaften. Seminarunterlagen, Kapitel 3.1, HSG Weiterbildungsstufe, St. Gallen 1975.

Unzeitig, E., Köthner, D. (Shareholder Value): Shareholder Value Analyse. Entscheidung zur unternehmerischen Nachhaltigkeit. Wie Sie die Schlagkraft Ihres Unternehmens steigern. Schäffer-Poeschel Verlag, Stuttgart 1995.

Venkatraman, N. (Transformation): IT-Enabled Business Transformation: From Automation to Business Scope Redefinition. In: Sloan Management Review, Winter 1994, S.73-87.

Vier, C. (Unternehmenstransformation): Unternehmenstransformation und Netzwerkorganisation. Dissertation Nr. 1695 der HSG, Difo-Druck, Bamberg 1995.

Weber, B. (Organisation): Die Fluide Organisation. Konzeptionelle Überlegungen für die Gestaltung und das Management von Unternehmen in hochdynamischen Umfeldern. Dissertation Nr. 1777 der HSG, Verlag Paul Haupt, Bern, Stuttgart, Wien 1996.

Wedekind, C., Camenzind-Künzli, C. (Stichlinge): Stichlinge verzeihen dem Partner. In: Weltwoche, Nr. 37, 16. September 1993, S.46-47.

Weick, K.E. (Management): Management of change among loosely coupled elements. In: Goodman, P.S. & Ass. (Hrsg.), Change in Organizations. Jossey-Bass, San Francisco, Calif. 1982, S.375-408.

Weinhold-Stünzi, H. (Marketing): Marketing in 20 Lektionen. 16. Auflage, Verlag für Fachmedien, St. Gallen, Stuttgart, Steyr 1988.

Wernerfelt, B. (View): A Resource-Based View of the Firm. In: Strategic Management Journal, 5, 2, 1984, S.171-180.

Wildemann, H. (Entsorgungsnetzwerke): Entsorgungsnetzwerke. In: Bellmann, K., Hippe, A. (Hrsg.), Management von Unternehmensnetzwerken: Interorganisationale Konzepte und praktische Umsetzung. Gabler, Wiesbaden 1996, S.305-348.

Wildemann, H. (Entwicklungsstrategien): Entwicklungsstrategien für Zulieferunternehmen. 3. neub. Aufl., München 1996.

Wildemann, H. (Entwicklungsstrategien): Entwicklungsstrategien für Zulieferunternehmen. Forschungsbericht, Lehrstuhl für Betriebswirtschaftslehre mit Schwerpunkt Logistik, Technische Universität München, München 1993.

Wildemann, H. (Netzwerkstrukturen): Netzwerkstrukturen als neue Form der Unternehmensorganisation. In: ZWF, 91, 1/2, 1996, S.12-16.

Wildemann, H. (Unternehmensnetzwerke): Koordination von Unternehmensnetzwerken. In: ZfB, 67. Jg., Heft 4, 1997, S.417-439.

Wildemann, H. (Zulieferer): Die Luft wird rauher - wie Zulieferer überleben können. In: Harvard Business Manager, 3, 1993, S.34-44.

Williamson, O.E. (Institutionen): Die ökonomischen Institutionen des Kapitalismus: Unternehmen, Märkte, Kooperationen. Mohr, Tübingen 1990.

Williamson, O.E. (Markets): Markets and hierarchies: Analysis and antitrust implication. Free Press, New York, London 1975.

Williamson, O.E. (Organization): Comparative Economic Organization. The Analysis of Discrete Structural Alternatives. In: Administrative Science Quarterly, 36, 1991, S.269-296.

Wöhe, G. (Betriebswirtschaftslehre): Einführung in die Allgemeine Betriebswirtschaftslehre. 16. Auflage, Verlag Franz Vahlen, München 1986.

Wohlgemuth, A., C., Treichler, C. (Unternehmensberatung): Unternehmensberatung und Management: Die Partnerschaft zum Erfolg. Versus-Verlag, Zürich 1995.

Wolfrum, U. (Erfolgspotentiale): Erfolgspotentiale, Kritische Würdigung eines zentralen Ansatzes der strategischen Unternehmensführung. Kirsch Herrsching, München 1993.

Wunderer, R. (Führungslehre): BWL als Management- und Führungslehre. 3., überarbeitete und ergänzte Auflage, Schäffer-Poeschel Verlag, Stuttgart 1995.

Zehnder, T. (Technologieplanung): Kompetenzbasierte Technologieplanung. Analyse und Bewertung technologischer Fähigkeiten im Unternehmen. Dissertation Nr. 2017 der HSG, Gabler, Wiesbaden 1997.

Zentes, J. (Hrsg.), (Partnerschaften): Strategische Partnerschaften im Handel. Poeschel, Stuttgart 1992.

Zettel, W. (Organisation): Organisation zur Steigerung des Unternehmenswertes - Konzept und Methodik zur wertorientierten Gestaltung. Dissertation Nr. 1622 der HSG, Roschbuch, Hallstadt 1994.

Zettel, W. (Wertsteigerung): Wertsteigerung durch Organisation. Entwicklungstendenzen im Management Band 12, ifb-Schriften, Schäffer-Poeschel Verlag NZZ, Zürich 1995.

Deutscher Universitäts Verlag
GABLER · VIEWEG · WESTDEUTSCHER VERLAG

Aus unserem Programm

Stefan Eberhardt
Wertorientierte Unternehmungsführung
Der modifizierte Stakeholder-Value-Ansatz
1998. XXI, 373 Seiten, 38 Abb., Broschur DM 118,-/ ÖS 861,-/ SFr 105,-
GABLER EDITION WISSENSCHAFT
ISBN 3-8244-6705-4
Stefan Eberhardt entwickelt einen modifizierten Stakeholder-Value-Ansatz, der
das Ziel verfolgt, einen maximalen Gesamtnutzen sowohl für die Unternehmung
als auch für ihre strategisch relevanten Anspruchsgruppen zu schaffen.

Marion Friese
Kooperation als Wettbewerbsstrategie für Dienstleistungsunternehmen
1998. XXXI, 424 Seiten, 67 Abb., 98 Tab., Br. DM 138,-/ ÖS 1.007,-/ SFr 122,-
GABLER EDITION WISSENSCHAFT
ISBN 3-8244-6741-0
Marion Friese zeigt, ob alternative Kooperationsformen für Dienstleistungsunter-
nehmen eine attraktive strategische Option darstellen.

Michael Krebs
Organisation von Wissen in Unternehmungen und Netzwerken
1998. XII, 312 Seiten, 38 Abb., 2 Tab., Broschur DM 108,-/ ÖS 788,-/ SFr 96,-
DUV Wirtschaftswissenschaft
ISBN 3-8244-0388-9
Der Autor bietet eine theoretische Fundierung der Wissensorganisation in institu-
tioneller und prozessualer Hinsicht. Aus institutioneller Sicht berücksichtigt er so-
wohl wissensintensive als auch wissenserzeugende Unternehmungen.

Udo Mildenberger
Selbstorganisation von Produktionsnetzwerken
Erklärungsansatz auf Basis der neueren Systemtheorie
1998. XVI, 285 Seiten, 72 Abb., 3 Tab., Broschur DM 108,-/ ÖS 788,-/ SFr 96,-
GABLER EDITION WISSENSCHAFT
ISBN 3-8244-6679-1
Udo Mildenberger gibt einen Überblick über vorhandene Erklärungsansätze und
entwickelt ein umfassendes, stark sozial- und verhaltenswissenschaftlich ge-
prägtes Theoriekonstrukt zur Erklärung von Produktionsnetzwerken.

Die Bücher erhalten Sie in Ihrer Buchhandlung!
Unser Verlagsverzeichnis können Sie anfordern bei:

Deutscher Universitäts-Verlag
Postfach 30 09 44
51338 Leverkusen